SISTEMATIZAÇÃO DA TUTELA INIBITÓRIA E O CÓDIGO DE PROCESSO CIVIL DE 2015

COLEÇÃO FÓRUM
Prof.
Edson Prata

COLEÇÃO FÓRUM
Prof. Edson Prata

BRUNO CAMPOS SILVA

Arlete Inês Aurelli
Prefácio

Gilberto Gomes Bruschi
Apresentação

Luis Felipe Salomão
Depoimento

Roberto P. Campos Gouveia Filho
Posfácio

SISTEMATIZAÇÃO DA TUTELA INIBITÓRIA E O CÓDIGO DE PROCESSO CIVIL DE 2015

4

Belo Horizonte
FÓRUM
CONHECIMENTO JURÍDICO
2021

Coordenadores
Eduardo José da Fonseca Costa
Fernando Rossi
Lúcio Delfino

Conselho Editorial
Carlos Henrique Soares
Georges Abboud
Glauco Gumerato Ramos
Lenio Luiz Streck
Ronaldo Brêtas de Carvalho Dias

© 2021 Editora Fórum Ltda.

É proibida a reprodução total ou parcial desta obra, por qualquer meio eletrônico, inclusive por processos xerográficos, sem autorização expressa do Editor.

Conselho Editorial

Adilson Abreu Dallari
Alécia Paolucci Nogueira Bicalho
Alexandre Coutinho Pagliarini
André Ramos Tavares
Carlos Ayres Britto
Carlos Mário da Silva Velloso
Cármen Lúcia Antunes Rocha
Cesar Augusto Guimarães Pereira
Clovis Beznos
Cristiana Fortini
Dinorá Adelaide Musetti Grotti
Diogo de Figueiredo Moreira Neto (in memoriam)
Egon Bockmann Moreira
Emerson Gabardo
Fabrício Motta
Fernando Rossi
Flávio Henrique Unes Pereira
Floriano de Azevedo Marques Neto
Gustavo Justino de Oliveira
Inês Virgínia Prado Soares
Jorge Ulisses Jacoby Fernandes
Juarez Freitas
Luciano Ferraz
Lúcio Delfino
Marcia Carla Pereira Ribeiro
Márcio Cammarosano
Marcos Ehrhardt Jr.
Maria Sylvia Zanella Di Pietro
Ney José de Freitas
Oswaldo Othon de Pontes Saraiva Filho
Paulo Modesto
Romeu Felipe Bacellar Filho
Sérgio Guerra
Walber de Moura Agra

FÓRUM
CONHECIMENTO JURÍDICO

Luís Cláudio Rodrigues Ferreira
Presidente e Editor

Coordenação editorial: Leonardo Eustáquio Siqueira Araújo
Aline Sobreira de Oliveira

Av. Afonso Pena, 2770 – 15º andar – Savassi – CEP 30130-012
Belo Horizonte – Minas Gerais – Tel.: (31) 2121.4900 / 2121.4949
www.editoraforum.com.br – editoraforum@editoraforum.com.br

Técnica. Empenho. Zelo. Esses foram alguns dos cuidados aplicados na edição desta obra. No entanto, podem ocorrer erros de impressão, digitação ou mesmo restar alguma dúvida conceitual. Caso se constate algo assim, solicitamos a gentileza de nos comunicar através do e-mail editorial@editoraforum.com.br para que possamos esclarecer, no que couber. A sua contribuição é muito importante para mantermos a excelência editorial. A Editora Fórum agradece a sua contribuição.

Dados Internacionais de Catalogação na Publicação (CIP) de acordo com a AACR2

S1586s   Silva, Bruno Campos
Sistematização da tutela inibitória e o Código de Processo Civil de 2015/ Bruno Campos Silva.– Belo Horizonte : Fórum, 2021.

246 p.; 14,5x21,5cm
ISBN: 978-65-5518-194-4

1. Direito Processual Civil. 2. Direito Civil. 3. Direito Constitucional. 4. Direito Ambiental. I. Título.

CDD 341.46
CDU 347.9

Elaborado por Daniela Lopes Duarte - CRB-6/3500

Informação bibliográfica deste livro, conforme a NBR 6023:2018 da Associação Brasileira de Normas Técnicas (ABNT):

SILVA, Bruno Campos. *Sistematização da tutela inibitória e o Código de Processo Civil de 2015*. Belo Horizonte: Fórum, 2021. 246 p. ISBN 978-65-5518-194-4.

COLEÇÃO FÓRUM PROFESSOR EDSON PRATA

Lei, doutrina e jurisprudência têm reproduzido irrefletidamente no Brasil que o processo civil é mero "instrumento da jurisdição".

Ora, limitá-lo à sua faceta instrumental implica torná-lo verdadeiro *regnum iudicis*.

Mais: imprime à ciência processual civil uma visão autógena, metodologicamente pobre, que se legitima de dentro para fora.

Não se olvide, entretanto, que a CF-1988 reserva o processo ao rol de direitos e garantias fundamentais (sem distinção — aliás — entre *civil* e *penal*).

Afinal, onde há poder [= jurisdição], deve haver a respectiva garantia [= processo].

Nesse sentido, processo é *garantia* do cidadão contra os desvios e excessos no exercício da função jurisdicional.

Esse é o *missing link* do processo civil com a arquitetura político-institucional subjacente à Constituição.

Colocando-se o processo no centro gravitacional, não a jurisdição, equilibra-se a relação entre juiz e partes: o juiz manejando seu poder; autor e réu, suas garantias.

São elas que possibilitam um controle objetivo-racional do poder, confinando-o a balizas democrático-republicanas.

É preciso frisar: o processo civil serve precipuamente às partes, não ao Estado.

Essas premissas são vitais para uma compreensão do CPC-2015, o qual ainda descura de algumas garantias, alçando o juiz a perigosa condição messiânica.

Daí o relevante papel da *Coleção Fórum Professor Edson Prata*: em boa hora municiar a comunidade forense de marcos teóricos contra os ardis autoritários do sistema positivo de direito processual civil brasileiro vigente.

Eduardo José da Fonseca Costa
Fernando Rossi
Lúcio Delfino
Coordenadores.

EDSON GONÇALVES PRATA

Foi advogado, graduando-se pela primeira turma da recém-implantada Faculdade de Direito do Triângulo Mineiro. Aposentado pelo Banco do Brasil, entidade na qual ingressou em primeiro lugar no concurso público em nível nacional a que se submeteu. Professor de Direito Processual Civil da graduação por mais de duas décadas na Faculdade de Direito do Triângulo Mineiro e da pós-graduação na Universidade Federal de Uberlândia. Professor do curso de Comunicação Social da extinta Faculdades Integradas Santo Tomás de Aquino e, posteriormente, da Faculdades Integradas de Uberaba. Fundador do *Jornal da Manhã*. Fundador da Editora Vitória, especializada em obras jurídicas. Fundador da Sociedade Rural do Triângulo Mineiro, entidade da qual se originou a Associação Brasileira dos Criadores de Zebu. Autor de diversos ensaios científicos e obras jurídicas. Escritor contista. Fundador da Academia de Letras do Triângulo Mineiro. Participante de palestras, seminários e congressos como palestrante e debatedor. Foi fundador e presidente do Instituto dos Advogados de Minas Gerais da seção de Uberaba.

Dedico a presente obra a Deus, a minha mãe, a minha esposa, aos meus irmãos e sobrinhos.

AGRADECIMENTOS

Sonho!
Realização!
Em primeiro lugar, agradeço a Deus, por fornecer a fé necessária à perseverança e crença de que tudo pode ser alcançado.

Agradeço a toda minha família, em especial minha querida mãe, Virgínia, meus queridos irmãos, Priscilla e Pedro, pelo imensurável apoio! Também, agradeço, à minha querida esposa, Fabiana, pela paciência e apoio; e a todos os meus amigos, pelo constante incentivo!

Nesse importante espaço, não poderia deixar de agradecer a minha querida orientadora, Professora Arlete Inês Aurelli, pessoa formidável e de incontáveis qualidades, grande incentivadora, e que, no momento exato, não me deixou desanimar de trilhar o meu sonho. Muito obrigado por tudo, Professora!

Aos grandiosos Professores João Batista Lopes e Anselmo Prieto Alvarez, que, além dos diálogos travados durante o curso do mestrado (verdadeiro aprendizado), ainda me forneceram valiosos subsídios para o aprimoramento do presente trabalho, quando da realização da qualificação; e, claro, as imperfeições são todas tributadas à minha pessoa.

Ao Professor Gilberto Gomes Bruschi, por participar de minha banca de mestrado em conjunto com minha orientadora, Professora Arlete Inês Aurelli, e Professor João Batista Lopes; e também aos Professores Anselmo Prieto Alvarez e Marcelo José Magalhães Bonizzi. Grande honra! Muito obrigado!

Durante o curso do mestrado, tive o prazer de frequentar e aprender com exímios Professores, os quais possibilitaram a construção de minha base para o presente estudo, são eles: Cassio Scarpinella Bueno, Sérgio Seiji Shimura, Nelson Luiz Pinto, Claudio De Cicco, Álvaro Luiz Travassos de Azevedo Gonzaga, Nathaly Campitelli Roque, Luiz Alberto David Araújo. E, com efetiva participação nos debates, agradeço ao querido amigo Professor Luiz Eduardo Ribeiro Mourão!

Aos Professores Rogério Licastro Torres de Mello, Sergio Rizzi, Mirna Cianci, Rita Quartieri, dentre outros renomados, pela proveitosa interlocução durante os debates que se instalaram nas aulas do mestrado.

Agradeço aos queridos amigos Eduardo José da Fonseca Costa e Lúcio Delfino pelas honrosas oportunidades, na academia e em sala de aula!

O presente trabalho contou com a valiosa colaboração (mesmo que indiretamente) de Roberto P. Campos Gouveia Filho, Diego Crevelin de Sousa, Antonio Carvalho Filho, Marco Paulo Denucci Di Spirito, Mateus Costa Pereira. Meu muito obrigado!

Roberto, Diego, Antonio e Mateus são amigos (claro, sem desprezar outros tantos que também de alguma forma participaram da construção do presente trabalho!), daqueles com que você pode contar a qualquer hora, dispostos a debater e desvendar assuntos complexos e divergentes; foram imprescindíveis para a percepção do caminho correto a ser trilhado neste estudo! Os erros, claro, são meus!

Agradeço aos amigos Mateus Costa Pereira, Diego Crevelin de Sousa e Jorge Bheron da Rocha pela parceria! E, de igual forma, aos queridos amigos Sérgio Luiz de Almeida Ribeiro e Patrícia Henriques Ribeiro!

À querida amiga Paula Saleh Arbs, que gentilmente enviou sua dissertação de mestrado sobre a temática aqui versada, que trouxe, por óbvio, importantes aportes teóricos ao presente estudo!

Ao querido amigo Vinicius Caldas da Gama e Abreu, colega de mestrado, solidário aos bônus e ônus, parceiro em trabalhos, pelos momentos prazerosos vivenciados durante o nosso curso de mestrado, na pessoa da qual agradeço aos amigos: Daniel Yamauchi Acosta, Bruno Garbelini Chiquito, Fernanda Pagotto Gomes Pitta, Mariana Dias Barreto, Laís Ribeiro de Senna, Letícia Machel Lovo, José Américo Zampar Júnior, Juliana Carolina Frutuoso Bizarria, Bruno da Silva Madeira, Fabrizio de Lima Pieroni, Guilherme Felicio, Georgia Sonoe Maekava, Ahamd Jamal Ahmad el Bacha, Augusto Jorge Cury, Álvaro José do Amaral Ferraz Rodrigues, Daniela Peretti D'Ávila, dentre outros não menos importantes; amigos os quais possibilitaram inúmeros e gratificantes debates em sala e fora de sala, os quais, com toda certeza, serviram de norte ao desenho da temática tratada no presente estudo.

Ao querido amigo Professor João Eduardo Lopes Queiroz, pela oportunidade de exercitar em sala de aula (no prestigiado CESG) tudo aquilo que foi apreendido e aprendido no curso de mestrado, na pessoa da qual aproveito para agradecer a amizade de todos os alunos e funcionários, os quais me fizeram melhor a cada dia!

Aos queridos amigos Waldir, David e Manoela pelo apoio e incentivo! Ao David, em especial, pela diligência em conseguir alguns dos essenciais livros para a edificação do presente trabalho.

À Professora Eveline Denardi, pela valiosa contribuição na revisão do presente estudo, colocando-o em fôrma diferenciada e de fácil percepção e leitura!

Ao querido amigo Walter Diab, pelas inúmeras oportunidades e incentivo para publicação de trabalhos em importantes periódicos!

Por fim, e não menos importante, agradeço a todos os funcionários da prestigiada PUC-SP por toda compreensão e auxílio em tudo! Enfim, pela grandiosa oportunidade de crescimento pessoal e profissional!

SUMÁRIO

PREFÁCIO
Arlete Inês Aurelli 17

NOTA DO AUTOR
Bruno Campos Silva 19

APRESENTAÇÃO
Gilberto Gomes Bruschi 21

DEPOIMENTO
Luis Felipe Salomão 23

1 – INTRODUÇÃO 25

2 – A TUTELA JURISDICIONAL E SEU CONTEXTO NO ORDENAMENTO JURÍDICO 29
2.1 A tutela jurisdicional diferenciada 36
2.2 Breve relato da evolução da tutela inibitória no Brasil 40
2.3 Da necessária revisitação de importantes institutos da ciência processual (processo e jurisdição) 45

3 – O ILÍCITO E O DANO – O ARTIGO 186 DO CÓDIGO CIVIL E O ARTIGO 497, PARÁGRAFO ÚNICO, DO CÓDIGO DE PROCESSO CIVIL DE 2015 67
3.1 O ato ilícito (artigo 186 do Código Civil brasileiro) 75
3.2 Ilícito *versus* dano 79
3.3 O dano: prescindibilidade na tutela inibitória 80
3.4 Os elementos subjetivos dolo e culpa: desnecessidade 82

4 – OS PRONUNCIAMENTOS JUDICIAIS NO ÂMBITO DA TUTELA INIBITÓRIA 85
4.1 A cognição judicial necessária para a efetiva inibição 85
4.2 Os pronunciamentos judiciais (artigo 203 do Código de Processo Civil de 2015) 89
4.3 A sentença na tutela inibitória 92
4.4 As decisões interlocutórias na tutela inibitória 116

4.5   A aplicabilidade do artigo 139, IV, do CPC no âmbito da tutela inibitória 117

5 – A AMEAÇA COMO REQUISITO ESSENCIAL À TUTELA INIBITÓRIA – CONDIÇÃO DA AÇÃO OU MÉRITO? 127
5.1   A definição de ameaça e suas respectivas características 130
5.2   A ameaça como requisito de admissibilidade da ação 132
5.3   A ameaça como mérito e breves considerações sobre a sua prova 136

6 – A ESTRUTURA PROCEDIMENTAL DA TUTELA INIBITÓRIA 145

7 – TUTELAS PROVISÓRIAS E SUA APLICABILIDADE À TUTELA INIBITÓRIA ANTECIPADA 155
7.1   As tutelas provisórias e o Código de Processo Civil de 2015 158
7.1.1   A urgência e a evidência 161
7.1.2   A provisoriedade (temporariedade) 162
7.2   As tutelas provisórias de urgência 165
7.2.1   A satisfatividade (satisfação) 166
7.2.2   A cautelaridade (asseguração) 167
7.2.3   A referibilidade (instrumentalidade) 168
7.3   As tutelas provisórias de evidência 170
7.3.1   A tutela inibitória de evidência 174
7.4   As principais diferenças entre tutela cautelar e tutela satisfativa e suas implicações no âmbito da tutela inibitória 176
7.5   A tutela inibitória antecipada 179
7.5.1   Pressupostos essenciais e o CPC 181
7.5.2   A tutela inibitória antecipada em caráter antecedente 188
7.5.3   A possibilidade de estabilização dos efeitos do conteúdo da decisão mandamental (decisão interlocutória mandamental) 190
7.6   A possibilidade de aplicação da fungibilidade entre tutelas preventivas 199

8 – CONCLUSÃO 209

POSFÁCIO
Roberto P. Campos Gouveia Filho 225

REFERÊNCIAS 229

PREFÁCIO

Em 2018, Bruno Campos Silva, defendeu, de forma brilhante, dissertação de mestrado, sob minha orientação, com o tema *Sistematização da tutela inibitória e o Código de Processo Civil de 2015*, em banca da qual participaram também juristas de escol como João Batista Lopes e Gilberto Gomes Bruschi. Esse trabalho se tornou a obra, da qual, com muita honra e satisfação, fui convidada, por ele, a prefaciar.

O tema escolhido pelo orientando, qual seja, dissertar sobre os aspectos intrincados da tutela inibitória, é de suma relevância para o direito processual e, em consequência, para todos os operadores do direito. O autor contextualiza a tutela inibitória no ordenamento jurídico, sua estrutura e funcionalidade dentro do sistema processual civil. O autor também demonstra que a tutela inibitória possui autonomia, regida pelo procedimento comum, implica na imposição de um fazer, não fazer, entrega de coisa ou pagamento de quantia, com a possibilidade de incidência de medida coercitiva (p. ex., multa diária – astreinte) em caso de descumprimento; para tanto, basta a ameaça de violação da obrigação (ou seja, ameaça de inadimplemento futuro). Além disso, procura estabelecer os principais traços característicos (verdadeiras digitais) da tutela inibitória (tutela preventiva) e os pertencentes às tutelas cautelares e satisfativas. De outro lado, defendeu a possibilidade de se aplicar as normas constantes da estrutura procedimental inerente às tutelas provisórias (*ex vi* dos artigos 294 a 311, CPC), lógico, guardadas as peculiaridades de cada tutela pretendida, já que, por mais que o legislador tenha desenhado nova *performance* à tutela inibitória com o CPC, isso se deu de forma um tanto tímida, o que poderá trazer prejuízos à sua efetiva funcionalidade. Também, tratou-se da possibilidade de utilização da tutela inibitória antecipada, embasada na urgência ou na evidência, podendo, de igual forma, ser requerida em caráter antecedente, consoante a estrutura procedimental prevista no artigo 303, CPC, além da possibilidade de estabilização (total ou parcial) dos efeitos da tutela inibitória (antecipam-se os efeitos mandamentais), sem que isso implique em coisa julgada material. Por fim, o presente estudo traz a aplicação da fungibilidade no âmbito das tutelas provisórias, sobretudo das tutelas preventivas.

Desta forma, diante da sólida e profunda análise levada a efeito pelo autor, tem-se a certeza de que a presente obra em muito contribui para o aprimoramento da tutela inibitória, tão importante para possibilitar o acesso à justiça.

De forma muito segura posso afiançar que o autor, Bruno Campos Silva, tratou de desbravar o tema com muita maestria, enfrentando os pontos nevrálgicos, aprofundando os mais importantes aspectos polêmicos ligados ao assunto, tomando posição frente aos pontos controvertidos, tudo isso, com base em ampla pesquisa doutrinária e jurisprudencial, que realizou.

Enfim, queremos deixar aqui registrada nossa admiração e congratulações ao autor, bem como à Editora, pela edição da presente obra, que certamente terá justo reconhecimento pelo público.

São Paulo, 28 de janeiro de 2020.

Arlete Inês Aurelli
Mestre e doutora em Direito Processual Civil pela PUC-SP, professora de direito processual civil nos cursos de graduação da PUC-SP; professora orientadora no curso de pós-graduação *scricto sensu* da PUC-SP. Advogada em São Paulo.

NOTA DO AUTOR

A presente obra é a versão comercial resultante de nossa dissertação de mestrado defendida na Pontifícia Universidade Católica de São Paulo (PUC-SP), perante qualificada banca composta pelos renomados juristas Professores Doutores Arlete Inês Aurelli (orientadora), João Batista Lopes e Gilberto Gomes Bruschi, em 07 de agosto de 2018.

No decorrer destes anos, apesar das dificuldades impostas pela pandemia, houve efetivo amadurecimento a respeito de determinados conceitos, influenciado, por certo, também pelas precisas críticas e sugestões dos professores que participaram da banca, o que, de certa forma, trouxe a necessidade de se empreender alguns ajustes, bem como atualizações doutrinárias e jurisprudenciais alinhados ao aperfeiçoamento do instituto da tutela inibitória em nosso sistema processual.

Esta versão comercial da dissertação conta com o prefácio da Professora Doutora Arlete Inês Aurelli, a apresentação do Professor Doutor Gilberto Gomes Bruschi e o posfácio do Professor Doutor Roberto P. Campos Gouveia Filho, expoentes representantes do direito processual civil, aos quais agradeço imensamente pelas gentis e relevantes palavras desenhadas em seus respectivos textos.

De igual forma, traz relevante e generoso depoimento do Ministro do Superior Tribunal de Justiça (STJ), Luis Felipe Salomão, cujas sensíveis palavras abrilhantam o texto da presente obra, deixando, desde já, meu sincero agradecimento pela deferência.

A obra carrega também importantes depoimentos em sua quarta capa desenvolvidos pelos Professores Doutores Anselmo Prieto Alvarez, Lúcio Delfino e Mateus Costa Pereira (desde já, os nossos profundos agradecimentos), "breves" textos que, afinal de contas, refletem exatamente o âmago do presente estudo, o qual, por óbvio, não é estanque, mas sujeito a contínuo aperfeiçoamento e efetivas reflexões.

Aproveito para agradecer o certeiro apoio, desde o pontapé inicial do presente trabalho, do Doutor Dioclécio Campos Júnior (tio Cessinho), expoente da medicina, cuja retidão de caráter serve de espelho àqueles que pretendem, realmente, trilhar seguros passos à pesquisa séria e em prol do bem-estar de todos.

Agradeço a toda minha família, cujo apoio representa ânimo a prosseguir em busca de um futuro promissor!

O presente estudo disponibilizado em livro é para você, leitor, cujas críticas, com certeza, contribuirão ao constante aperfeiçoamento das ideias aqui desenvolvidas.

Por derradeiro, agradeço à equipe da qualificada e prestigiada Editora Fórum, por acreditar no projeto e decidir publicá-lo na destacada Coleção Professor Edson Prata.

Uberaba-MG, 17 de março de 2021.

Bruno Campos Silva
E-mail: brunocamposadv@outlook.com

APRESENTAÇÃO

Fiquei bastante satisfeito com o convite feito por Bruno Campos Silva, para fazer a apresentação deste seu interessante trabalho.

Conheci o autor quando tivemos a oportunidade de cursar, embora não na mesma turma, o curso de especialização em Processo Civil do Centro de Extensão Universitária (CEU), em São Paulo, no final do século XX.

Bruno foi um aluno especial: cursou com empenho, dedicação e muita curiosidade científica o Mestrado em Direito da Pontifícia Universidade Católica de São Paulo. Tivemos oportunidade de conversar por diversas vezes, por *e-mail* e WhatsApp, sobre temas ligados ao processo civil, durante sua trajetória no mestrado da PUC-SP.

Tive a honra de participar de sua defesa, sob a presidência de sua orientadora, minha querida amiga e jurista fantástica, a Professora Arlete Inês Aurelli, e com a participação de um dos professores de meu mestrado, defendido em 2003, certamente um dos culpados de meu estudo aprofundado em Execução Civil, o professor João Batista Lopes.

Escolheu um bom tema, em torno do qual desenvolveu sua dissertação, e abordou-o a partir de um enfoque bastante original. Na verdade, em seu trabalho, deu especial relevo para as implicações da tutela inibitória sob o prisma do CPC/2015.

A obra que ora apresento, intitulada *Sistematização da tutela inibitória e o Código de Processo Civil de 2015*, foi dividida em seis capítulos, além da introdução e da conclusão.

Após a introdução, tratou da tutela jurisdicional e seu contexto no ordenamento jurídico, tecendo importantes considerações sobre a tutela jurisdicional diferenciada, a evolução histórica da tutela inibitória no Brasil e, por fim, uma importantíssima revisitação sobre os temas processo e jurisdição.

De fato, passou a estudar sob o ponto de vista do direito material, o dano e o ilícito, enfocou assuntos como o ato ilícito (art. 186 do Código Civil), o ilícito *versus* dano, bem como sua correlação com a tutela inibitória.

Posteriormente, abordou os pronunciamentos judiciais e a tutela inibitória, dividindo tal capítulo em cinco partes, a saber: a cognição judicial necessária para a efetiva inibição, os pronunciamentos judiciais (art. 203 do CPC), a sentença na tutela inibitória, as decisões interlocutórias na tutela inibitória e a aplicabilidade do art. 139, IV, do CPC, no âmbito da tutela inibitória.

Por fim, nos três últimos capítulos, o autor elucida pontos relevantes para o estudo de tão importante instituto: (i) a ameaça como requisito essencial à tutela inibitória – condição da ação ou mérito? (ii) a estrutura procedimental da tutela inibitória e (iii) tutelas provisórias e sua aplicabilidade à tutela inibitória antecipada.

Vê-se, pois, que o ângulo sob o qual o assunto foi analisado é o primeiro, embora não o único, dos pontos que torna a consulta ao presente trabalho imprescindível àquele que milita no foro, ao lado de outras características, como a jurisprudência farta e oportunamente citada e citações doutrinárias extremamente pertinentes de autores, tanto nacionais quanto estrangeiros.

O autor não se furta em momento algum a enfrentar importantes e atualíssimas questões, tomando posição em face delas. É o caso da possibilidade, que o autor entende perfeitamente possível, da aplicação da tutela inibitória de forma antecipada, inclusive sob o prisma da tutela antecipada antecedente.

O trabalho apresenta também, inegavelmente, bastante interesse ao estudioso do direito, pois que dá início a discussões extremamente interessantes no plano da incidência efetiva da tutela inibitória.

Trata-se de trabalho que será objeto de subsequentes reedições, em que certamente será ampliado e aprimorado, tudo indicando que se deve, num futuro próximo, transformar numa obra-referência sobre o assunto no direito brasileiro.

Por fim, é de se louvar a conduta da Editora, em incentivar a produção científica de jovens estudiosos, publicando seus trabalhos e, assim, contribuindo para com a formação dos nossos futuros grandes juristas.

São Paulo, abril de 2020.

Gilberto Gomes Bruschi
Advogado e consultor jurídico. Doutor e Mestre em Direito Processual Civil pela PUC-SP. Professor da Graduação no Instituto Damásio de Direito da Faculdade IBMEC/SP. Coordenador da Pós-graduação *lato sensu* em direito processual civil no Instituto Damásio de Direito da Faculdade IBMEC/SP. Professor convidado em inúmeros cursos de Pós-graduação *lato sensu* pelo país. Membro efetivo do IBDP, do CEAPRO e da Comissão Estadual de Processo Civil da OAB/SP.

DEPOIMENTO

A obra de Bruno Campos Silva, fruto de sua dissertação de mestrado defendida com brilho junto à PUC-SP, apresenta elaborada sistematização da tutela inibitória, inserida na estrutura normativa do Código de Processo Civil de 2015. Levou em conta alentada bibliografia, e considerou o aspecto prático apontando formulação criativa de vários exemplos de efetiva utilização da tutela inibitória.

O autor percorre inicialmente a noção de tutela jurisdicional e, em seguida, em abordagem própria, revisita importantes institutos do direito processual, tais como o processo e jurisdição.

Após a parte conceitual geral, Bruno Campos Silva lança à discussão a diferenciação entre dano e ilícito, de suma importância ao perfeito entendimento da tutela inibitória, já que vocacionada a debelar o ilícito, e não o dano, assim também afirma a desnecessidade de se perquirir acerca do elemento subjetivo da conduta (dolo ou culpa) daquele que ameaça praticar, repetir ou continuar o ato.

Além disso, o autor apresenta solução sobre a temática da ameaça ilícita relacionada às condições da ação ou ao mérito.

Na sequência, propõe estrutura procedimental à tutela inibitória, afirmando-se sua autonomia dentro da sistemática processual.

Em tópico específico, o autor indica as principais diferenças entre as tutelas cautelar e inibitória, com a elucidação de cada uma delas, procurando dirimir controvérsias deixadas pelo legislador.

De maneira inovadora, o autor propõe a aplicabilidade da estrutura procedimental inerente às tutelas provisórias à tutela inibitória, com a possibilidade de se manejar a inibição à ameaça de ilícito de forma antecipada (tutela inibitória antecipada), bem como sua efetiva utilização em caráter antecedente, sendo possível, ainda, a estabilização de seus efeitos mandamentais e a aplicação da fungibilidade entre as tutelas provisórias de urgência e a tutela inibitória. Sugere, também, a utilização da tutela inibitória diante da ameaça de ato ilícito a direito evidente (tutela inibitória de evidência).

Obra imprescindível aos profissionais e estudantes do direito.

Luis Felipe Salomão
Ministro do Superior Tribunal de Justiça.

INTRODUÇÃO

O Código de Processo Civil (CPC) em vigor, elaborado pelo legislador, com o inestimável auxílio de respeitáveis juristas, trouxe alterações e inovações em sua estrutura normativa procedimental, cujos impactos, pelo menos na percepção do legislador, foram programados para atender às necessidades de uma sociedade pós-moderna, mas que ainda necessita de instrumentos aptos a salvaguardar os seus direitos, em especial aqueles não passíveis de monetarização (p. ex., direitos da personalidade).

Na verdade, as alterações empreendidas durante o processo constitucional legislativo não representam inovações, no mais das vezes, reivindicações de instrumentos já utilizados na prática forense, entretanto, sem a devida normatização.

A tutela inibitória, tutela de um direito ameaçado por um ilícito futuro, por exemplo, objeto central deste estudo, ainda precisa de uma estrutura procedimental a proporcionar sua efetiva funcionalidade no sistema processual.

No Brasil, apesar de existirem poucos relevantes estudos contundentes a diagnosticar e proporcionar a utilização autônoma da tutela inibitória, ainda é necessário empreender seu estudo sistematizado, criando, assim, a possibilidade de sua eficaz aplicação na prevenção de ilícitos futuros que possam comprometer o direito do jurisdicionado.

O importante estudo elaborado por Luiz Guilherme Marinoni, seu principal precursor, na obra clássica *Tutela inibitória: individual e coletiva*, publicada pela RT, em 1998, sobre a temática aqui trabalhada, inspirou a evolução dos estudos acerca das tutelas preventivas em solo brasileiro, em especial da tutela inibitória.

Nesse aspecto, com base nas ideias do jurista, ao desenhar o arcabouço normativo do CPC, o legislador particularizou em sua estrutura a possibilidade do manejo da tutela inibitória.

O artigo 497, parágrafo único, do CPC traz a possibilidade de utilização da tutela inibitória sem a necessidade de se comprovar o dano, bastando, para tanto, a existência do ilícito (ato contrário ao ordenamento jurídico) e sem a necessidade de perquirir a respeito do elemento subjetivo (culpa ou dolo).

Neste estudo, pretende-se não somente revisitar importantes institutos da ciência processual, mas também realçar a imprescindível necessidade de se erigir um espaço procedimental capaz de proporcionar uma verdadeira e efetiva tutela inibitória, a partir do texto constitucional, a começar por sua necessária contextualização no ordenamento jurídico como espécie de tutela jurisdicional diferenciada (capítulo 2).

Nesse aspecto, ainda no capítulo 2, serão analisadas, *grosso modo*, as reminiscências embrionárias da tutela preventiva (e a tutela inibitória) no Brasil (por exemplo, SILVA, Clóvis do Couto e. Tutela preventiva. *Digesto de processo*. v. 5. Prova/valor da Causa. Rio de Janeiro: Forense, 1988. p. 293-302), reflexos de seu desenvolvimento na doutrina estrangeira, a qual serviu de espelho para grandes nomes do direito processual civil, em especial aquele que desenvolveu de forma engenhosa sua estrutura e funcionalidade (MARINONI, Luiz Guilherme. *Tutela inibitória*: individual e coletiva. São Paulo: RT, 1998; *Tutela contra o ilícito*: inibitória e de remoção — artigo 497, parágrafo único, CPC/2015. São Paulo: RT, 2015).

Para isso, também no capítulo 2, será necessário revisitar alguns importantes institutos do direito processual, notadamente o processo e a jurisdição, a fim de demonstrar que o atual estágio do direito processual civil brasileiro com suas raízes incrustadas num instrumentalismo atônito não é (e não será) a melhor opção capaz de assegurar ao jurisdicionado a efetiva proteção contra uma ameaça de ato ilícito (aquele ato contrário ao ordenamento jurídico).

Em seguida, no capítulo 3, serão identificados os principais traços distintivos entre o dano e o ilícito, para, na sequência, delimitar o âmbito de atuação da efetiva inibição. São despiciendas quaisquer indagações acerca dos elementos subjetivos inerentes à conduta daquele que ameaça cometer um ato ilícito; para isso, é imprescindível um rápido contraste entre as estruturas normativas dos artigos 186 do Código Civil e 497, parágrafo único, do CPC.

Na sequência, no capítulo 4, será empreendido um estudo acerca dos pronunciamentos judiciais, com foco nas alterações empreendidas pelo legislador, em especial, tendo como ponto de partida, aquela trazida pelo CPC, cuja norma encontra-se inserida no artigo 203, §1º, exatamente no que se refere ao conceito jurídico (natureza jurídica) de sentença.

Ainda, no capítulo 4, caberá a diferenciação dos pronunciamentos judiciais e respectivas classificações relacionadas ao conteúdo eficacial da sentença, para, enfim, ser traçada uma breve exposição do pensamento de Pontes de Miranda e de Luiz Guilherme Marinoni, com vistas a adequar o conceito da mandamentalidade inerente às decisões proferidas em sede de demandas inibitórias à quadra de um processo civil democrático, cujas bases estão fincadas no texto constitucional.

Já no capítulo 5, serão delineados alguns aspectos identificadores da ameaça necessária a qualificar uma efetiva inibição contrária ao ato ilícito, com marcantes e necessários destaques para sua funcionalidade no direito processual, inclusive com análise relacionada a possíveis enquadramentos dentro de uma estrutura procedimental adequada, ou seja, se condição da ação ou mérito. Afinal, ainda prevalecem as condições da ação (idealizadas por Liebman por intermédio de sua artificiosa teoria eclética) com o advento do CPC? Em caso positivo, a ameaça poderia se identificar com uma delas (interesse, legitimidade — artigo 17, CPC)? Ou, numa perspectiva de adoção do princípio da primazia do julgamento do mérito, a ameaça por aqui se identifica?

No capítulo 6, serão desenvolvidos os aspectos relacionados à estrutura procedimental apta a proporcionar a efetiva funcionalidade da tutela inibitória, com a demonstração de sua autonomia dentro do sistema processual.

No capítulo 7, serão tratadas as hipóteses relacionadas às tutelas provisórias e à aplicabilidade de suas normas integrativas à tutela inibitória; para tanto, será necessário trazer, em linhas gerais, as principais características e pressupostos, todos incidentes (com alguma adequação) à tutela inibitória.

Por fim, para permanecer em sintonia fina com o desenvolvimento do presente trabalho, serão abordados, no mesmo capítulo, a tutela inibitória antecipada, seus pressupostos essenciais e a possibilidade de estabilização dos efeitos de seu conteúdo mandamental.

A TUTELA JURISDICIONAL E SEU CONTEXTO NO ORDENAMENTO JURÍDICO

A necessidade de se proteger (tutelar) direitos[1] reclama a postura consciente daqueles que compreendem as bases constitucionais do processo,[2] para que, diante de um vasto arcabouço jurídico, possam

---

[1] MARINONI, Luiz Guilherme; ARENHART, Sérgio Cruz; MITIDIERO, Daniel. *Novo curso de processo civil*: tutela dos direitos mediante procedimento comum. São Paulo: RT, 2015. v. 1. p. 573-574: "[...] O ideal é que o Código de Processo Civil seja pensado a partir da ideia de *tutela dos direitos*. É o compromisso do Estado Constitucional com a tutela dos direitos e, em termos processuais civis, com a efetiva tutela jurisdicional dos direitos em sua dupla dimensão que singulariza o Estado Constitucional. Esse se caracteriza justamente por ter um *verdadeiro dever geral de proteção dos direitos*. Fica claro, portanto, a razão pela qual a interpretação que o novo Código merece caracteriza-se por um sintomático deslocamento — do *processo à tutela*. [...] O novo Código utiliza em pontos centrais expressões que permitem a construção de um sistema para a tutela dos direitos capaz não só de prestar tutela repressiva voltada contra o dano e vocacionada para a proteção de direitos patrimoniais. Em atenção aos *novos direitos*, o Novo Código fala em *tutela do direito* contra o ilícito e contra o dano, fazendo alusão inclusive à possibilidade de inibição do ilícito e de sua remoção (artigo 497, parágrafo único). Para promovê-las, arrola inúmeras *técnicas processuais* que podem ser empregadas pelo juízo, como as técnicas antecipatórias (arts. 294 e ss.) e as técnicas executivas (arts. 139, IV, 497, 498, 536, 537 e 538). A compreensão da técnica processual a partir da tutela dos direitos faz com que seja possível alcançar às partes *tutela específica* aos direitos, inclusive *tutela preventiva* contra o ilícito, isto é, a tutela inibitória, quebrando-se com isso o círculo vicioso da violação dos direitos e do seu simples ressarcimento em pecúnia como resposta padrão do processo civil". Com o devido respeito, não há como concordar com alguns aspectos trazidos pelos autores. Em primeiro lugar, no presente estudo, defende-se o "processo" como "instituição de garantia" — com assento constitucional. Também, a técnica processual seria um conjunto de meios aptos a otimizar a estrutura procedimental, ou seja, por intermédio da técnica processual atinge-se um procedimento ideal para, aí sim, promover a "tutela do direito do jurisdicionado". Daí a discordância em relação ao deslocamento sugerido pelos referidos autores, qual seja, "do processo à tutela". Tal raciocínio será melhor desenvolvido mais adiante.

[2] Rosemiro Pereira Leal, ao dissertar sobre o processo na pós-modernidade, assim o fez: "[...] A visão pós-moderna, não hegeliana do Estado, é que tem que nortear o estudo atual

manejar, por intermédio de técnicas processuais, a melhor estratégia de garantia aos direitos fundamentais dos cidadãos.

Na verdade, com o passar dos anos, alguns direitos reclamavam uma eficaz técnica processual a garantir sua salvaguarda (proteção); com isso, surge a necessidade da utilização de técnicas diferenciadas para proteger os direitos dos jurisdicionados, o que, de certa forma, não é novidade, e, muito menos, inovação proporcionada pelo legislador com o CPC.

A tutela jurisdicional, para a maioria dos autores, é prestada por intermédio do processo; seria um modo de conferir proteção ao direito do jurisdicionado.

Segundo Rogério Aguiar Munhoz Soares, ainda na vigência do CPC/1973:

---

do *processo* e sua autonomia na constitucionalização estrutural das Sociedades Políticas. As *instituições*, no pós-modernismo, não têm mais as características de complexidades teóricas ou fáticas não desatáveis pela reflexão humana, mas representam historicamente 'espaços de existência' ou 'redes de relação de poder' no nível das funções estatais. Com a edição de *La Condition Postmoderne* de Jean-François Lyotar, em 1979, com sua tradução para o inglês em 1984, ficou claro, para os estudiosos do direito, que as constituições não mais podem ser um estatuto totalizante e exclusivo da atividade estatal, em que o Estado comparece como uma delas e com funções específicas, sem a conotação hegeliana de expressão entitiva superior, criador de direitos, condutor único e controlador normativo, soberano e absoluto da sociedade política. Atualmente, a própria Constituição é erigida à categoria de *instituição jurídica* inviolável (direito político fundamental), como se vê da presença de *cláusula de resistência* na vigente Constituição alemã (artigo 20, inc. IV) pela qual, como observa o prof. Joaquim Carlos Salgado, assegura-se a todos o direito 'de resistirem às tentativas de eliminação da ordem constitucional'. Na presente etapa histórica, que é a do pós-modernismo, isto é: um pós-mundo posto pelo homem sem pressupostos históricos condicionadores, falar sobre *processo* como instituição jurídica que ao lado do Estado, do povo, da cidadania, da soberania popular, contém princípios próprios definidos nas garantias do contraditório, da ampla defesa, da isonomia, reunidos pelo instituto do *devido processo*, não é mais uma nomenclatura de incontornável imprecisão como acreditara Couture ao se desfiliar da teoria institucional do processo pela visão do processualista espanhol Jaime Guasp. Diga-se o mesmo das ligeiras anotações do prof. Aroldo Plínio Gonçalves, que põem a teoria do processo como instituição, no bloco das 'construções frágeis' e no mesmo perfil anacrônico das teorias do processo como contrato, quase contrato e serviço público. Na *pós-modernidade*, o conceito de *processo*, como *instituição*, não se infere pelas lições de Maurice Hauriou ou dos administrativistas franceses do século XIX ou dos processualistas e juristas dos primeiros quartéis do século XX, sequer pelas posições sociológicas de Guasp e Morel, mas pelo grau de autonomia jurídica constitucionalizada a exemplo do que se desponta no discurso do nosso texto constitucional, como conquista teórica da cidadania juridicamente fundamentalizada em princípios e institutos de proposição discursiva e ampliativa em réplica ao colonialismo dos padrões repressores de 'centração psicológica e política' dos chamados Estados-nações hegemônicos. Essas seriam as diretrizes da *teoria neoinstitucionalista* do processo que elaborei" (LEAL, Rosemiro Pereira. *Teoria geral do processo*: primeiros estudos. 13. ed. Belo Horizonte: Fórum, 2016. p. 59-60).

[...] Tutelar é conferir proteção. A tutela jurisdicional é prestada por meio do processo. Do ponto de vista de quem postula, é o resultado de um provimento favorável. Se este atende exatamente à necessidade da parte e lhe é ofertado em tempo útil, diz-se que a tutela jurisdicional foi plena. Do ponto de vista do demandado e do ordenamento como um todo, há que se aferir a observância do devido processo legal e das garantias constitucionais do processo e regras processuais decorrentes. Tanto a tutela jurisdicional como as formas de sua prestação no bojo do processo podem ser diferençadas. Há, por isso, a diferenciação da prestação da tutela já existente.

A tutela cautelar pode ser antecipada através de um provimento liminar, por exemplo. Mas há também a diferenciação à previsão de novas formas de proteção (tutela) no ordenamento — aí, sim, se estará perante nova forma de tutela, diferenciada em relação às anteriormente existentes, como é o caso da tutela mandamental no âmbito das obrigações de fazer e de não-fazer (Código de Processo Civil, artigo 461).

A concepção da tutela jurisdicional como um resultado (proteção) que existe durante o processo, mas que emerge principalmente ao seu final, é, do ponto de vista de quem pede em juízo, a realização plena da categoria da ação de direito material [...].[3]

Para João Batista Lopes:

[...] Os processualistas da atualidade preferem substituir a fórmula clássica *prestação jurisdicional* pela expressão *tutela jurisdicional*, que significa proteção dos direitos mediante atuação plena da ordem jurídica, vale dizer, com respeito aos princípios constitucionais, aos direitos e garantias previstos na Carta Magna e aos direitos assegurados pela legislação ordinária.[4]

---

[3] SOARES, Rogério Aguiar Munhoz. *Tutela jurisdicional diferenciada*: tutelas de urgência e medidas liminares em geral. São Paulo: Malheiros, 2000. p. 123. Carlos Augusto de Assis anota: "[...] O tema da tutela jurisdicional começa pela identificação do seu núcleo significativo. Como observa TEORI ZAVASCKI, a palavra 'tutelar (do latim *tueor, tueri* = ver, olhar, observar, e, figuradamente, velar, vigilar) significa proteger, amparar, defender, assistir'. Aliás, é com esse sentido que a vemos empregada no Direito Civil, por exemplo, quando se regula o instituto da tutela, justamente destinado ao amparo e proteção do incapaz. No direito processual não é diferente. [...] Como se percebe, numa época em que se procura pensar o processo não apenas do ponto de vista formal e técnico, mas como instrumento que produza **resultado** efetivo para as pessoas, é mais do que natural endereçar os estudos para a tutela jurisdicional. A expressão tutela jurisdicional traz a marca da preocupação com a efetividade do processo" (Tutela jurisdicional. *In*: ASSIS, Carlos Augusto de; LOPES, João Batista. *Tutela provisória*: tutela antecipada; tutela cautelar; tutela da evidência; tutela inibitória antecipada. Brasília, DF: Gazeta Jurídica, 2018. p. 23-24. Grifo em negrito do original).

[4] LOPES, João Batista. *Tutela antecipada no processo civil brasileiro* (de acordo com o novo CPC). 5. ed. São Paulo: Castro Lopes, 2016. p. 78.

Nesse aspecto, segundo os autores mencionados, a tutela jurisdicional seria o resultado da atuação do Estado-juiz com base em parâmetros ditados pelo texto constitucional.[5]

Entretanto, para seguir as linhas mestras do presente trabalho, na verdade, a tutela jurisdicional não seria a proteção do Estado-juiz solitário oriunda de um provimento judicial, ou o próprio provimento judicial, sem que, para isso, as partes tenham participado de sua construção.

Assim, imprescindível considerar a efetiva participação das partes na construção democrática do provimento judicial; daí somente poder falar-se em tutela jurisdicional como produto resultante de um processo democrático, donde o diálogo constrói a própria tutela.

Ao criticar a expressão "tutela jurisdicional", no âmbito dos artigos 294 a 311, CPC, Rosemiro Pereira Leal adverte da "falsa e anacrônica distinção entre *tutela legal* e o que é impropriamente chamado *tutela jurisdicional* é que vem dificultar a dilucidação da espécie excêntrica da *antecipação da tutela*, porque, em nenhum trecho de todo o contexto dos referidos artigos se afirma que o juiz antecipará os efeitos de futura sentença (provimento *vulgarmente* denominado de tutela jurisdicional). Logo, infere-se que não se trata de antecipação dos efeitos do julgamento final (ato sentencial finalizador do procedimento que ainda será proferido), *mas* de antecipação (aplicação) da *tutela da lei* por via de uma decisão interlocutória".[6]

---

[5] Francisco Rabelo Dourado de Andrade, ao criticar a definição de "tutela", argumenta: "[...] A equívoca compreensão do que vem a ser *tutela* e suas derivações atreladas à atividade jurisdicional conduzem invariavelmente à conclusão de que os modelos de Estado Liberal e Social de Direito permanecem arraigados no discurso jurídico brasileiro, mediante uma irrefletida louvação aos parâmetros teóricos deixados por Wach e Bülow não mais acolhíveis na vigência da principiologia instituinte do processo constitucional demarcada a partir da consagração do Estado Democrático de Direito (artigo 1º, CB/88). Numa tentativa de ressemantização da temática ora apresentada segundo os estudos orientados para o encaminhamento de um direito constituído e atuado em bases democráticas, propõe-se que expressão *tutela jurisdicional* seja substituída por *tutela da lei pelo processo* como resultante da aplicação dos *conteúdos da lei* e não como *atividade de decidir* que submete o autor à posição de suplicante e eleva o juiz à figura carismática que 'dará' a sentença ao final do procedimento. Daí falar-se em *jurisdição* como 'atividade de julgar com vinculação plena' à lei a ser exercida pelo Estado por meio do órgão jurisdicional (o juízo de direito) ou como 'resultado' da interpretação compartilhada do texto legal pelo procedimento regido pela principiologia constitucional do processo (contraditório, ampla defesa e isonomia)', passando a jurisdicionalidade a ter como critério referencial o grau de legitimidade decisória extraído do procedimento processualizado e não a própria atividade do julgador" (ANDRADE, Francisco Rabelo Dourado de. *Tutela de evidência, teoria da cognição e processualidade democrática*. Belo Horizonte: Fórum, 2017. p. 165).

[6] LEAL, Rosemiro Pereira. *Teoria geral do processo*: primeiros estudos. 13. ed. Belo Horizonte: Fórum, 2016. p. 241-242.

E conclui que vários "intérpretes dos arts. 294 a 311 do NCPC imaginam, ao conferirem equivalência aos institutos da sentença e da tutela legal, que ali se cuida de *antecipação dos efeitos da tutela* do juiz ou do juízo e não da *lei*, enfocando a tutela jurisdicional como instrumento de salvação dos males do Judiciário pela 'responsabilidade ética e social' de um juiz corajoso que trata de 'novos direitos', ainda que na *lei* não estejam. Para esses hermeneutas, *a tutela jurisdicional* não seria o conteúdo tutelar da *lei* aplicada pela sentença, mas a *própria* sentença, que pode ou não tutelar a *lei* para emitir julgamentos. Acham que a sentença não é preparada pelas *alegações* das partes, mas ato jurídico tutelar e solitário outorgado pelo juiz".[7]

Cassio Scarpinella Bueno, defensor e idealizador do *neoconcretismo*,[8] ao dissertar sobre "neoconcretismo e tutela jurisdicional", afirma ser necessário levar em consideração o estudo da tutela jurisdicional como "proteção a ser prestada e concretizada pelo Estado-juiz".[9] E mais, que "o *neoconcretismo* entende e defende que não tem sentido estudar o direito processual civil exceto na perspectiva de viabilizar a *concreta* prestação da *tutela jurisdicional* a quem faz jus a ela na perspectiva".[10]

Já Roberto P. Campos Gouveia Filho entende que a tutela jurisdicional seria o implemento processual advindo da efetiva comunicação processual como condição de possibilidade à implementação de

---

[7] LEAL, Rosemiro Pereira. *Teoria geral do processo*: primeiros estudos. 13. ed. Belo Horizonte: Fórum, 2016. p. 243.

[8] "[...] 'Neo' porque é novo. "Concretismo" porque, na linha doutrinária preconizada pelos precitados autores, não havia sentido falar de *ação* como mera possibilidade de agir, independentemente do resultado (o que caracteriza, dentre os autonomistas, os *abstracionistas*), mas, sim, e apenas, quando o pedido do autor for acolhido. [...] O que importa evidenciar é que a ação não se confunde com o direito material nem mesmo na perspectiva chiovendiana, que reconhece expressamente "ação como direito *autônomo*". Tanto que, de antemão, para deixar clara a proposta, importa evidenciar o emprego do prefixo *neo*" (*Curso sistematizado de direito processual civil*: teoria geral do direito processual civil: parte geral do código de processo civil. 9. ed. São Paulo: Saraiva, 2018. v. 1, p. 362).

[9] "[...] Essa proteção (a tutela) será prestada a quem tem razão, seja o autor, que provoca a atuação do Estado-juiz, rompendo a sua inércia, seja o réu, que é tutelado ao menos com a negativa do pedido formulado pelo autor. Pode até acontecer de a proteção a ser reconhecida ao réu não ser a ideal e que ele, por isso mesmo, queira pretender mais do que a tutela correspondente à rejeição do autor. Há técnicas processuais para tanto, das quais a mais pertinente de ser lembrada nesse contexto é a *reconvenção*. De qualquer sorte, tutela jurisdicional existe em favor do réu sempre que o pedido do autor for rejeitado, no sentido de o direito material ser seu, não do autor" (*Op. cit.*, p. 362).

[10] BUENO, Cassio Scarpinella. *Curso sistematizado de direito processual civil*: teoria geral do direito processual civil: parte geral do código de processo civil. 9. ed. São Paulo: Saraiva, 2018. v. 1, p. 363. E acrescenta: "[...] Obter tutela jurisdicional é o *resultado* ambicionado com a provocação e a atuação do Estado-juiz e, portanto, é nessa perspectiva que o estudo de todas as técnicas predispostas para tanto deve ser feito" (*Op. cit.*, p. 364).

eventos relevantes para o direito. Esse implemento, segundo o autor, guarda relação com a aplicação do direito, e não com a estrutura do fato jurídico (existência, validade e eficácia), já que a *"comunicação processual* é, sem dúvida, condição de possibilidade para o conhecimento desses eventos, a fim de que, das mais variadas formas, eles possam ser processualmente implementados. Exemplos facilitam a compreensão: *a)* quando numa ação de cobrança o réu alega prescrição, ele o faz para que, sendo devidamente constatado o evento referente a ela, possa ser aplicada a regra jurídica que a estabelece, de modo a ser tida por neutralizada a pretensão afirmada pelo autor; *b)* quando numa ação de usucapião o autor afirma ter adquirido a propriedade, ele o faz para que o Estado-juiz, constatando a ocorrência do evento afirmado, declare à dita aquisição. Esse *implemento processual* é, em rigor, a tão decantada tutela jurisdicional. Em linguagem mais afeita à teoria de conhecimento: comunicam-se eventos (ato do sujeito interessado) para que eles possam ser implementados (tutela jurisdicional). *Gnosiologicamente*, tem-se: comunicar para conhecer e, com isso, implementar".[11]

Pontes de Miranda, ao abordar a pretensão à tutela jurídica, anotou:

> [...] Desde que o Estado eliminou e proibiu a justiça de mão própria, monopolizando a distribuição da justiça, salvo pouquíssimas exceções àquela eliminação (a propósito da imediata mantença ou restituição, em caso de turbação ou de esbulho de posse) ou a esse monopólio (*e. g.*, juízo arbitral), tinha de prometer e assegurar a proteção dos que precisassem de justiça, isto é, prometer e assegurar a *pretensão à tutela jurídica*. Toda técnica legislativa, administrativa e judiciária se empenha no cumprimento desse propósito. Com isso, o Estado realiza o direito objetivo e pacifica. O Poder Judiciário foi criado para isso e o processo judiciário tem por fim organizar a provocação e a prestação da justiça. Se a incidência das regras jurídicas, criando os direitos, os deveres, as pretensões, as obrigações, as ações e exceções, bastasse à realização da justiça, não se precisaria da justiça privada, nem da justiça estatal. Mas a incidência só se passa no mundo do pensamento, embora impecavelmente aconteça; e os homens e o próprio Estado nem sempre apreendem, em seus pormenores, em sua inteireza, aqueles direitos, deveres, pretensões, obrigações, ações e exceções — razão por que se tem de proceder à aplicação (*ad, plicare*, pôr nas dobras, *plica*, provavelmente depois de

---

[11] GOUVEIA FILHO, Roberto P. Campos. *A dupla necessidade na distinção entre ato do procedimento e demais (f)atos processuais.* Disponível em: http://emporiododireito.com.br/leitura/abdpro-14-a-dupla-necessidade-na-distincao-entre-ato-do-procedimento-e-demais-fatos-processuais. Acesso em: 7 jun. 2018.

abri-las, de *ex-plicare*), quando à incidência não corresponde à realidade da vida. Tal aplicação, que foi privada, e, depois, *iudicium privatum*, se fez estatal, ou se conservou justiça de mão própria ou arbitral onde o Estado o permitiu.

[...]

O conteúdo e a finalidade da pretensão à tutela jurídica, que é de direito público, consistem na obtenção da tutela jurídica. Dirige-se contra o Estado, quer a exerça o autor, quer o réu. Se o réu atende ao pedido do autor, extingue-se a pretensão ou a ação de direito material, e apenas fica sem objeto a pretensão à tutela jurídica e, portanto, a pretensão processual, que nasceu do exercício dela. Não se dirige contra o demandado, se dela é titular o autor, nem contra o demandante, se dela é titular o réu; nem contra o demandante e o demandado, se dela é titular o terceiro. Só se satisfaz a pretensão à tutela jurídica se o Estado faz a prestação jurisdicional prometida. Por outro lado, a pretensão à tutela jurídica pode existir ainda onde não se trate de pretensão a sentença de condenação, ou com carga forte imediata ou mediata (4, ou 3) de condenatoriedade. Aqui, graças à classificação das ações pela eficácia preponderante, atendendo-se aos demais elementos da carga eficacial, podemos evitar, por impreciso, dizer o que escapou a Leo Rosenberg (*Lehrbuch*), 5ª ed., 401) quando escreveu que a pretensão serve de base a todo procedimento, ao passo que a pretensão de direito material só às demandas de condenação e assim por diante.

Os pressupostos da tutela jurídica somente podem ser os pressupostos para que o Estado tenha de julgar, não os pressupostos para que tenha de julgar favoravelmente ao autor ou ao demandado, ou ao terceiro, que foi contra o demandante e o demandado. Porque, se se chega até aí, se misturam pressupostos da tutela jurídica com pressupostos da pretensão de direito material.

[...]

Argumenta-se que o demandado somente poderia ter pretensão à tutela jurídica depois de exercer o autor a sua, de modo que não seria pré-processual, mas processual a pretensão (Leo Rosenberg, *Lehrbuch*, 5ª ed., 401). Mas sem razão. Primeiro, a pretensão à tutela jurídica existe antes de ser exercida, como toda pretensão. Segundo, a pretensão à tutela jurídica, por parte do demandado, existe ainda que não se exerça, porque *Iura novit curia*. O Estado, pelo órgão judicial, tem o dever e a obrigação de *aplicar* o direito e, pois, de atender ao pedido. A sentença pode ser favorável, ou não. Quer o seja, quer o não seja, com ela cumpre o Estado o dever de entregar a prestação jurisdicional, a que correspondem o direito e a pretensão à tutela jurídica, e a obrigação de entregá-la, que se estabeleceu com o exercício da pretensão à tutela jurídica e, pois, com o nascimento da pretensão processual.

Quando nasce a pretensão processual, o Estado assume a obrigação de decidir sobre o fundo, o *mérito*; mas, se falta algum dos pressupostos processuais, o juiz resolve sobre esse nascimento, e não sobre a pretensão à tutela jurídica. Daí poder e dever dizer que a 'ação' é inadmissível.[12]

2.1 A tutela jurisdicional diferenciada

A necessidade de se promover a efetiva proteção de direitos dos jurisdicionados, em duração razoável,[13] explica a especialidade de

---

[12] MIRANDA, Francisco Cavalcanti Pontes de. *Comentários ao código de processo civil*. 5. ed. t. I. arts. 1º a 45. Atualização legislativa de Sérgio Bermudes. Rio de Janeiro: Forense, 1997. p. 193-196. E, ainda, de acordo com Pontes de Miranda: "[...] A justiça de mão própria é distinta do exercício do direito, pretensão, ação, ou exceção, que se deduz, para se aplicar, *de motu proprio*, o direito objetivo. Exercer o direito, a pretensão, a ação, ou a exceção, é realizá-lo em seus efeitos, talvez exaurientes; exercer o direito à justiça privada é aplicar o direito objetivo, *a que outrem desatendeu*, e até certo ponto realizá-lo. O exercício do direito, da pretensão, da ação, ou da exceção, que ali é continente, autônomo, aqui é conteúdo de decisão explícita ou implícita no ato de autotutela. A justiça de mão-própria supõe resistência; o exercício do direito, da pretensão, da própria ação e da exceção, não na supõe; pode ter ocorrido, ou não; pode agora ocorrer, ou não; pode vir a ocorrer ou não. A justiça de mão própria supõe estado de necessidade, mas já no plano da tutela jurídica; o ato em estado de necessidade passa-se no plano do direito material ou formal. Essas precisões são indispensáveis para bem se ver onde se *situa* o direito subjetivo da justiça de mão própria" (MIRANDA, Francisco Cavalcanti Pontes de. *Comentários ao código de processo civil*. 3. ed. Atualização legislativa de Sérgio Bermudes. Rio de Janeiro: Forense, 1997. t. V: arts. 444 a 475, p. 191). Carlos Alberto Alvaro de Oliveira, afastando-se do conceito de Pontes de Miranda, com foco nas formas de tutelas jurisdicionais, assim pontuou: "[...] O resultado consiste na tutela jurisdicional, que deve se adequar ao direito material para conduzir à plena realização da justiça do caso (efetividade), com base num 'processo justo' (segurança). Pode-se, portanto, definir tutela jurisdicional como o resultado da atividade desenvolvida pelos órgãos do Estado que exercem a jurisdição ou a tanto autorizados, visando à proteção do patrimônio jurídico. E este tanto pode ser o direito material como o direito processual (*e.g.*, ações rescisórias de sentença, por causas puramente processuais), e ainda a declaração da própria inexistência do direito, tanto do ponto de vista individual quanto coletivo, repressivo ou preventivo. Precisando mais o conceito, esclareço: a) tutela não se confunde com exercício da jurisdição, nem com qualquer resultado do processo: a extinção do processo sem julgamento do mérito não confere proteção nem tutela ao patrimônio jurídico; b) falo em órgãos do Estado que exercem a jurisdição ou a tanto autorizados para abranger tanto o Poder Judiciário como o Juízo arbitral; c) é fundamental a proteção ou a satisfação do patrimônio jurídico, que pode ocorrer pelo reconhecimento do direito ou pela declaração da inexistência do direito; d) há tutela mesmo quando julgado improcedente o pedido, visto que, nesse caso, restará protegida a posição substancial do demandado; e) há tutelas auto-satisfativas, como as declaratórias e constitutivas; outras dependem de providências posteriores que interfiram no mundo sensível, como as condenatórias, mandamentais e executivas" (OLIVEIRA, Carlos Alberto Alvaro de. *Teoria e prática da tutela jurisdicional*. Rio de Janeiro: Forense, 2008. p. 108).

[13] Sobre a razoável duração do processo, em especial o aspecto inerente à celeridade e economia, Paulo Hoffman: "[...] Igualmente nos causa repulsa notar que, em muitas discussões acadêmicas, a defesa e a justificativa para posições contrárias ao espírito da lei são sempre fundadas no princípio da celeridade e da economia processual. Devemos recusar um processo burocrático e exclusivamente formal, mas, principalmente, cabe-nos rechaçar uma mentalidade

determinados procedimentos por intermédio de técnicas utilizadas para atender diversas situações, inclusive emergenciais, que colocam em risco o direito.[14]

A expressão "tutela jurisdicional diferenciada" foi cunhada, na Itália, por Andrea Proto Pisani, que imprimiu a ela sentidos diversos para o "conjunto de técnicas processuais".[15]

Flávio Cheim Jorge e Thiago Ferreira Siqueira assim sintetizam a sistematização proposta por Andrea Proto Pisani em relação às tutelas jurisdicionais diferenciadas, cuja finalidade é: "[...] a) *economia processual*, na medida em que se pode evitar o custo do processo de cognição exauriente quando não seja justificado por uma contestação efetiva; b) *evitar o abuso do direito de defesa* por parte do réu que não tenha razão; e c) *efetividade da tutela* todas as vezes que esta possa ser comprometida pelo tempo, ainda que fisiológico, do processo de cognição plena. Havendo, portanto, técnica processual disponível capaz de alcançar algum destes objetivos, parece de todo conveniente que se oportunize a produção antecipada de provas com o fim de viabilizá-la. Ainda que a adoção deste tipo de tutela não possa ser imposta ao demandante,

---

do término do processo a todo custo, eliminando-se fases, recursos, procedimentos e técnica jurídica. Tememos que, num futuro breve, haja uma subversão da ciência processual formada pelo esforço de brilhantes doutrinadores do passado e do presente, como se a necessidade evidente e premente de celeridade e economia processual justificasse a transformação do processo civil em um amontoado de procedimentos desconexos e imprecisos, fazendo tábua rasa de centenas de anos de construção doutrinária e jurisprudencial, algo equiparado à perda de valores morais em nossa sociedade, uma verdadeira 'lei de Gérson' processual" (HOFFMAN, Paulo. *Razoável duração do processo*. São Paulo: Quartier Latin, 2006. p. 42).

[14] Verificar o estudo desenvolvido por Fredie Didier Jr., Antonio do Passo Cabral e Leonardo Carneiro da Cunha, ao explicitarem fatores representativos à criação dos procedimentos especiais a partir da "tutela jurisdicional diferenciada" (DIDIER JR., Fredie; CABRAL, Antonio do Passo; CUNHA, Leonardo Carneiro da. *Por uma nova teoria dos procedimentos especiais*: dos procedimentos às técnicas. Salvador: JusPodivm, 2018. p. 25-31). Também, acerca das técnicas de especialização do procedimento: DI SPIRITO, Marco Paulo Denucci; GOUVEIA FILHO, Roberto P. Campos. Sobre negócio jurídico de espraiamento sentencial. *Revista Brasileira de Direito Processual*, n. 100, 2017.

[15] JORGE, Flávio Cheim; SIQUEIRA, Thiago Ferreira. Produção antecipada de prova e tutela jurisdicional no Código de Processo Civil de 2015. *Revista Magister de Direito Civil e Processual Civil*, Porto Alegre, v. 90, maio/jun. 2019. p. 24-25: "[...] Fala-se, então, em *tutela jurisdicional diferenciada*, no intuito de se referir às técnicas processuais que, distinguindo-se daquela prevista para a generalidade de demandas (ordinária), é dotada de peculiaridades, no intuito de atender às especiais necessidades do conflito submetido à apreciação judicial. É interessante notar que, na expressão, o predicado *diferenciado* refere-se não à tutela jurisdicional enquanto *resultado* que o processo pode entregar, sentido que lhe é usualmente atribuído. Quanto a estes — os resultados — o que se deseja, sempre, é que o processo seja capaz de outorgar ao titular de uma situação de vantagem a exata utilidade prática a que faria jus caso seu direito não houvesse sido violado. O que variam, aqui, são os *meios*, as *técnicas* processuais que serão utilizadas para tanto e que se especializam, justamente a fim de possibilitar que se chegue àquele resultado". Grifos em itálico do original.

não há dúvidas de que, se este optar por utilizá-la, estaria atendendo, também, ao interesse público".[16]

Relevante destacar a importância das técnicas processuais para a estruturação adequada do procedimento, a fim de proporcionar, ao final, ou em sede de antecipação, a proteção ao direito pretendida pelo jurisdicionado; tal perspectiva será melhor desenvolvida no decorrer deste estudo.

Com isso, de uma forma ou de outra, a técnica processual promove uma incontestável especialização do procedimento, e, destarte, possibilita a proteção do direito do jurisdicionado.

A diferenciação atingida por intermédio da especialização de uma técnica processual garante a efetividade da tutela jurisdicional.

Aqui, seguindo os passos de Roberto P. Campos Gouveia Filho,[17] a tutela jurisdicional diferenciada seria o implemento processual de forma diferenciada.

Segundo João Batista Lopes, numa tentativa de sistematizar e sem desconsiderar sua dificuldade, a tutela jurisdicional diferenciada seria:

> [...] qualquer modelo processual ou procedimental que apresentasse um traço diverso do processo (ou do procedimento) comum. Assim, tanto as medidas cautelares, como o mandado de segurança, a ação consignatória de aluguéis, a ação monitória, a ação de despejo por falta de pagamento, a ação demarcatória etc. poderiam ser estudados sob a rubrica *tutela jurisdicional diferenciada*.
> Entretanto, a utilização do *nomen* 'tutela jurisdicional diferenciada' tem forte conotação ideológica: indica postura do processualista, inconformada com a chamada *ordinarização do processo civil* (OVÍDIO ARAÚJO BAPTISTA DA SILVA) uma das causas da endêmica morosidade da justiça. Presente tal perspectiva, cumpre examinar, ainda que brevemente, as principais espécies de tutela jurisdicional diferenciada: tutela cautelar, tutela da evidência, tutela inibitória, tutela urgente satisfativa e tutela antecipada.
> O que aproxima essas diversas formas de tutela é a preocupação em adotar técnicas processuais que, com presteza e sob juízos de

---

[16] JORGE, Flávio Cheim; SIQUEIRA, Thiago Ferreira. Produção antecipada de prova e tutela jurisdicional no Código de Processo Civil de 2015. *Revista Magister de Direito Civil e Processual Civil*, Porto Alegre, v. 90, maio/jun. 2019. p. 36. Grifos em itálico do original.

[17] GOUVEIA FILHO, Roberto P. Campos. *A dupla necessidade na distinção entre o ato do procedimento e demais (f)atos processuais*. Disponível em: http://emporiododireito.com.br/leitura/abdpro-14-a-dupla-necessidade-na-entre-ato-do-procedimento-e-demais-fatos-processuais. Acesso em: 7 jun. 2018.

plausibilidade ou probabilidade, se revelem idôneas à proteção efetiva de direitos. Em uma frase, busca-se a *efetividade da tutela jurisdicional*.[18]

Para Rogério Aguiar Munhoz Soares, por tutela jurisdicional diferenciada "entende-se tanto as tutelas que podem ser realizadas mediante cognição sumária, porque aptas desde logo a realizar o direito afirmado pelo litigante (referimo-nos a tutelas executiva e mandamental), quanto qualquer possibilidade de especialização ou sumariedade que proporcione diferenciação em relação ao processo comum. Convenhamos, a expressão 'tutela jurisdicional diferenciada', em si mesma considerada, é insuficiente. Carece da definição do que seja tutela jurisdicional, e principalmente do parâmetro em relação ao qual se destaca a 'diferença'. Como é óbvio, algo se diferencia daquilo

---

[18] LOPES, João Batista. *Tutela antecipada no processo civil brasileiro* (de acordo com o novo CPC). 5. ed. São Paulo: Castro Lopes, 2016. p. 93. E, ainda: Natureza jurídica do processo e conceito de tutela jurisdicional. *In*: ZUFELATO, Camilo; YARSHELL, Flávio Luiz (Org.). *40 anos da teoria geral do processo no Brasil*: passado, presente e futuro. São Paulo: Malheiros, 2013. p. 509. Também, acerca da "tutela jurisdicional diferenciada", verificar Donaldo Armelin, nos idos de 1994: "[...] Realmente, presentes diferenciados objetivos a serem alcançados por uma prestação jurisdicional efetiva, não há porque se manter um tipo unitário desta ou dos instrumentos indispensáveis a sua corporificação. A vinculação do tipo da prestação à sua finalidade específica espelha a atendibilidade desta; a adequação do instrumento ao seu escopo potencia o seu tônus de efetividade. Essa permanente necessidade de adaptação da tutela jurisdicional e de seus instrumentos à sua finalidade vê-se, no presente, exacerbada pela constância e crescimento do indesejável fenômeno da demora na prestação jurisdicional, o qual, embora não adstrito apenas ao nosso país, repercute negativamente na efetividade de tal prestação, impondo a adoção de várias medidas direcionadas à sua atenuação, em sendo impossível a sua total erradicação. [...] Dois posicionamentos, pelo menos, podem ser adotados a respeito da conceituação de 'tutela diferenciada'. Um, adotando como referencial da tutela jurisdicional diferenciada a própria tutela, em si mesma, ou seja, o provimento jurisdicional que atende a pretensão da parte, segundo o tipo da necessidade de tutela ali veiculado. Outro, qualificando a tutela jurisdicional diferenciada pelo prisma de sua cronologia no *iter* procedimental em que se insere, bem assim como a antecipação de seus efeitos, de sorte a escapar das técnicas tradicionalmente adotadas nesse particular. [...] Portanto, a opção por um tipo diferenciado de tutela envolve, também, a necessidade de se alterar em parte o vigente CPC, não apenas para especificar os tipos de pretensões passíveis de serem por ele atendidas, como também para o regramento de seu instrumental procedimental. Outro posicionamento situa no instrumento processual a sede da investigação da tutela jurisdicional diferenciada, cuja diversidade resulta de técnicas relativas ao procedimento onde ela emerge e ou do grau de cognição indispensável à sua efetivação. Assim derivaria ela da uma antecipação no *iter* procedimental de processo de cognição plena e exauriente, efetiva ou eventual, ou de processo autônomo de cognição sumária, não cautelar. Também poderia surgir no procedimento de execução específica, ou seja, de certa forma, constituiria uma tutela prestada em instrumento processual marcado pela cognição sumária, que não se confunde com o procedimento sumário caracterizado pela simplificação ou abreviação do seu *iter*. A cognição sumária corresponde àquela superficial, embora sem limitação no plano horizontal, contrapondo-se, destarte, à plena e exauriente, ainda que horizontalmente limitada" (Tutela jurisdicional diferenciada. *In*: MARINONI, Luiz Guilherme (Coord.). *O processo civil contemporâneo*. Curitiba: Juruá, 1994. p. 103-105, 109-110).

com que não se identifica. Por isso, há que se buscar um parâmetro para a diferenciação. A doutrina cônscia da equivocidade da expressão tem proposto redefinições do que seja a tutela jurisdicional diferenciada. Para nós o parâmetro (quanto às tutelas sumárias) é a possibilidade de atuação imediata mediante cognição sumária, e esta tem-se mostrado a alternativa mais eficaz em face do processo de conhecimento ordinário. Todas as tutelas jurisdicionais operam no plano normativo, mas há algumas que operam precipuamente no plano dos fatos e são tutelas que podem ser atuadas desde logo a partir de cognição sumária. A exacerbação da necessidade de atuação destas últimas tem demonstrado que é preciso desenvolver tais tutelas, por si mesmas diferenciadas daquelas que apenas atuam no plano normativo (condenatória, constitutiva e declaratória) e em função das quais o processo de conhecimento, eminentemente declaratório, foi construído".[19]

2.2 Breve relato da evolução da tutela inibitória no Brasil

Para contextualizar a tutela inibitória, espécie de tutela jurisdicional diferenciada com caráter preventivo, necessário empreender um breve resumo histórico, com a exposição e, de certa maneira, análise de algumas das principais alterações pontuais ocorridas na legislação processual civil desde o cenário demarcado pelo Código Buzaid (CPC/1973) até os dias de hoje.

Clóvis do Couto e Silva, ao escrever acerca da tutela preventiva e direito público, acenou para a dificuldade de se enxergar a possibilidade

---

[19] SOARES, Rogério Aguiar Munhoz. *Tutela jurisdicional diferenciada*: tutelas de urgência e medidas liminares em geral. São Paulo: Malheiros, 2000. p. 141. E, ainda: "[...] Haveria, ademais, possibilidades de procedimentos especiais afeiçoados a cada situação deduzida em juízo, deixando de lado a uniformidade ritual que ora preside o sistema processual. Toda a controvérsia em torno da necessidade de diferenciação da tutela jurisdicional é, na verdade, a busca da superação das limitações genéticas do processo de conhecimento ordinário e de sua adequação ao mundo contemporâneo. Quaisquer das perspectivas adotadas tende à reforma do ordenamento processual. Em outras palavras, o estudo das tutelas jurisdicionais diferenciadas é o estudo da busca da forma adequada da prestação da tutela jurisdicional em face da pretensão deduzida. Como o que se busca atualmente é a plena realização dos direitos, tem-se em mira o desenvolvimento das tutelas executiva e mandamental, que operam no plano dos fatos, mediante a utilização de técnicas que se valham da sumarização do processo (rito, cognição e provimento), e isto em função ou da urgência que acomete a causa, ou da sumariedade material (ações sumárias de direito material), ou de alguma peculiaridade da situação carente de tutela, e por isso isolada pelo legislador" (SOARES, Rogério Aguiar Munhoz. *Tutela jurisdicional diferenciada*: tutelas de urgência e medidas liminares em geral. São Paulo: Malheiros, 2000. p. 141-142).

de utilização da prevenção fora do âmbito do direito público, e, além do circunscrito à tutela cautelar:

> [...] Cumpriria saber se seria possível a utilização em forma preventiva da denominada ação popular. Ora, nos termos da lei que a instituiu supõe-se sempre a lesão efetiva do patrimônio público. É assim evidente que essa ação só pode ser proposta depois de a lesão haver ocorrido. Pertence, pois, à tutela repressiva. Existem ações que são peculiares à tutela repressiva e outras que podem ser propostas antes ou depois da lesão, isto é, que participam da tutela preventiva e repressiva. A regra é de as ações, em geral, pertencerem à tutela repressiva e preventiva. Todavia, no direito brasileiro, por força de uma inexata compreensão do conceito de interesse processual, foram estudadas as espécies sob o ângulo da tutela repressiva, pouco examinando, fora do direito público, a tutela preventiva, para além do círculo estreito da denominada tutela cautelar.[20]

Sobre a origem e a funcionalidade da tutela preventiva, Clóvis do Couto e Silva observou:

> [...] É curioso observar que nos sistemas latinos até data recente (15) pouco interesse tinha atraído a tutela preventiva. Ressalte-se no direito brasileiro o aspecto de haver merecido detido exame apenas no plano do Direito Público, no referente ao mandado de segurança, como se aludiu anteriormente. A razão para isso talvez esteja no fato de termos herdado de alguma maneira esse remédio jurídico por inspiração do Direito americano, em que tais injunções de longa data têm sido utilizadas. No

---

[20] SILVA, Clóvis do Couto e. Tutela preventiva. *Digesto de Processo*. v. 5. Prova/valor da causa. Rio de Janeiro: Forense, 1988. p. 295. E, ainda: "[...] Na verdade, tanto é importante para a tutela preventiva da posse o perigo da lesão quanto o é, para qualquer direito, o perigo de sua infringência, e é esse perigo que faz com que sua origem não esteja apenas no plano do direito processual, mas interfira no próprio direito material (13). A consideração da iminência de ocorrer a lesão ou da grande probabilidade de sua verificação pode permitir que se considere até mesmo como lesão já ocorrida, raciocínio utilizado por alguns juristas franceses para possibilitar, com maior facilidade, a aceitação de uma tutela preventiva (14). Como quer que seja, não resta dúvida de que é de admitir-se, em nosso Direito, a existência de tutela preventiva geral, muito embora não se tenha legislado a respeito. As disposições particulares, muitas vezes, apenas explicitam o princípio geral sem o revelar no seu verdadeiro âmbito, o que não quer dizer que o princípio não esteja presente em nosso ordenamento. Está na definição do direito de propriedade, sobretudo na consideração de que todo e qualquer direito pode ser protegido quando há certeza da iminência da sua lesão. Não faz sentido que a lesão venha a ocorrer, para somente depois propor a ação reparatória. Não há a menor dúvida de a tutela preventiva, na atualidade, não se restringir tão-somente a certas hipóteses do Direito Público ou do Direito Privado, mas tem o seu lugar com generalidade dentro de todo o Direito" (SILVA, Clóvis do Couto e. Tutela preventiva. *Digesto de Processo*. v. 5. Prova/valor da Causa. Rio de Janeiro: Forense, 1988. p. 296).

princípio, eram meramente proibitórias, isto é, tinham por finalidade evitar que um ato viesse a ser praticado; depois, adquiriram certa independência e diziam respeito até mesmo a atos positivos. Não se tratava apenas de proibir a prática de um ato, como também determinava que a autoridade pública praticasse determinada providência. Por outro lado, o direito americano não conhece uma distinção nítida entre Direito Público e Direito Privado, de sorte que os remédios jurídicos servem à tutela de situações de ambos os setores do direito.[21]

A tutela inibitória, típica tutela preventiva,[22] com características específicas, possui previsão no texto constitucional, em seu artigo 5º, XXXV: "o direito de o jurisdicionado acessar aos meios aptos a solucionar o litígio" (aqui, com exceção da arbitragem — que não será objeto do presente estudo), no intuito de se obter a efetiva proteção de um direito seu que esteja sendo ameaçado por um ato ilícito; daí, falar-se em ameaça a direito. Eis o cerne da tutela preventiva, da qual a inibitória é espécie.

Corrobora o raciocínio o posicionamento de João Batista Lopes:

[...] A tutela inibitória é uma técnica especial e refinada cujo escopo é impedir a prática do ilícito ou, se este já foi praticado, obstar sua continuidade.

Ao contrário da tutela ressarcitória, que se refere ao passado — o autor vai a juízo para pleitear indenização por dano já consumado — a tutela inibitória volta-se ao futuro uma vez que se reveste de caráter preventivo.

---

[21] SILVA, Clóvis do Couto e. Tutela preventiva. *Digesto de Processo*. v. 5. Prova/valor da causa. Rio de Janeiro: Forense, 1988. p. 296.

[22] Segundo Luiz Guilherme Marinoni: "[...] A necessidade de tutela preventiva exige a estruturação de um procedimento autônomo, dotado de tutela antecipatória e que desemboque em uma sentença que possa impor um fazer ou um não fazer sob pena de multa. Além disso, é necessário compreender, para a efetividade da tutela preventiva, quais são os seus pressupostos, evitando-se que o procedimento a ela referente seja povoado por questões impertinentes. Um procedimento desse tipo é absolutamente imprescindível em um ordenamento jurídico que se empenha em dar efetividade aos direitos que consagra, especialmente os direitos não patrimoniais, os quais evidentemente não podem ser tutelados de forma adequada através de procedimentos que finalizam nas sentenças da classificação trinária. A imprescindibilidade de uma nova tutela jurisdicional, caracterizada pela necessidade de tutela antecipatória e de uma sentença que não se enquadra no modelo trinário, é o reflexo da tomada de consciência de que os direitos precisam ser tutelados de forma preventiva, especialmente porque nossa própria Constituição da República, fundada na dignidade da pessoa humana (artigo 1º, III), não só garante uma série de direitos não patrimoniais, como afirma expressamente o direito de acesso à justiça diante de 'ameaça a direito' (artigo 5º, XXXV). Pesa, portanto, sobre a doutrina processual, a grave e importante incumbência de elaborar, teoricamente, um modelo de tutela jurisdicional adequado aos valores do tempo presente" (MARINONI, Luiz Guilherme. *Tutela inibitória*: individual e coletiva. São Paulo: RT, 1998. p. 22-23).

A Constituição dispõe, no artigo 5º, inciso XXXV, que 'a lei não excluirá da apreciação do Poder Judiciário lesão ou ameaça a direito'. Seria suficiente, pois, essa norma para que se admitisse a tutela inibitória, mas o legislador processual se preocupou em contemplá-la expressamente, ainda que fora da sede própria (CPC, artigo 497, parágrafo único). Ao contrário do que muitos supõem, porém, a tutela inibitória não é uma novidade ou, antes, é uma 'antiga novidade'. Sua admissibilidade ressaltava clara, por exemplo, do interdito proibitório disciplinado no CPC revogado.[23]

Ademais, a tutela inibitória possui um viés nitidamente diferenciado. Portanto, há necessidade de se empreender sua melhor sistematização, o que foi realizado pelo legislador, na atual conjuntura, de forma menos contundente, a qual induzirá a doutrina a elaborar uma técnica processual apta a garantir sua eficaz estrutura procedimental.

O que se pode afirmar é que o CPC, em seu artigo 497, parágrafo único, trouxe uma nova *performance* à estrutura procedimental da tutela inibitória, entretanto, ainda, com acentuada fragilidade, tendo em vista a ausência de uma robusta sistematização, o que poderá influenciar negativamente sua funcionalidade.

Segundo João Batista Lopes: "[...] Ao contrário, porém, do que geralmente se supõe, a inibitória não constitui novidade no sistema processual brasileiro e o melhor exemplo disso é o *interdito proibitório*. A consagração de regra geral no sistema é, porém, recente, por influência da doutrina italiana".[24]

A tutela preventiva assume contornos mais precisos no âmbito normativo, com a reforma pontual empreendida pela Lei nº 8.952/1994, em seu artigo 461, CPC, com nítida inspiração no artigo 84, CDC, guardadas as necessárias distinções.

Então, com a adoção da estrutura procedimental prevista no artigo 461, CPC, sem perder de vista sua raiz constitucional e, também, algumas legislações esparsas, o jurisdicionado já tinha a opção de resguardar seus direitos ameaçados por atos ilícitos, por intermédio da imposição de obrigações de fazer ou não fazer, com a possibilidade de aplicação de multa em caso de descumprimento.

---

[23] Tutela inibitória. *In*: ASSIS, Carlos Augusto de; LOPES, João Batista. *Tutela provisória*: tutela antecipada; tutela cautelar; tutela da evidência; tutela inibitória antecipada. Brasília, DF: Gazeta Jurídica, 2018. p. 86-87.

[24] LOPES, João Batista. *Tutela antecipada no processo civil brasileiro* (de acordo com o novo CPC). 5. ed. São Paulo: Castro Lopes, 2016. p. 96.

Com o CPC, a estrutura procedimental inerente à tutela preventiva ficou mais evidente, visto que a tutela inibitória foi particularizada no parágrafo único do artigo 497, CPC, que trouxe algumas importantes inovações a seu respeito. Dentre elas, destacam-se: (i) incluiu o ilícito no dispositivo como elemento a qualificar a necessidade da inibição; (ii) descreveu possíveis modalidades da tutela inibitória — pura, reiterada ou continuada –; (iii) reiterou e firmou a desnecessidade de se demonstrar o dano; (iv) afirmou a desnecessidade de se perquirir acerca do elemento subjetivo (culpa ou dolo).[25]

O artigo 497, parágrafo único, CPC traz em seu conteúdo:

> (*omissis*) Parágrafo único. Para a concessão da 'tutela específica' destinada a 'inibir' 'a prática', 'a reiteração' ou 'a continuação' de um 'ilícito', ou a sua remoção, é 'irrelevante' a demonstração da 'ocorrência de dano' ou 'da existência de culpa ou dolo.

A tutela específica destinada a inibir o ilícito futuro é aquela prevista no mesmo dispositivo legal, qual seja, para o cumprimento de uma obrigação de fazer ou não fazer.

A necessária contextualização da tutela inibitória no ordenamento jurídico somente será relevante se compreendida em conjunto com as demais técnicas processuais utilizadas para edificar um espaço dialogal apto a assegurar ao jurisdicionado o provimento judicial final e, por consequência, a entrega de seu bem da vida; para tanto, imprescindível compreender e, sobretudo, revisitar alguns importantes institutos da ciência processual, o que faremos adiante.

---

[25] Ao tecerem considerações analíticas acerca da tutela contra o dano e da tutela contra o ilícito, Alexandre Moura Alves de Paulo Filho, Lúcio Grassi de Gouveia e Mateus Costa Pereira concluíram: "[...] O parágrafo único do art. 497 do CPC explicita o viés tríplice da tutela inibitória, modalidade de tutela cabível em vista da simples ameaça ('a'), repetição ('b') ou da continuação ('c') de ato(s) ilícito(s). Todas elas são manejadas em virtude de ato contrário ao direito (ponto comum), distinguindo-se na forma em que o ato *contra ius* se manifesta: Em 'a' o ilícito ainda não foi perpetrado, malgrado existam indícios de que é iminente (cuida-se da chamada tutela inibitória 'pura', na qual a prova indiciária tem especial relevo); Em 'b' a prática anterior do ilícito aliada a outros elementos de prova apontam à sua provável reiteração; Em 'c' o ato ilícito não se esgota no momento de seu acontecimento, prolongando-se no tempo; Em 'b' e 'c', paralelamente à pretensão à inibição (preventividade), também pode ser necessário remover os efeitos dos ilícitos anteriores (repressividade)" (PAULA FILHO, Alexandre Moura Alves de; GOUVEIA, Lúcio Grassi de; PEREIRA, Mateus Costa. *Tutela contra o ilícito, prescindibilidade do dano e limites da cognição judicial*: estudo de caso envolvendo a transgressão reiterada da legislação de trânsito (ACP nº 5009543-84.2015.4.04.7204/SC) visando a inibir futuros equívocos). Texto inédito gentilmente cedido pelos autores.

2.3 Da necessária revisitação de importantes institutos da ciência processual (processo e jurisdição)

A evolução da ciência processual, de tempos em tempos, exige a necessária revisitação de alguns de seus importantes institutos, por exemplo, o processo e a jurisdição, a fim de empreender seu exato enquadramento conceitual, para evitar provável retrocesso diante de conceituação equivocada e, o que é pior, em transgressão ao texto constitucional.[26]

O estudo do processo, ao longo dos anos, sofreu influxos de diversas teorias, as quais influenciaram sobremaneira os mais variados pesquisadores a adotarem como premissa definições pré-concebidas acerca do processo, da jurisdição e da ação, todos institutos nucleares essenciais à conformação de uma processualidade democrática.[27]

Esses institutos serão de suma importância à reestruturação de um procedimento regido pelo direito-garantia constitucionalizado do

---

[26] José Alfredo de Oliveira Baracho afirma: "[...] as transformações ocorridas no Direito Constitucional e no Direito Processual tiveram grande importância na fase da elaboração científica dos conceitos sobre jurisdição e processo. As novas perspectivas do processo constitucional e do Direito Processual Constitucional foram examinadas pelos constitucionalistas, com o importante impulso dos processualistas que redigiram trabalhos essenciais como: Alcalá-Zamora y Castillo, Calamandrei, Cappelletti, Couture, Fix-Zamudio, González Pérez, Véscovi, Morello, Gelsi Bidart, Hitters, Alejandro D. Carrió, Gozaíni, entre outros" (BARACHO, José Alfredo de Oliveira. *Direito processual constitucional*: aspectos contemporâneos. Belo Horizonte: Fórum, 2006. p. 335).

[27] Roberta Maia Gresta, por fim, aborda a "processualidade democrática": "[...] O Estado Democrático de Direito é um projeto em construção, mas também uma conquista teórica que não pode ser amortizada em nome da estabilidade social imposta à custa de sacrifícios de direitos fundamentais de parcelas da população. Para implementar a mudança social que permita aos cidadãos exercitar a já assegurada autoinclusão nos direitos fundamentais, é preciso que os órgãos judiciários rompam com a crença em que lhes é delegada uma imemorial tarefa de instrumentalizar a dominação. Sem que sejam problematizados os pontos de partida do ordenamento jurídico, em especial as condições de produção e aplicação das leis, a literatura permanecerá cúmplice da naturalização do manejo estratégico do Direito para fins de domínio e pacificação. As premissas de uma *processualidade democrática* implicam, sobretudo, na recusa a que as decisões estatais constituam veículo de imposição ideológica de sentidos. [...] Afirma-se, por isso, que a processualidade democrática pode também ser lida como *Democracia processual*. O devido processo se apresenta como recinto de criação e recriação de novos parâmetros sociais e culturais a partir da proposta teórica do Estado Democrático de Direito. Somente a rediscussão crítica e desideologizada de conteúdos jurídicos, em uma instituição constitucional com precedência sobre o Estado e a Cidadania, permite a contestação e a superação de dinâmicas de exclusão tidas como social e cultural aceitas apenas por se encontrarem vigentes na realidade" (GRESTA, Roberta Maia. *Introdução aos fundamentos da processualidade democrática*. Rio de Janeiro: Lumen Juris, 2014. p. 199-201).

contraditório,[28] mesmo para os casos que demandarem imediata proteção contra uma ameaça a direito advinda de um ato ilícito.

Neste estudo, as reflexões (com os olhos sempre mirados para a evolução) serão concentradas a partir do conceito de processo como relação jurídica, cujas bases teóricas foram desenhadas por Oskar von Bülow,[29] influenciado pela doutrina do socialismo jurídico, em 1868.[30]

O autor alemão, não se discute, foi quem permitiu o estudo do processo, de forma autônoma, dotado de particularidades que o afastaram de um mero procedimento; entretanto, sua teoria promove uma hiperconcentração de poderes nas mãos do juiz, o que faz os sujeitos processuais serem subservientes ao poder estatal.

---

[28] Segundo Rosemiro Pereira Leal: "[...] Não há *processo*, nos procedimentos, quando o processo não estiver, *antes*, institucionalmente definido e constitucionalizado pelos fundamentos normativos do contraditório, ampla defesa, direito ao advogado, e isonomia, ainda que o procedimento se faça em contraditório, porque o *contraditório* há de ser princípio regente (direito-garantia constitucionalizado) do procedimento, e não atributo consentido por leis ordinárias processuais (codificadas ou não) ou dosado pela atuação jurisdicional em conceitos e juízos personalistas de senso comum, de conveniência ou de discricionariedade do julgador. Na *teoria jurídica da democracia*, o procedimento só é legítimo quando garantido pela instituição do *devido processo constitucional* que assegure a todos indistintamente uma estrutura espácio-temporal (devido processo legal e devido processo legislativo) na atuação (exercício), aquisição, fruição, correição e aplicação de direitos" (LEAL, Rosemiro Pereira. *Teoria geral do processo*: primeiros estudos. 13. ed. Belo Horizonte: Fórum, 2016. p. 63).

[29] BÜLOW, Oskar von. *Teoria das exceções e dos pressupostos processuais*. Tradução e notas de Ricardo Rodrigues Gama. Campinas, São Paulo: LZN, 2003.

[30] Roberta Maia Gresta afirma: "[...] A doutrina do socialismo jurídico, empenhada no combate ao liberalismo e ao individualismo pela atuação ideologizada da função judicial, encontra condição de concretização pela reformulação da compreensão do processo, migrada da esfera privatística para a pública. O marco dessa mudança de perspectiva é a enunciação da teoria do *processo como relação jurídica*, por Oskar von Büllow (1868). O processo deixa de ser apoiar sobre a autonomia da vontade das partes (teoria contratualista) e passa a ser visto como uma relação entre juiz, autor e réu. A relação jurídica processual é instaurada mediante o cumprimento de requisitos legais e tem por finalidade propiciar a resolução do conflito (*res in iudicium deducta*) pelo Estado-juiz. A teoria da relação jurídica é profusamente desenvolvida no contexto de ascensão dos regimes totalitários pré-II Guerra e disseminada na linha doutrinária que vai de Giuseppe Chiovenda a Enrico Tullio Liebman. Chiovenda, no período entre guerras, conduz a reconstrução do sistema processual italiano a partir da tradição romana e canônica, em oposição à Escola de Exegese francesa, sendo-lhe atribuída a fundação da Escola Histórico-Dogmática. Já depois da II Guerra, Piero Calamandrei celebra o êxito de Chiovenda em refrear as 'infiltrações estrangeiras' na legislação italiana. Não é possível ignorar que, na base dessa elaboração teórica, encontra-se o *princípio autoritário*, eleito como balizador da atuação judicial em conformidade com o ordenamento constitucional. Nesse sentido, Calamandrei aponta que a autenticidade da escola italiana de processo reside na enunciação da ação como direito potestativo e do 'conceito de relação processual que, trazendo para primeiro plano a figura do juiz, reafirma a preeminência, também no processo civil, do interesse público e da autoridade do Estado. É no âmbito dessa proposta abertamente autoritária que o instrumentalismo processual é formulado" (GRESTA, Roberta Maia. *Introdução aos fundamentos da processualidade democrática*. Rio de Janeiro: Lumen Juris, 2014. p. 136-137-138).

Outras importantes teorias acerca do processo surgiram após as pesquisas elaboradas por Bülow. Entretanto, somente serão objeto de análise nesta pesquisa aquelas inerentes ao processo como entidade complexa, modelo constitucional, neoinstituição e instituição de garantia.[31]

Cândido Rangel Dinamarco desenvolveu relevante teoria sobre as bases do instrumentalismo processual, denominada de instrumentalidade do processo (título originário de sua obra clássica *A instrumentalidade do processo*,[32] a qual influenciou gerações de estudiosos, em especial para a formatação da prestigiada Escola Paulista de Processo).

Para Dinamarco, o processo seria uma entidade complexa formada pela junção da relação jurídica processual com o procedimento:

---

[31] Sobre algumas relevantes teorias acerca do processo, Ronaldo Brêtas de Carvalho Dias pondera: "[...] Em relação ao processo, de forma semelhante ao que sucede com a ação, também são catalogadas inúmeras teorias e doutrinas em um século e meio de história do direito processual, que discorrem sobre ele, dentre as quais, conforme menciona Rosemiro Pereira Leal, podem ser lembradas as seguintes: *1ª)* teoria do processo como contrato (Pothier); *2ª)* teoria do processo como quase contrato (Savigny e Guényvau); *3ª)* teoria do processo como relação jurídica (criada por Büllow, na Alemanha, em 1868, e aprimorada, depois, pelos italianos Chiovenda, Calamandrei, Carnelutti e Liebman); *4ª)* teoria do processo como situação jurídica (Goldschmidt); *5ª)* teoria do processo como instituição (Guasp); *6ª)* teoria do processo como procedimento em contraditório (concebida por Fazzalari e divulgada, no Brasil, por Aroldo Plínio Gonçalves); *7ª)* teoria constitucionalista do processo (sistematizada, inicialmente, por Hector Fix-Zamudio, no México, divulgada por Baracho, no Brasil, em obra pioneira, e retomada por Andolina e Vignera, na Itália); *8ª)* teoria neoinstitucionalista do processo (de concepção mais recente, proposta pelo próprio autor colacionado, Rosemiro Pereira Leal)" (DIAS, Ronaldo Bretas C. *Processo constitucional e estado democrático de direito*. 3. ed. Belo Horizonte: Del Rey, 2015. p. 106). Brêtas denomina a teoria de Fazzalari de "teoria estruturalista do processo" (DIAS, Ronaldo Bretas C. *Processo constitucional e estado democrático de direito*. 3. ed. Belo Horizonte: Del Rey, 2015. p. 106). João Batista Lopes ao tratar da natureza do processo, especificamente em relação à concepção de processo como instituição (natureza institucional), assim pontua: "[...] Com efeito, na ideia de *processo* está ínsito o conceito de *sistema*, sobre o qual já discorreu retro. Por igual, quando se fala de um código de processo, não há como arredar-se a ideia de *sistema*, presentes seus atributos (unidade, organização, harmonia, interação). Assim, o NCPC, como qualquer código, não pode ser visto como mera reunião de disposições normativas, pois não é simples colcha de retalhos, mas um conjunto orgânico de princípios e regras. A concepção de GUASP, afastada pela generalidade dos autores, foi retomada, porém, por OLAVO DE OLIVEIRA NETO e PATRÍCIA ELIAS COZZOLINO DE OLIVEIRA que identificam, no processo, os atributos da *instituição*, a saber: 'a) modelo criado pela lei; b) caráter permanente; c) indispensabilidade para obtenção dos fins colimados'" (Processo. *In*: ASSIS, Carlos Augusto de; LOPES, João Batista. *Tutela provisória*: tutela antecipada; tutela cautelar; tutela da evidência; tutela inibitória antecipada. Brasília, DF: Gazeta Jurídica, 2018. p. 63). Para a teoria fazzalariana que concebe o processo como "procedimento em contraditório", verificar: FAZZALARI, Elio. *Instituições de direito processual*. Tradução da 8. ed. por Elaine Nassif. Campinas: Bookseller, 2006. p. 118-121.

[32] DINAMARCO, Cândido Rangel. *A instrumentalidade do processo*. 15. ed. São Paulo: Malheiros, 2013.

[...] o processo, no modelo traçado pela Constituição e pela lei, é uma *entidade complexa*, integrada por esses dois elementos associados — *procedimento* e *relação jurídica processual*. Cada ato do procedimento *pode* ser realizado porque o sujeito que quer realizá-lo tem a faculdade ou o poder de fazê-lo; ou *deve* ser realizado porque ele tem um dever ou um ônus. O conceito de processo, segundo os modelos impostos por superiores razões políticas, não se exaure no procedimento nem coincide com o de relação processual. Processo é, ao mesmo tempo, uma relação entre atos e uma relação entre sujeitos (Liebman), sempre com a presença de um elemento político de primeira magnitude, que é o contraditório [...].[33]

Com o desenvolvimento da teoria constitucionalista do processo[34] surge o que vários autores passaram a denominar de modelo constitucional de processo, e, conforme adverte João Batista Lopes, seria uma antiga novidade,[35] e não algo novo como sugerido pela maioria dos autores contemporâneos.

---

[33] DINAMARCO, Cândido Rangel. *Instituições de direito processual civil*. 7. ed. São Paulo: Malheiros, 2017. v. II, p. 26.

[34] Como já relatado por Ronaldo Brêtas (com base em Rosemiro Pereira Leal), foi inicialmente desenvolvida (sistematizada) por Héctor Fix-Zamudio, no México; tendo sido divulgada, no Brasil, por José Alfredo de Oliveira Baracho (influenciado por Fix-Zamudio), e, depois, na Itália, por Italo Andolina e Giuseppe Vignera (modelo constitucional de processo). E com base nas observações feitas por Dhenis Cruz Madeira, anota que Eduardo J. Couture, no Uruguai, foi um dos primeiros a desenvolver estudos acerca do processo constitucional, entretanto, a sua morte prematura (em 1956) e adesão à teoria de Oskar von Bülow (processo como relação jurídica), o impediram de maiores aprofundamentos (verificar: DIAS, Ronaldo Bretas C. *Processo constitucional e estado democrático de direito*. 3. ed. Belo Horizonte: Del Rey, 2015. p. 116-117). Para percorrer um aprofundamento sobre as escolas e as fases metodológicas do processo, consultar: JOBIM, Marco Félix. *Cultura, escolas e fases metodológicas do processo*. 3. ed. Porto Alegre: Livraria do Advogado, 2016. p. 95-181.

[35] "[...] É inquestionável que o processo civil, na atualidade brasileira, não pode mais ser estudado exclusivamente à luz do Código de Processo Civil. É que o Código de Processo Civil é apenas parte do sistema processual, que é constituído, antes de tudo, pelas garantias constitucionais do processo e compreende também as leis extravagantes, a jurisprudência e a doutrina. O estudo do direito processual sob a perspectiva constitucional não é, porém, uma novidade; ou antes, pode ser considerado uma 'antiga novidade'. Também não se pode afirmar que somente a partir da Constituição de 1988 é que os processualistas se preocuparam com a matéria. Em verdade, a ênfase ao direito constitucional no estudo do processo já havia sido defendida por **Calamandrei**, e **Cappelletti** já punha em relevo a constitucionalização das garantias processuais e as consequências de sua violação. **Couture**, também, já aludia à 'proclamação programática de princípios de direito processual nas Constituições do século XX'. Merece referência, ainda, **Ada Pelegrini Grinover**, que já defendia essa postura antes mesmo da Constituição de 1988. Portanto, com o Código de 2015, houve apenas a reafirmação de que o sistema brasileiro acolheu, definitivamente, o modelo constitucional de processo" (Modelo constitucional de processo: uma "antiga novidade". *In*: MARCATO, Ana Cândida Menezes *et al.* (Coord.). *Reflexões sobre o código de processo civil de 2015*: uma contribuição dos membros do Centro de Estudos Avançados de Processo – Ceapro. São Paulo: Verbatim, 2018. p. 399-400). Grifos em negrito do original.

Sobre o fenômeno da constitucionalização do processo, o autor confirma a existência de um evidente giro epistemológico, sendo que "o direito processual civil, estudado no passado quase que exclusivamente a partir da legislação processual, passa a ter como ponto de partida e de chegada a Constituição Federal, que, em vários dispositivos, consagra princípios e estabelece garantias processuais. Assim, garantias antes estudadas no plano da legislação ordinária passam a ser regidas pela Constituição (devido processo legal, contraditório e ampla defesa, juiz natural, publicidade dos atos processuais e proibição das provas ilícitas etc.)".[36]

Arruda Alvim afirma que, "[...] Se a linha mestra de trabalho na elaboração de um novo Código de Processo Civil foi tornar o sistema processual mais rente à Constituição, o primeiro artigo do CPC/2015 é resultado desse esforço. A primeira norma fundamental do código estabelece que o processo civil será ordenado, disciplinado e interpretado conforme os valores e normas constitucionais, observando-se as disposições do próprio código. Ler o CPC à luz da Constituição não é uma novidade, tampouco uma imposição sugerida apenas com a CF/88. Não é de hoje que se tem a concepção de que as Constituições se sobrepõem ao direito ordinário. Em termos práticos, todavia, isso ocorreu no sistema continental europeu somente no século XX".[37]

Cassio Scarpinella Bueno, ao abordar aspectos relativos ao modelo constitucional de processo, anota:

> [...] De minha parte, venho sustentando, desde meus primeiros escritos e reflexões sobre o direito processual civil a necessidade de ser incorporada e levada aquela proposta metodológica, salientando que o estudo do direito processual civil *na* e *da* Constituição não pode ser entendido como algo *passivo*, limitado à identificação de que determinados assuntos respeitantes ao direito processual civil são previstos e regulamentados naquela sede. Muito mais do que isso, a importância da aceitação daquela proposta metodológica mostra toda sua plenitude no sentido *ativo* de *aplicar* as diretrizes constitucionais na construção — ou, mais precisamente, *reconstrução* — do direito processual civil, realizando *pelo* e

---

[36] LOPES, João Batista. Modelo constitucional de processo: uma "antiga novidade". In: MARCATO, Ana Cândida Menezes et al. (Coord.). *Reflexões sobre o código de processo civil de 2015*: uma contribuição dos membros do Centro de Estudos Avançados de Processo – Ceapro. São Paulo: Verbatim, 2018. p. 400.

[37] ARRUDA ALVIM. *Manual de direito processual civil*: teoria geral do processo e processo de conhecimento. 17.ed. São Paulo: RT, 2017. p. 225-226. Sobre os princípios constitucionais do processo, ver: ALVIM, Eduardo Arruda; THAMAY, Rennan Faria Kruger; GRANADO, Daniel Willian. *Processo constitucional*. São Paulo: RT, 2015. p. 23 a 54.

no processo, isto é, *pelo* e *no* exercício da função jurisdicional, os misteres constitucionais reservados para o Estado constitucional, de acordo com o seu modelo político, e para seus cidadãos.

A isto, inspirado na lição de Italo Andolina e Giuseppe Vignera, venho chamando — e não é de hoje —, 'modelo constitucional do direito processual civil'. Não nego, e nem há como negar, a existência de importante polêmica acerca da mais adequada nomenclatura a descrever a assunção dessa proposta metodológica, inclusive na doutrina brasileira: 'processo constitucional', 'direito processual constitucional', 'direito constitucional processual', 'tutela constitucional do processo'.[38]

Este entendimento parte de uma análise do modelo constitucional de processo com base numa efetiva compreensão do texto constitucional.[39]

Essa tendência advém da chamada constitucionalização do processo, expressão não tão adequada, haja vista sugerir um processo de constitucionalização do processo, como se fosse possível a sua existência fora dos quadrantes constitucionais.

Nesse sentido, Diego Crevelin de Sousa aduz que "[...] *Processo é Constituição*. Só se fala de processo em nível constitucional. Opta-se por não falar em constitucionalização do processo, pois isso pressupõe um processo *fora* da Constituição — embora não necessariamente *contrário a ela*, frise-se — e um processo *dentro* da Constituição. Não é assim. Toda linguagem sobre o *processo* é *constitucional*. [...] Daí o processo constituir uma *garantia contrajurisdicional do cidadão*, para protegê-lo contra excessos e abusos do poder. A CRFB impõe compreender o processo como *'direito material público constitucional'*, permeado por situações jurídicas ativas de titularidade das partes às quais correspondem situações jurídicas

---

[38] BUENO, Cassio Scarpinella. Comentários ao artigo 1º. *In*: BUENO, Cassio Scarpinella (Coord.). *Comentários ao código de processo civil*. v. 1. (arts. 1 a 317). São Paulo: Saraiva, 2017. p. 26-27.

[39] BUENO, Cassio Scarpinella. Comentários ao artigo 1º. *In*: BUENO, Cassio Scarpinella (Coord.). *Comentários ao código de processo civil*. v. 1. (arts. 1 a 317). São Paulo: Saraiva, 2017. p. 27-28: "[...] A análise do 'modelo constitucional do direito processual civil' revela que todos os 'temas fundamentais do direito processual civil' merecem ser compreendidos a partir da Constituição. E insisto: *devem* ser *reconstruídos* a partir da Constituição. Sem nenhum exagero, é impensável falar em uma 'teoria geral do direito processual civil' que não parta da Constituição Federal, que não seja *diretamente* vinculada e extraída dela, convidando, assim, a uma verdadeira inversão de raciocínio useiro no estudo das letras processuais civis. O primeiro contato com o direito processual civil deve se dar no plano constitucional e não no do Código de Processo Civil que, nessa perspectiva, deve se amoldar, necessariamente, às diretrizes constitucionais. Trata-se, em última análise, da 'estrutura basilar da ordem processual' de que nos fala Eduardo J. Couture nas linhas iniciais desse breve ensaio. Conhecer o 'modelo constitucional do direito processual civil' significa extrair da Constituição Federal todas as normas (regras e princípios, porque ambos têm inegável caráter normativo) que ela traz com relação ao direito processual civil".

passivas de titularidade do Estado-juiz. Para cada poder do Estado-juiz há uma garantia contrajurisdicional das partes. Mas atenção: isso não significa um retorno à visão do processo como 'coisa das partes', despida de natureza pública. Isso seria equivocado. A natureza pública do processo é inegável".[40]

Este raciocínio demonstra que, embasada, sobretudo na doutrina italiana, a corrente que divulga o modelo constitucional de processo não observa que o *locus* constitucional é o único a qualificar o processo como garantia, já que não há que se falar num modelo de processo (fora) da Constituição.[41]

De acordo com Ronaldo Brêtas de Carvalho Dias:

[...] Acentue-se que a Constituição Federal de 1988, de forma tecnicamente correta, no seu Título II, faz referência aos direitos fundamentais e às garantias fundamentais, expressões que menciona em separado. A distinção não é difícil, malgrado alguns doutrinadores sejam desatentos em fazê-lo em suas publicações, ao contrário do texto constitucional, que o faz de forma digna de encômios. A tanto, devemos considerar que a jurisdição e devido processo legal são figuras de direito manifestamente constitucionalizadas, permitindo-lhes sentido técnico-jurídico mais preciso e vigoroso, daí se falar em processo constitucional e jurisdição constitucional, que se interligam, visando à realização concreta dos direitos fundamentais, tarefa que o Estado deve empenhar-se em cumprir de forma esmerada, ao exercer suas funções jurídicas fundamentais, embora, lamentavelmente, muitas vezes não o faça, sobretudo o Estado brasileiro. À evidência, de nada adiantaria um extenso rol de direitos fundamentais, se mecanismos que assegurassem sua concretização também não fossem selecionados e incluídos no texto constitucional, nas situações — e não são raras — em que o Estado e os particulares os desconsiderassem. Assim, enquanto os direitos fundamentais são os direitos humanos expressamente enumerados e declarados no ordenamento jurídico-constitucional, as garantias constitucionais, por isto, garantias fundamentais, diversamente, compreendem as garantias processuais estabelecidas na própria Constituição (devido processo constitucional ou modelo constitucional do processo) e formadoras de

---

[40] SOUSA, Diego Crevelin de. *Dever (ou garantia) de (não) provar contra si mesmo?*(!) O dilema em torno do artigo 379, CPC. Disponível em: http://www.emporiododireito.com.br/leitura/abdpro-35-dever-ou-garantia-de-nao-provar-contra-si-mesmo-o-dilema-em-torno-do-art-379-cpc. Acesso em: 11 jun. 2018. Grifos em itálico do original.

[41] SOUSA, Diego Crevelin de. *Dever (ou garantia) de (não) provar contra si mesmo?*(!) O dilema em torno do artigo 379, CPC. Disponível em: http://www.emporiododireito.com.br/leitura/abdpro-35-dever-ou-garantia-de-nao-provar-contra-si-mesmo-o-dilema-em-torno-do-art-379-cpc. Acesso em: 11 jun. 2018.

um essencial sistema de proteção aos direitos fundamentais, tecnicamente apto a lhes assegurar plena efetividade. Não fosse assim, os enumerados direitos fundamentais somente serviriam para aformosear o texto da Constituição ou para revesti-lo de inócuo ornamento retórico.[42]

Roberta Maia Gresta, ao elaborar contundente crítica ao modelo constitucional de processo, tal qual vem sendo adotado e divulgado no Brasil, manifesta:

> [...] A porosidade do modelo constitucional de processo ao protagonismo judicial é viabilizada pela admissão da *variabilidade* das normas processuais, cujo pretexto operacional é promover a adequação dessas normas às características de supostos *microssistemas jurídicos*. Por isso, na acepção mais ampla do modelo constitucional de processo, o processo *não* é instituição teórico-constitucional fundante, mas sim *esquema* suscetível a adaptações conforme reclames pragmáticos de funcionalidade.
> O modelo constitucional de processo é, portanto, assimilado a uma proposta hermenêutica dogmática encaminhada por um esquema funcional (instrumental), cuja finalidade é propiciar a atuação de uma jurisdição compreendida como imanência do decisor. A novidade está em que as metas de pacificação remetem ao acertamento e à integração de *normas constitucionais*, especialmente pelas construções jurisprudenciais dos tribunais superiores.
> Essa configuração abre ensejo para que a leitura do *processo constitucional* se faça por influxos axiológicos e teleológicos supostamente oriundos da Constituição.
> [...]
> Pelo exposto, o modelo constitucional de processo somente adquire aderência ao Estado Democrático de Direito se, assim como sustenta Brêtas, as normas constitucionais processuais forem teorizadas como garantias ínsitas à Cidadania. Em outras vertentes, inclusive na proposta de Andolina e Vignera, a adaptabilidade e fluidez dos institutos processuais conforme necessidades identificadas pelo próprio juiz permitem o agravamento do protagonismo judicial.[43]

Já para a teoria neoinstitucionalista do processo, desenvolvida por Rosemiro Pereira Leal, "o **processo devido** (direito a advir) é institucionalizante do sistema jurídico por uma proposição autodiscursiva

---

[42] DIAS, Ronaldo Bretas C. *Processo constitucional e estado democrático de direito.* 3. ed. Belo Horizonte: Del Rey, 2015. p. 91-92.
[43] GRESTA, Roberta Maia. *Introdução aos fundamentos da processualidade democrática.* Rio de Janeiro: Lumen Juris, 2014. p. 176-179. Grifos em itálico do original.

(contraditório, isonomia, ampla defesa) fundante de uma procedimentalidade a ser adotada como hermenêutica de legitimação autoincludente dos destinatários normativos nos direitos líquidos, certos e exigíveis já assegurados no discurso processualmente constituinte da constitucionalidade. Entretanto, os operadores processuais da teoria constitucionalista são apenas garantidores de uma ordem jurídica constitucional a ser concretizada pelo *medium* linguístico estratégico de uma jurisprudência das altas cortes de justiça (cortes constitucionais) que decidem ainda em juízos de conveniência, equidade, proporcionalidade e adequabilidade, na resolução dos litígios e não na redução dos conflitos estruturais".[44]

De todas essas relevantes propostas (proposições), adota-se aquela em que o processo é definido como uma instituição de garantia; ou a própria garantia individual do jurisdicionado contrária aos desvios e excessos perpetrados pelo Estado-juiz, sem perder de vista a relevância da teoria neoinstitucionalista do processo.

O processo como instituição de garantia deverá ser revelado, no sentido de se deflagrar a sua real essência (ser processual constitucionalizado = devido processo),[45] para que sua eficiência[46] não permaneça estanque a uma mera instrumentalidade.

---

[44] LEAL, Rosemiro Pereira. *Teoria geral do processo*: primeiros estudos. 13. ed. Belo Horizonte: Fórum, 2016. p. 417. Em sua obra LEAL, Rosemiro Pereira. *A teoria neoinstitucionalista do processo*: uma trajetória conjectural. Belo Horizonte: Arraes, 2103, p. VII (nota do autor), ao explicar a sua teoria, afirma: "[...] A *teoria neoinstitucionalista do processo* é uma resposta que elaborei (e venho elaborando!) ao holocausto a que fui submetido pelo aprendizado museológico de um Direito fincado na ideologia secular da **Ciência Dogmática do Direito**. Com o advento da Constituição brasileira de 1988, encerrando-se o ciclo totalitário de 1964, entendi que o seu artigo 1º abolira o republicanismo (modelo comunitarista de Estado Social que, a seu turno, preserva veladamente a tradição do Estado Liberal) com expressa implantação do **Estado Democrático de Direito**. Esse novo paradigma de Estado, a meu ver, porque protossignificativo e constitucionalizado (sistematizado) por uma teoria linguístico-jurídica denominada *processo*, núcleo gestativo sistêmico da própria Lei Constitucional, é que iria, por uma de suas vertentes que cognominei *neoinstitucionalista*, reclamar compreensões pela **ciência não dogmática**, logo **democrática de direito** no sentido que lhe empresto no decorrer deste ensaio. O alardeado e escatológico parasitismo estatal não passa de uma ideologia cravada na dinâmica cultural da utopia da ditadura popular por *eventos* salvíficos da ontologia historicista e inefável de um ser-homem libertário em si mesmo (Badiou-Zizek). Entretanto, querer atuar um Estado aos moldes dogmáticos de Adam Smith e do *Welfare State*, como vêm fazendo, em sua quase unanimidade, os pseudojuristas e cientistas políticos e sociais, é uma alucinação que eterniza o obscurantismo de uma barbárie atávica e cruel. Por isso, o **Estado Democrático** suplica uma teorização diferenciada e pesquisa continuada na atualidade brasileira dos estudos jurídicos. É o que usei conjecturar pela *teoria neoinstitucionalista do processo*". Grifos em negrito e itálico do original.

[45] Cabe aqui a advertência desenhada por Lúcio Delfino: "[...] Então, o que fazer para reverter o atual estado de coisas? Ao que se assiste, como se procurou demonstrar, é o desenrolar de uma atividade jurisdicional que avança para além do intervencionismo ou da preocupação em efetivar direitos fundamentais, assumindo não raramente perfil profundamente *intrusivo*. Burla-se o edifício legislativo e, em seu lugar, preferem-se critérios extrajurídicos

Eduardo José da Fonseca Costa, em texto seminal, ao abordar o processo como instituição de garantia, anotou:

[...] O processo — porque elo dialogal — habita a zona friccional entre a sociedade e o Estado, entre os jurisdicionados e a jurisdição, entre as partes e o juiz. Não se é de estranhar, assim, que o processo seja uma *instituição* estabelecida pela CF-1988. *Instituições* nada mais são do que entidades [por exemplo, organizações públicas, museus], bens [por

---

(moral, economia, política) como maneira de estruturar as decisões judiciais, muitas vezes em afronta ao próprio papel contramajoritário que distingue (ou deveria distinguir) a jurisdição no Estado Democrático de Direito. E o processo, linha de frente para o controle desses descomedimentos, tem sua importância cada vez mais amortecida porque aceito e manejado em descompasso com seu *ser constitucional*" (À guisa de posfácio: a narrativa de uma ablução ou purificação doutrinária. O fenômeno de diluição do processual pelo jurisdicional e o esquecimento do ser constitucional do processo. O desprezo ao direito fundamental à legalidade e o Brasil sendo assolado por decisões cujo critério de justiça é o subjetivismo do próprio intérprete. O resgate do processo como instituição de garantia e as possibilidades de controle de abusos e desvios judiciais. *In*: HERZL, Ricardo Augusto. *Crítica hermenêutica do direito processual civil*: uma exploração filosófica do direito processual civil brasileiro em tempos de (crise do) protagonismo judicial. Belo Horizonte: Fórum, 2018. p. 317).

[46] Adota-se aqui a "eficiência, antes de mais nada, no sentido de preservar amplamente as garantias da liberdade da instituição do devido processo legal". Nesse aspecto, o entendimento de Eduardo Luiz Cavalcanti Campos acerca do princípio da eficiência no processo civil: "[...] Observe-se que participação e eficiência são dois *standards* imprescindíveis num regime que se pretende democrático. Na verdade, um dos grandes papéis da participação é permitir a realização, diretamente pelo cidadão, de um controle sobre a eficiência dos serviços que estão sendo prestados pelo Estado. E a atividade jurisdicional exercida pelo Estado-juiz, sob determinada perspectiva, nada mais é do que um serviço público a ser prestado ao cidadão. Se o processo é um serviço público prestado ao cidadão, ele tem de ser eficiente. Nesse contexto, ganha importância o foco no destinatário do serviço. [...] É de se observar, ademais, que a aplicação do princípio da eficiência à atividade jurisdicional prestada pelo Estado não é uma tendência apenas do Brasil. [...] Nem a duração razoável do processo nem a economia processual, porém, se confundem com o princípio da eficiência processual. O primeiro exige que o processo finalize (com a criação da norma do caso e sua efetivação) em tempo razoável. O segundo exige que os sujeitos processuais encontrem meios para diminuir os custos (não apenas financeiros) da prática dos atos processuais. O terceiro, por sua vez, exige *produtividade* e *qualidade* do processo jurisdicional" (CAMPOS, Eduardo Luiz Cavalcanti. *O princípio da eficiência no processo civil brasileiro*. Rio de Janeiro: Forense, 2018. p. 32-33, 85-86). O mencionado autor trata o "processo" como "serviço público prestado ao cidadão" (sic); entretanto, no presente estudo o "processo" não seria "serviço", mas "instituição de garantia", com previsão constitucional. Na verdade, a atividade desempenhada pelo agente público "juiz" é que poderia ter por definição um serviço público (ou até mesmo, se se considerar aspectos tributários). Rotular o "processo" de "serviço público" seria confundi-lo com as engrenagens necessárias à estruturação procedimental apta a resguardar os direitos e garantias dos cidadãos, claro, se tal estrutura estiver acompanhada "processualizada" pelo contraditório, ampla defesa, isonomia, o que conduzirá a um pronunciamento judicial participado, portanto, democrático. Para uma crítica à "eficiência": FREITAS, Helena. *Eficiência da jurisdição*: necessidade de sua (des) construção para efetivação do modelo constitucional de processo. Belo Horizonte: Ed. D'Plácido, 2019. A referida autora afirma que a eficiência seria atributo da jurisdição e não do processo (= garantia).

exemplo, patrimônio histórico, meio ambiente], relações [por exemplo, família, casamento], valores [por exemplo, lealdade concorrencial, moralidade administrativa], agrupamentos [por exemplo, comunidades tradicionais], hábitos [por exemplo, tradições, festas], utilidades [por exemplo, saúde, esporte, segurança, educação] e normas [por exemplo, lei], cuja preservação estrutural e cujo bom funcionamento são indispensáveis à identidade e à própria existência de uma determinada sociedade e ao bem-estar de seus cidadãos. Nota-se, pois, que o conceito de instituição é *metajurídico*, visto que ela não deriva das normas jurídicas, mas lhes é prévio, que simplesmente a protegem. Com isso, vê-se que as instituições apresentam perfil *bidimensional*: exibem, ao mesmo tempo, aspectos *fáticos* (visto serem uma realidade social) e *valorativos* (porque portam essencialidade social); uma vez amparadas *normativamente* pelo Estado, tornam-se *institutos* (sobre a noção de instituição: Raiser, Ludwig. Rechtsschutz und Institutionenschutz im Privatrecht. *Summum ius summa iniuria*. Tübingen: Mohr, 1963, p. 145-67). Frise-se que a Constituição é também uma *instituição*, pois estrutura normativamente as condições políticas fundamentais de convivência social. Daí por que indispensável à sociedade as garantias da estruturação e funcionalidade constitucionais. De todo modo, a par da sua índole institucional, a Constituição também traz consigo uma índole *metainstitucional*, porquanto garante e regula instituições. Ou seja, é uma *macro-instituição*, que protege a si [função autorreferente] e a outras *micro-instituições* [função heterorreferente]. Uma dessas micro-instituições é o *processo*. Mais: uma exploração provisória do texto constitucional já identifica a *institucionalidade garantística* como o 'ser' do processo: processo *é* instituição de garantia, não de poder estatal; '*instituição garantística* a serviço dos jurisdicionados', não 'instrumento a serviço do Poder jurisdicional'; afinal, é tratado no título sobre *direitos e garantias fundamentais* [CF, Título II], não nos títulos sobre a *organização do Estado* [CF, Títulos III *et seqs.*]. Mas é possível ainda avançar mais: processo é instituição de garantia de *liberdade* (pois regulado no Capítulo I do Título II, que cuida dos direitos fundamentais de *primeira* geração), não de igualdade (que é vetor que regula o Capítulo II do Título II, que cuida dos direitos fundamentais de *segunda* geração); presta-se, enfim, a resguardar a *liberdade* das partes em relação ao Estado-juiz, não a igualdade entre elas (sobre o processo como garantia de liberdade: Velloso, Alvarado. *Sistema procesal*. Santa Fe: Rubinzal-Culzoni, 2009).[47]

---

[47] COSTA, Eduardo José da Fonseca. *O processo como instituição de garantia*. Disponível em: http://www.conjur.com.br/2016-nov-16/eduardo-jose-costa-processo-instituição-garantia. Acesso em: 1 maio 2018. Grifos em itálico do original.

Para que a eficiência[48] não se transforme em mera instrumentalidade, é preciso entendê-la como um princípio (*rectius*: atributo)[49] direcionado a resguardar a observância do devido processo legal. Segundo a lição de José Alfredo de Oliveira Baracho:

> [...] Não se podem buscar a *simplicidade e eficácia* processuais, com sacrifício das garantias fundamentais do processo, com procura de sistema jurídico menos opressivo e menos gravoso economicamente. Os princípios constitucionais efetivam-se através de uma justiça menos onerosa, mas sem se esquecer custo e qualidade. O juiz como órgão terminal de apreciação da Constituição deve ser objetivo e claro em garantir os direitos fundamentais, como pressuposto de qualquer outro direito ou interesse individual ou coletivo, nos termos dos procedimentos consagrados.[50]

Aliás, a teoria da instrumentalidade desenvolvida por Cândido Rangel Dinamarco prima por um instrumentalismo do processo, ou seja, exagera na forma em prol de um conteúdo desprendido de direitos já declarados na Constituição, como se existisse algo mágico a salvaguardar o jurisdicionado.[51]

---

[48] Interessante estudo acerca das funções da eficiência no processo civil brasileiro foi desenvolvido por Marco Félix Jobim, ao dissertar sobre o seu rumo a uma garantia fundamental (ver: JOBIM, Marco Félix. *As funções da eficiência no processo civil brasileiro*. São Paulo: RT, 2018. p. 211).

[49] COSTA, Eduardo José da Fonseca: "[...] No entanto, da eficiência dos órgãos jurisdicionais não se pode derivar uma 'eficiência do processo'. A eficiência é imputável sempre à organização, não ao procedimento que a controla. Logo, a rigor, 'eficiência processual' é *non sense*. Ainda que assim não seja, se se tomar a eficiência como 'capacidade de consecução de metas, objetivos ou finalidades', o processo (o 'devido processo legal') será tanto mais eficiente quanto mais contiver o arbítrio do Estado-juiz; no final das contas, essa é a sua missão constitucional como *garantia de liberdade*. Por isso, eficiência jurisdicional não implica maleabilidade procedimental per *officium iudicis*. Eficiência é tema de *direito jurisdicional* (que regula o poder), não de direito processual (que regula a respectiva garantia). Isso significa que, a pretexto de otimizar a sua produção decisória, o juiz não pode imprimir unilateralmente supressões ou modificações ao procedimento previsto em lei. Somente as partes podem fazê-lo mediante *negócio processual* (CPC, artigo 190), visto que a elas serve o processo e, portanto, o procedimento que o corporifica. Flexibilização procedimental pelo juiz caracteriza *usurpação* de competência legislativa: cabe ao juiz apenas seguir o procedimento definido *in abstrato* na lei, não criar *in concreto* procedimentos a seu talante" (*É preciso desfazer imagem eficientista do juiz como agente regulador*. Disponível em: http://www.conjur.com.br/2018-jan-13/diario-classe-preciso-desfazer-imagem-eficientista-juiz-agente-regulador. Acesso em: 26 dez. 2019).

[50] BARACHO, José Alfredo de Oliveira. *Direito processual constitucional*: aspectos contemporâneos. Belo Horizonte: Fórum, 2006. p. 20. Grifos em itálico do original.

[51] "[...] Por outro lado, sabe-se que, não sendo o processo um *negócio em família* mas instrumento estatal para exercício do poder [...]" (DINAMARCO, Cândido Rangel. *A instrumentalidade do processo*. 15. ed. São Paulo: Malheiros, 2013. p. 336). Dessa breve passagem do texto de

Em crítica ao instrumentalismo, Rosemiro Pereira Leal adverte: "[...] Ora, proibida a negativa da jurisdição, porque proibido o *non-liquet*, a jurisdição passa a ocupar, como sempre foi o ensino de Dinamarco, o centro do que ele chama 'Sistema' jurídico, não o *processo* como quis Fazzalari, ainda que, em Fazallari, o *processo* tenha assumido a concepção de *espécie de procedimento*, não alcançando a qualidade de PROCESSO como instituição jurídico-linguístico-autocrítica construtiva dos procedimentos (devido processo legal) à viabilização de direitos legalmente postos e assegurados pelo devido processo legiferativo como devido processo constitucionalizante a permitir um *controle de democraticidade* (não mais de constitucionalidade dogmática) por direitos fundamentais (*pré-cógnitos*) já plenificados no nível coinstituinte do direito como líquidos, certos e exigíveis segundo preconiza a minha *teoria neoinstitucionalista do processo*. O *imperium* da JURISDIÇÃO que é o núcleo de operacionalidade do direito de Estado Dogmático é que vai gerar a secular falácia da fundamentação das decisões ardilosamente transmudada numa garantia (ativismo-protagonismo) de realização jurisdicional do justo, do infalível, do correto, do coerente, do consistente, num desfile tópico-retórico de doxas e endoxas pelo senso comum e senso comum do conhecimento dogmático da *auctoritas*".[52]

Dinamarco, ainda, percebe-se o deliberado apego ao processo como instrumento da jurisdição; o que, ao longo do presente estudo, foi refutado, eis que na "quadra constitucional" não há espaço para conjecturar o "processo" como refém do poder estatal, mas, como afirmado, seria "ele" uma verdadeira "instituição de garantia" (a própria garantia). Ricardo Augusto Herzl ao tecer crítica à escola instrumentalista anotou: "[...] A Escola Instrumentalista propôs a *reaproximação entre o Direito Processual e o direito material*, todavia centrando suas expectativas no desenvolvimento científico da *jurisdição*. O problema é que a figura do magistrado se tornou cada vez mais pujante. Eis o berço do protagonismo judicial. E conhecemos bem os efeitos da instrumentalidade: decisão como um 'ato de vontade', discricionariedades e solipsismos. Em suma: chegamos a um juiz completamente independente (à lei e à Constituição) e sem qualquer controle, a ponto de o Código de Processo Civil de 2015 ter que criar uma série de *provimentos vinculantes* sob o auspício de reduzir o *caos* processual (*direito lotérico*). Para fins de identificação da *natureza* do processo, contudo, a instrumentalidade apenas a ratificou como sinônimo de relação jurídica processual; mas, desta vez, com um vértice mais acentuado na jurisdição, relegando às partes um papel secundário" (HERZL, Ricardo Augusto. *Crítica hermenêutica do direito processual civil*: uma exploração filosófica do direito processual civil brasileiro em tempos de (crise do) protagonismo judicial. Belo Horizonte: Fórum, 2018. p. 267). Em recente texto, Eduardo José da Fonseca Costa traz relevante reflexão acerca da diferença entre "instituição de poder" e "instituição de garantia" para a conceituação de "processo" (instituição de garantia contrajurisdicional) (*Instituição de poder e instituição de garantia*. Disponível em: https://emporiododireito.com.br/leitura/45-instituicao-de-poder-e-instituicao-de-garantia. Acesso em: 21 jan. 2020).

[52] LEAL, Rosemiro Pereira. A falácia da fundamentação das decisões no estado dogmático e a hermenêutica do garantismo, ativismo e protagonismo jurisdicionais. *In*: PEGINI, Adriana Regina Barcellos *et al*. (Org.). *Processo e liberdade*: estudos em homenagem a Eduardo José da Fonseca Costa. Porto Alegre: Thoth, 2019. p. 790. Grifos em itálico e maiúsculo do original.

O processo não é um cabedal de técnicas vocacionadas a tutelar direitos, mas ultrapassa tal finalidade, para proporcionar a efetiva implementação de direitos fundamentais consagrados e declarados no texto constitucional, os quais, evidentemente, serão operacionalizados mediante garantias no iter procedimental para atingir o pronunciamento final (decisão jurídica — sentença).[53]

Nesse iter, é que os sujeitos processuais devem colaborar no intuito de contribuir com a (re)construção de um espaço dialogal, o qual permite que as garantias fundamentais possam assegurar a efetiva tutela de direitos.

Na verdade, o próprio processo é uma garantia constitucional que o jurisdicionado poderá utilizar contra desvios e excessos praticados pelo Estado-juiz.[54]

Para Eduardo José da Fonseca Costa,

> [...] Perquirir pelo 'ser constitucional' do processo é revelar — tal qual uma clareira — a institucionalidade garantística que a Constituição lhe estabelece e que nele vem sendo encoberta pela obscura doutrina instrumentalista. É aclarar que o legislador deve estruturar o processo como instituição de garantia, não como instrumento de poder. É elucidar, enfim, que *a)* a função da jurisdição é aplicar imparcialmente o direito e que *b)* a função do processo é garantir que essa aplicação não se faça com desvios e excessos.
>
> Obtusamente, contudo, o ativismo judicial dissolve o processo (que é garantia) na jurisdição (que é poder), como se o processo fosse a

---

[53] Segundo Rosemiro Pereira Leal, "[...] Quando o procedimento não se faz em contraditório, tem-se somente *procedimento, não* processo. Isso não quer dizer que os procedimentos, sem processo, sejam ilegais, porque há vários procedimentos (legislativos, executivos, administrativos, judiciais e jurisdicionais) que, embora legais, dispensam o contraditório, já que muitos procedimentos não se fazem sob *regime* de contenciosidade ou de deliberação, no qual o *direito-garantia* do contraditório é imprescindível, em face de lesão ou ameaça a direitos fundamentais da vida, liberdade, igualdade, dignidade, conhecimento, imagem, privacidade, felicidade, propriedade, posse, segurança legal, conforme indicado nas constituições, leis básicas e jurisprudências (concentradas ou difusas) em vários sistemas democráticos de direito. O *procedimento*, distinguindo-se do processo, pela ausência da *qualidade* constitucional principiológica do contraditório, é que deve merecer estudo especial para defini-lo, *não* mais como a ritualística manifestação perceptível do processo, *mas* como uma estrutura técnica de atos jurídicos praticados por sujeitos de direito, que se configura pela sequência obediente à conexão de normas preexistentes no ordenamento jurídico indicativas do modelo procedimental" (LEAL, Rosemiro Pereira. *Teoria geral do processo*: primeiros estudos. 13. ed. Belo Horizonte: Fórum, 2016. p. 162-163). Grifo em itálico do original.

[54] Para uma compreensão do processo constitucional como instrumento de contenção do poder estatal: ABBOUD, Georges. *Processo constitucional brasileiro*. São Paulo: RT, 2016. p. 49-53.

própria jurisdição-funcionalmente-manifestada. Fá-lo perder a própria autonomia ôntica, dando o direito processual lugar a um disforme 'direito jurisdicional'. Daí dizer a *intelligentsia* ativista que o papel precípuo do processo é a realização do direito material. Sem razão, entretanto. Lembre-se: na 'jurislação', o direito é criado; na jurisdição, o direito é aplicado por terceiro imparcial; na administração, o direito é aplicado pela própria parte ou por terceiro não imparcial. Com isso se vê que, na realidade, o que está a serviço da realização do direito material é a jurisdição, não o processo: ao processo cabe 'apenas' cuidar para que essa realização não deslize em abusividade. Decididamente, o exercício da jurisdição radica no processo e não o contrário.[55]

A exacerbada sofisticação do processo (na verdade, seria da estrutura procedimental!) trafega na contramão de uma processualidade democrática, já que, por intermédio de técnicas procedimentais vazias, acabou por degenerar as bases institucionais garantísticas[56] do processo, transformando-o num famigerado apêndice daquilo que a maioria dos autores rotula de jurisdição.[57]

---

[55] COSTA, Eduardo José da Fonseca. *O processo como instituição de garantia*. Disponível em: http://www.conjur.com.br/2016-nov-16/eduardo-jose-costa-processo-instituição-garantia. Acesso em: 1 maio 2018. A respeito do termo 'jurislação': "[...] O termo 'legislativo' é inadequado. De acordo com Pontes de Miranda, 'tudo aconselha a empregarem-se os termos 'jurislativo', 'jurisferar', 'jurisferante', para se abranger mais do que 'legislativo', 'legislar', 'legisferante' (*Comentários à Constituição de 1967, com a Emenda n. 1 de 1969*. t. I, p. 275). [...]" (COSTA. Eduardo José da Fonseca. *Levando a imparcialidade a sério*: proposta de um modelo interseccional entre direito processual, economia e psicologia. Salvador: JusPodivm, 2018. p. 16). Sobre a compatibilidade do processo como "instituição de garantia" e sua natureza pública: SOUSA, Diego Crevelin de. *Dever (ou garantia) de (não) provar contra si mesmo?* (!) O dilema em torno do art. 379, CPC. Disponível em: http://emporiododireito.com.br/leitura/abdpro-35-dever-ou-garantia-de-nao-provar-contra-si-mesmo-o-dilema-em-torno-do-art-379-cpc. Acesso em: 11 jun. 2018.

[56] Expressão utilizada em: COSTA, Eduardo José da Fonseca. *O processo como instituição de garantia*. Disponível em: http://www.conjur.com.br/2016-nov-16/eduardo-jose-costa-processo-instituição-garantia. Acesso em: 1 maio 2018.

[57] Antônio Carvalho Filho, ao elaborar texto acerca do instrumentalismo processual, pontuou: "[...] A instrumentalidade do processo, de cariz *bülowiana-liebmaniana*, surgiu como solução '*mágica*' através da mitificação do 'bom' juiz, derivando outras respostas, também '*mágicas*', como a 'efetividade', a 'celeridade', a 'deformalização', a 'plasticidade', a 'cooperação', o 'eficientismo' etc., presentes no CPC/15, todas com vistas a hipertrofiar os poderes judiciais, na verdadeira tradição do processo kleiniano, caindo no cadafalso do *panprincipiologismo*. [...] O processo é visto como 'um mal necessário' para a obtenção da 'tutela jurisdicional' em 'tempo adequado' e com 'satisfação integral', custe o que custar. Os princípios do devido processo legal, em sua perspectiva processual (*procedural due process*), da imparcialidade, da imparcialidade e da ampla defesa são paulatinamente solapados a partir da perspectiva do processo como ferramenta nas mãos do juiz para o exercício do poder jurisdicional, para a pacificação social através da justiça" (CARVALHO FILHO, Antônio. *Precisamos falar sobre o instrumentalismo processual*. Disponível em: https://www.emporiododireito.com.br/leitura/abdpro-2-precisamos-falar-sobre-o-instrumentalismo-processual-por-antonio-carvalho-filho. Acesso em: 1 maio 2018).

A sofisticação nem sempre guarda sintonia com a estrutura formal do procedimento. A formalidade é necessária para garantir a eficiência do instrumental utilizado (*rectius*: técnica processual), sem que isso implique em ultraje aos direitos e garantias fundamentais, mas, ao contrário, para assegurá-los.

Outra questão de suma importância é trazer ao debate afirmações no sentido de que o processo civil atual necessita cada vez mais de uma intensa simplificação.

Ora, em primeiro lugar, o que se pode pensar em simplificar é a técnica processual utilizada, e não o processo, como instituição de garantia; aliás, a facilitação, por intermédio de dita simplificação, no mais das vezes provoca incontestável atropelamento de direitos-garantias fundamentais (p. ex., contraditório, ampla defesa, isonomia).[58]

Por fim, tal simplificação nem sempre será traduzida em eficiência pela utilização de instrumentos (meios) capazes de facilitar uma efetiva *tutela de direitos*.

O processo não pode ser mais visto como um mero instrumento da jurisdição.[59]

---

[58] BARACHO, José Alfredo de Oliveira. *Teoria geral da cidadania*: a plenitude da cidadania e as garantias constitucionais e processuais. São Paulo: Saraiva, 1995. p. 64-65: "[...] Na temática processualística, o princípio da igualdade é uma garantia imprescindível para assegurar aos litigantes o mesmo tratamento. Está ele vinculado ao devido processo e sua proteção constitucional. Couture, em *Las garantías constitucionales del proceso civil*, afirma que, a partir da Emenda V, a fórmula *law of de land* transformou-se em *due process of law*, sendo recebida por todas as constituições. O conceito de procedimento legal passou a ser considerado como garantia essencial do demandado, do qual nenhuma lei poderia privá-lo. É uma garantia estritamente processual, que se transformou em símbolo da garantia jurisdicional. O direito de ação, o direito de petição, o direito de defesa (igualdade das partes, juiz natural, presunção de inocência, publicidade do processo), fundamentação das decisões, garantias judiciais, garantias constitucionais, cobrem pontes essenciais da proteção dada à cidadania. Inclui-se aí o direito a um processo rápido, como garantia essencial. Discute-se, na doutrina, se os significados de *garantia e proteção* têm o mesmo conteúdo. Muitas vezes, usam-se indiferentemente proteção e garantia. Garantia tem maior extensão do que o conceito de proteção. A garantia e a proteção, apesar das diferenças que se impõem às duas palavras, convertem-se em um só ente para efetivação concreta dos princípios processuais (publicidade do processo, igualdade das partes, oportunidade probatória, fundamentação, imparcialidade, motivação), de significado essencial para a configuração dos direitos inerentes à condição de cidadania, permitindo concretizá-la em todas as suas acepções e tratamentos".

[59] "[...] Processo não está a serviço da jurisdição. O processo tem sua dimensão essencialmente desenhada no plano jurídico-normativo e tem por função garantir a liberdade das partes durante o debate na jurisdição. É essa macro-garantia do processo que dirige a atividade legislativa para a criação de micro-garantias no procedimento como forma de preencher a cláusula do devido processo legal — ou do processo devido que decorre da lei. Essa releitura força o juiz — pessoa natural exercente do poder — a compreender que o personagem Estado-juiz está limitado (= Estado Liberal) a partir de balizas constitucionais e legais intransponíveis (*under the rule of law*), devendo julgar os conflitos a ele submetidos a partir

Interessante o posicionamento de Rodrigo Ramina de Lucca ao abordar o processo como *"instrumento da liberdade"*: "[...] Com efeito, processo e liberdade convivem, mas a relação entre eles vai além. Como vem sendo repetido insistentemente, o processo é *instrumento da liberdade*. O processo existe *especificamente* para garantir a liberdade do jurisdicionado contra o exercício arbitrário do poder jurisdicional: essa é a grande virtude e a grande magia do devido processo legal. O Estado não precisa do processo para fazer 'justiça'. Não fosse a exigência de liberdade e de contenção do arbítrio, bastaria ao Estado assumir o monopólio jurisdicional e exercê-lo sem nenhuma formalidade preestabelecida; cada juiz poderia seguir o procedimento que considerasse mais adequado ao caso concreto, facultando a participação das partes à medida que a considerasse necessária à descoberta da verdade. Era o que queria Menger; era o que queria Baumbach. Talvez houvesse 'justiça' em alguns casos; talvez não houvesse em outros. Mas é certo que, em todos eles, as partes não teriam liberdade; e, em todos eles, o resultado do processo seria absolutamente ilegítimo".[60]

Também, a jurisdição como manifestação do poder estatal não deve ser direcionada ao centro da teoria processual, como faz a maioria dos adeptos à escola instrumentalista.

O estudo do processo, até então, com resquícios de viés autoritário (Anton Menger, Franz Klein, Oskar von Büllow),[61] diga-se, sempre

---

do direito, evitando-se a discricionariedade judicial. É necessário, portanto, que o juiz recupere o seu estado de serenidade republicano-democrática. O juiz não é super-herói, não é antena da sociedade, não julga a partir da maioria ou dos anseios sociais. A sua referência é o Direito! Isso é aplicar ao processo uma visão constitucionalizada e constitucionalizante, dando normatividade à hierarquia superior e fundante de todo o sistema da nossa Carta Magna" (CARVALHO FILHO, Antônio. *Precisamos falar sobre o instrumentalismo processual*. Disponível em: https://www.emporiododireito.com.br/leitura/abdpro-2-precisamos-falar-sobre-o-instrumentalismo-processual-por-antonio-carvalho-filho. Acesso em: 1 maio 2018).

[60] LUCCA, Rodrigo Ramina de. *Disponibilidade processual*: a liberdade das partes no processo. São Paulo: RT, 2019. p. 146-147. Grifos em itálico do original.

[61] Para aprofundamento: NUNES, Dierle. *Processo jurisdicional democrático*: uma análise crítica das reformas processuais. Curitiba: Juruá, 2010. p. 79-106. Igor Raatz, ao criticar o pensamento de Büllow, anota: "[...] Somente com a obra *Gesetz und Richteramt* (Lei e Magistratura), em 1885, é que Büllow deixa claro as razões que o levaram a criar uma teoria do processo como relação jurídica que, na verdade, estava na base de uma teoria da jurisdição presente em sua obra. A ideia fundamental de *Gesetz und Rihteramt* é a de que a decisão judicial não é somente a aplicação de uma norma acabada, mas, sim uma entrada jurídica criadora. Nessa linha afirma que sob o enganoso véu da mesma palavra legal se oculta uma variedade de interpretações possíveis, de modo que ficaria a cargo do juiz eleger aquela disposição jurídica que lhe parece ser a mais correta. [...] Daí que toda a teoria de Büllow é pensada como uma forma de aumentar o poder dos juízes, os quais tinham sido deixados de lado pelas posturas teóricas caudatárias da escola histórica. Tal intento já estava presente em 1868, quando Büllow defendia que o juiz não deveria tomar uma atitude passiva frente

procurou justificar os poderes do juiz, com a supervalorização da jurisdição, como se tal poder (*rectius*: manifestação do poder estatal) estivesse no centro gravitacional de toda a ciência processual.

Rosemiro Pereira Leal, em crítica ao que chamou de Estado Dogmático, pontuou o seguinte: "[...] Ora, tal *milagre*, só mesmo seria possível no âmbito de uma JURISDIÇÃO que concebe o PROCESSO seu instrumento (Bülow, Dinamarco) ou de um processo de fundo socializante que faça o 'milagre' histórico de colocar partes e juízes em 'compartipação' (Franz Klein, Picardi) como seres de uma **linguagem** cooperadora (benévola), porque ligados *ex-ante* historicamente a pré-compreensões ontológicas das quais jamais poderiam desgarrar-se (*mit-sein*) no presente de suas 'interpretações' [atualidade e atualização da *linguagem do ser* por ponderações, cooperações e comlacências em nome do belo e do bom (Platão) numa presença do universalismo pragmático da hermenêutica jurídica] consoante asserções de Gadamer ao discorrer sobre a relação *kalon-agathon* (belo-bom) que anuncia o *evento* como **verdade** em si autorrevelável na compreensão a exemplo de um *jogo de palavras* que por si trama o seu próprio sentido,...".[62]

Para tanto, diversos respeitáveis doutrinadores procuram sofisticar o estudo do processo importando doutrinas estrangeiras, sem ao menos perscrutar a conjuntura da aplicabilidade dos subsídios ali utilizados.

---

aos pressupostos processuais, tal qual o velho procedimento alemão, no qual o juiz exercia um papel de espectador ou de guardião da luta entre as partes. Dessa forma, a validade da relação processual seria uma questão que não poderia ficar à disposição das partes, pois não se trataria de um ajuste privado entre os litigantes, sob o influxo de interesses individuais, mas, sim, de um ato realizado com a ativa participação do tribunal e sob a autoridade do Estado, cujos requisitos seriam coativos e em grande parte absolutos. Assim, o juiz tomaria a frente da relação processual, atitude cuja classe e modo não se diferenciaria muito daquela assumida frente à matéria em litígio. Não é por outro motivo que o processo, no pensamento de Büllow, surge como um instrumento da jurisdição, que vinha entendida como atividade do juiz a criação do direito nos moldes do movimento do direito livre e, portanto, sem nenhum controle das partes. Nisso consubstancia-se aquilo que, no Brasil, André Leal veio a chamar de *paradoxo de Büllow*, uma vez que não poderia ser o processo, 'ao mesmo tempo, instrumento do poder (de criação e do dizer o direito pelo juiz) e sua limitação eficaz'. Na verdade, não se trata propriamente de um paradoxo, pois Büllow nunca pensou o processo como um mecanismo de controle da jurisdição, mas, sim, como um instrumento da própria jurisdição, dentro dos seus pressupostos que já foram mencionados" (RAATZ, Igor. *Autonomia privada e processo civil*: negócios jurídicos processuais, flexibilização procedimental e o direito à participação na construção do caso concreto. Salvador: JusPodivm, 2017. p. 84-85-86). Verificar também: LEAL, André Cordeiro. *Instrumentalidade do processo em crise*. Belo Horizonte: Mandamentos, 2008.

[62] LEAL, Rosemiro Pereira. A falácia da fundamentação das decisões no estado dogmático e a hermenêutica do garantismo, ativismo e protagonismo jurisdicionais. *In*: PEGINI, Adriana Regina Barcellos et al. (Org.). *Processo e liberdade*: estudos em homenagem a Eduardo José da Fonseca Costa. Porto Alegre: Thoth, 2019. p. 798. Grifos em itálico, maiúsculo e negrito do original.

Na verdade, o que ocorre, diuturnamente, é uma desenfreada e despropositada mixagem teórica advinda da importação de subsídios ultrapassados ou inadequados à realidade processual e, o que é pior, descolados do ambiente constitucional brasileiro.

É preciso superar a equivocada ideia de que o processo seria instrumento da jurisdição; para tanto, necessária a compreensão do que seria jurisdição, o que demanda uma análise além de sua tradicional (clássica) concepção — poder-dever estatal.[63]

Na esteira do pensamento de Eduardo José da Fonseca Costa, segundo o qual o processo é uma "instituição de garantia contrajurisdicional", Mateus Costa Pereira pontua a necessidade de não se baralhar garantias processuais com garantias da jurisdição, com a certeira afirmação de que a instituição de garantia deve estar inserida "no âmbito de uma Teoria Unitária do Processo, e não de uma Teoria Geral".[64] Além disso, aduz que o processo "não pode ser um instrumento, seja técnico (processualismo científico), político (instrumentalismo) ou ético (formalismo-valorativo/colaboração). Sob o pálio da ordem jurídica brasileira é impossível compreendê-lo como ferramenta do poder ao invés de garantia. Por consequência, garantias processuais não se confundem a garantias da jurisdição".[65]

---

[63] Roberta Maia Gresta destaca o seguinte: "[...] Estrategicamente, a jurisdição se anuncia inafastável, o que lhe permite invadir os espaços públicos (aqueles suspostamente reservados ao povo para reverberação de suas necessidades e elaboração de soluções políticas) e dizimar focos de resistência no direito dos civis. Uma vez pré-estipulada a meta de pacificação dos conflitos, pode a jurisdição se valer de *rituais* que prometem a entrega de uma justiça célere, que apenas reafirma direitos pressupostos. [...] A estipulação *por lei* de que o juiz pode decidir sem vinculação à lei representa uma ruptura da ordem jurídica que, não assumida como tal, oferece a jurisdição ao povo como dádiva corretiva da falha ou inércia legislativa" (GRESTA, Roberta Maia. Uma leitura de *Processo civil e sociedade civil*: chaves de compreensão para a construção processualizada da sociedade democrática. *In*: LEAL, André Cordeiro *et al*. *Processo como democracia na contemporaneidade*: colóquio em homenagem ao Professor Rosemiro Pereira Leal. Belo Horizonte: Ed. D'Plácido, 2019. p. 172-173. Grifos em itálico do original.

[64] PEREIRA, Mateus Costa. *Introdução ao estudo do processo*: fundamentos do garantismo processual brasileiro. Coordenação da coleção por Antônio Carvalho Filho e Eduardo José da Fonseca Costa. Belo Horizonte: Letramento: Casa do Direito, 2020. p. 300.

[65] *Ibidem*, p. 300. E arremata: "[...] O processo é instituição historicamente voltada à limitação do poder; uma exigência constitucional ao confinamento de seu exercício em quadrantes democráticos e republicanos. De imediato, isso leva à necessidade de reavivar os lindes das funções judiciais — uma revisão do 'formalismo processual' em sentido amplo —, pretensamente apagados pela cooperação/compartilhação no desiderato de ruptura de protagonismos (ver Capítulo 3). Em resumo, o processo *conforma* (garantia), deixa de ser *forma* (instrumento, ferramenta ou que tais), tendo substantividade própria (constitucional), razão pela qual não é *conformado*. Sobre ser garantia de outras garantias, ele ostenta base conteudística específica (analisada adiante), obnubilada em razão do anterior

Juan Montero Aroca traz relevante e crítico posicionamento conclusivo acerca da "função da jurisdição": "[...] Desta perspectiva, que é, segundo alguns simplesmente publicista e por outros qualificamos de autoritária, a verdade, por mais que se admita que é relativa, se converte em parte essencial da função do juiz, o qual em boa medida deva ser um terceiro entre as partes e, ademais, põe em questão sua imparcialidade. [...] Desta maneira resulta que a tutela dos direitos dos particulares própria da função jurisdicional tem por base, por um lado, o império da lei, pois não se trata de tutelar somente os direitos que se estabelecem na lei (entendida esta no sentido de Direito) e, por outro, no instrumento que é o processo. Desta posição, que é privatista e liberal, a verdade, sempre relativa, se converteria em meio para cumprir com a função de garantia".[66]

Arlete Inês Aurelli, embasada em relevantes posicionamentos (Calmon de Passos, Teori Albino Zavascki), elaborou interessante estudo acerca do que denominou de função social da jurisdição e, consequentemente, do processo.[67]

Para a autora,

> [...] seria preciso indagar sobre a importância da atividade jurisdicional para a manutenção da ordem no seio da sociedade. Na verdade, o exercício da jurisdição, respeitando os princípios constitucionais, é que tem por função manter a ordem jurídica justa e a paz social.[68]

---

amesquinhamento a instrumento; alguns de seus consectários tampouco têm merecido a leitura correta (constitucional)" (*Ibidem*, p. 300). Grifos em itálico do original.

[66] Tradução livre do texto de AROCA, Juan Montero. Proceso y verdad: contribución a un debate que algunos quieren jurídico, pero es que es político. *In*: PEGINI, Adriana Regina Barcellos *et al*. (Org.). *Processo e liberdade*: estudos em homenagem a Eduardo José da Fonseca Costa. Porto Alegre: Thoth, 2019. p. 540-541: "[...] Desde esta perspectiva, que es, según algunos simplemente publicista y pero que otros calificamos de autoritaria, la verdad, por mucho que se admita que es relativa, se convierte en parte esencial de la función del juez, el cual en buena medida deja de ser un tercero entre las partes y, además, pone en cuestión su imparcialidad. [...] De esta manera resulta que la tutela de los derechos de los particulares propria de la función jurisdiccional tiene que basarse, por un lado, en el imperio de la ley, pues no se trata de tutelar sino los derechos que se establecen en la ley (entendida ésta en el sentido de Derecho) y, por otro, en el instrumento que es el proceso. Desde esta posición, que es privativista y liberal, la verdad, siempre relativa, se convertiría en medio para cumplir con la función de garantía".

[67] Função social da jurisdição e do processo. *In*: ZUFELATO, Camilo; YARSHELL, Flávio Luiz (Org.). *40 anos da teoria geral do processo no Brasil*: passado, presente e futuro. São Paulo: Malheiros, 2013. p. 128.

[68] Função social da jurisdição e do processo. *In*: ZUFELATO, Camilo; YARSHELL, Flávio Luiz (Org.). *40 anos da teoria geral do processo no Brasil*: passado, presente e futuro. São Paulo: Malheiros, 2013. p. 128.

Além disso, afirma que, para se "[...] obter a efetividade da jurisdição, o processo deve atuar em perfeita sintonia com o direito material, com a realidade social, através de meios adequados a garantir os direitos do indivíduo".[69]

No mesmo sentido, em relação ao papel desempenhado pela jurisdição, Ada Pellegrini Grinover desenvolveu relevante ensaio acerca do que nominou de processualidade, diante da necessidade de se estabelecer um novo conceito de jurisdição.[70]

O raciocínio empreendido pelas autoras afigura-se importante, entretanto, é necessário problematizar, e até mesmo refutar o uso constante de conceitos indeterminados (p. ex., ordem jurídica justa, paz social, função social), inclusive o próprio conceito de jurisdição, os quais, ao contrário, poderão trazer à tona decisionismos distantes de uma processualidade democrática.[71]

---

[69] Função social da jurisdição e do processo. *In*: ZUFELATO, Camilo; YARSHELL, Flávio Luiz (Org.). *40 anos da teoria geral do processo no Brasil*: passado, presente e futuro. São Paulo: Malheiros, 2013. p. 129.

[70] "[...] Partindo das premissas de que o processo é procedimento em contraditório e de que a jurisdição se caracteriza principalmente como acesso à justiça, é preciso reconhecer que a *processualidade* é mais ampla do que a *jurisdição*, pois existem processos em contraditório que não têm a ver com o acesso à justiça. Processo em contraditório existe tanto no desempenho da atividade *administrativa* como na *legislativa*, esta última pelo contraditório parlamentar amplo que se estabelece visando a formulação de leis ou nas Comissões Parlamentares de Inquérito. Conclui-se assim que a processualidade compreende a jurisdição, mas não se esgota nela" (GRINOVER, Ada Pellegrini. *Ensaio sobre a processualidade*: fundamentos para uma nova teoria geral do processo. Brasília: Gazeta Jurídica, 2016. p. 20). Grifos em itálico do original.

[71] De acordo com Ana Paula Brandão Ribeiro: "[...] Fato é que os discursos éticos — que sempre permeiam ou que sempre se encontram no centro dos discursos jurídicos — conferem às autoridades funções tanto judiciais quanto sociais, relegando aos interessados diretos (partes) e ao povo o mero papel de cliente ou expectador da prestação jurisdicional. Assim, embora possa ser dito aos destinatários desses discursos que eles estão no paradigma do Estado de Direito Democrático, na realidade esta é apenas uma maquiagem textual utilizada pelas autoridades para esconder o cenário real, qual seja, do Estado de Bem-Estar Social como autoridade, que trabalha em prol de interesses particulares ao falso discurso de preservação do **bem comum**. O Estado não pode, por meio de seus representantes — juízes, desembargadores, ministros — pretender resolver, pelas vias judiciais, questões de ordem pública (desigualdade social, por exemplo). Neste prisma, julgar em curto tempo muitos procedimentos judiciais (vulgarmente chamados de **Processos**) ao argumento de estar contribuindo para a **ética** e a democracia não poderia ser argumento utilizado pelos tribunais brasileiros" (RIBEIRO, Ana Paula Brandão. *Ética e processualidade democrática*: implicações críticas. Rio de Janeiro: Lumen Juris, 2015. p. 74). Grifos em negrito do original.

O ILÍCITO E O DANO – O ARTIGO 186 DO CÓDIGO CIVIL E O ARTIGO 497, PARÁGRAFO ÚNICO, DO CÓDIGO DE PROCESSO CIVIL DE 2015

O artigo 186 do Código Civil traduz a chamada responsabilidade civil extracontratual ou aquiliana; entretanto, nada impede que a tutela inibitória seja utilizada para casos de responsabilidade civil contratual. Segundo Caio Mário da Silva Pereira:

> [...] A *responsabilidade contratual*, em paralelo com a responsabilidade extracontratual ou aquiliana, está sujeita aos mesmos extremos desta: a contrariedade à norma, o dano, a relação de causalidade entre uma e outra. Ontologicamente, portanto, as duas modalidades confundem-se e se identificam nos seus efeitos, como visto acima. A responsabilidade contratual pressupõe, necessariamente, a existência de um contrato já formado. Em princípio, portanto, a responsabilidade do contratante assenta no fato de não ter executado o contrato. Como observa De Page, cumpre estabelecer o fundamento da responsabilidade contratual, a qual no direito comum, ou seja, no regime do Código civil, se funda na ideia de culpa. Quer dizer: há responsabilidade, 'quando a inexecução é imputável ao fato do devedor'.
> Difere uma da outra mais no campo da prova: a vítima, na responsabilidade extracontratual, tem de demonstrar a existência de todos os elementos, ao passo que, na contratual, fica estabelecida *ex re ipsa* a culpa, o que significa ser a posição do credor mais vantajosa. Uma vez que o contrato traça a norma de conduta para os convenentes, incorre em culpa aquele que se desvia do pactuado: a norma convencional já define o comportamento dos contratantes que estão adstritos em sua observância a um dever específico. Diversamente, na culpa aquiliana, o lesado tem necessidade de demonstrar a existência de uma norma

de comportamento, e, consequentemente, a sua infração. O infrator da cláusula contratual responde pelos efeitos de sua inadimplência. Em contraposição ao dever de obediência ao avençado, o cocontratante adquire um direito, e o infrator responde pelo dano causado.[72]

Rosa Maria de Andrade Nery e Nelson Nery Junior afirmam:

[...] Por responsabilidade contratual se entende a consequência jurídica de o obrigado cumprir o contrato (negócio jurídico bilateral), adimplindo a obrigação que dele deriva, entregando o devedor a prestação devida (de dar, de fazer, de não fazer) ao credor e cumprindo, ambas as partes, com perfeição, os deveres anexos de conduta decorrentes desse vínculo obrigacional, que a todos une e obriga.
[...]
Esse fenômeno da responsabilidade contratual alcança as partes em todo o interregno do processo obrigacional, do período que antecede a contratação àquele que ultrapassa o termo final para o cumprimento da obrigação, decorrendo disso e do sistema legal as denominadas responsabilidades *pré* e *pós-contratual*.
Se a obrigação de indenizar, ao contrário, derivou de um fato ocorrido como consequência do trato humano das relações sociais, por virtude de um acontecimento que atingiu pessoas que não se haviam vinculado livremente pelo negócio jurídico, mas que foram apanhadas pelo infortúnio de um acontecimento nefasto, de consequências danosas, a hipótese de estudo submete-se ao sistema de *responsabilidade civil extracontratual*.
Seu tratamento — da responsabilidade civil incidente para fatos ocorridos fora do contrato, ou seja, para as hipóteses de responsabilidade civil extracontratual — é dado pelos artigos do CC 186 e 927 *caput*, que justamente cuidam da *responsabilidade civil extracontratual*, também denominada de *responsabilidade aquiliana*, em memória da origem romana do instituto, fruto da aplicação da *Lex Aquilia*.
[...]
Já tivemos ocasião de observar, anteriormente, que tanto a responsabilidade civil contratual, como a responsabilidade civil extracontratual, convivem com os dois sistemas, de *responsabilidade civil objetiva* e *subjetiva*.[73]

---

[72] PEREIRA, Caio Mário da Silva. *Responsabilidade civil*. Atualizador Gustavo Tepedino. 11. ed. Rio de Janeiro: Forense, 2016. p. 328.
[73] NERY JUNIOR, Nelson; NERY, Rosa Maria de Andrade. *Instituições de direito civil*: direito das obrigações. São Paulo: RT, 2015. v. II, p. 413-415.

Feitas essas breves considerações acerca dos conceitos de responsabilidade civil contratual e extracontratual, em seguida, tratar-se-á da incidência da tutela inibitória e sua relação com as responsabilidades subjetiva e objetiva.

Vejamos: (i) para a responsabilidade aquiliana, tal qual prevista no artigo 186 do Código Civil, a tutela inibitória será voltada a debelar um ato ilícito contrário ao ordenamento jurídico — utiliza-se da técnica inibitória para obstar (inibir) a prática, reiteração ou continuação de um ilícito futuro — vocacionada a afastar efetiva ameaça de ilícito; (ii) para a responsabilidade civil contratual, a tutela inibitória será utilizada para inibir efetivamente a prática, reiteração ou continuação de um ato ilícito contrário à norma constante do contrato firmado entre as partes; claro que essa contrariedade também atinge o ordenamento jurídico.

Para o item (i), basta a demonstração de que a ameaça de ato ilícito irá contrariar o ordenamento jurídico, para se conseguir uma efetiva tutela inibitória.

Já para o item (ii), p. ex., numa cessão de crédito,[74] o cedente, ao invés de cumprir a obrigação ajustada no instrumento particular, ameaça ceder (transferir) o direito ao crédito a terceiro estranho ao negócio jurídico estabelecido entre as partes contratantes; nesse caso, a parte submetida ao ato ilícito futuro poderá lançar mão de uma tutela inibitória, a fim de inibir a ameaça perpetrada por aquele que pretende infringir a norma estabelecida no contrato firmado.[75]

Roberto P. Campos Gouveia Filho exemplifica:

---

[74] Para uma definição de cessão de crédito, a lição de Rosa Maria de Andrade Nery e Nelson Nery Junior: "[...] A cessão de crédito é contrato translativo de direitos e se consubstancia, ao mesmo tempo, na aquisição (pelo cessionário) e na perda (pelo cedente) do direito cedido, no que toca ao seu titular. Não é contrato real (*dinglicher Vertrag*), mas contrato abstrato, que independe da causa subjacente ou sobrejacente para que se o tenha como existente, válido e eficaz. [...] A cessão é uma forma de alienação, porque a alienação (*alienatio*) é a 'transferência de um direito a outrem, por ato volitivo do titular' e a cessão tem esse caráter duplo, de perda e de aquisição de um direito, no que toca ao seu titular. É uma forma de sucessão da titularidade de uma relação obrigacional" (NERY JUNIOR, Nelson; NERY, Rosa Maria de Andrade. *Instituições de direito civil*: direito das obrigações. São Paulo: RT, 2015. v. II, p. 231-232).

[75] No exemplo, trata-se de cessão de crédito "convencional", ou seja, contratada pelas partes. Segundo Arnaldo Rizzardo: "[...] Costuma-se distinguir algumas espécies de cessão, como a 'convencional', a 'legal', e a 'judicial'. Ocorre a primeira quando estabelecida ou contratada pelas partes. 'É aquela que se realiza mediante acordo espontâneo entre as partes, cedente e cessionário, subordinando-se a cláusulas de seus mútuos interesses', elucidava Jefferson Daibert" (RIZZARDO, Arnaldo. *Direito das obrigações*. 9. ed. Rio de Janeiro: Forense, 2018. p. 256).

[...] Num contrato de prestação de serviços em que o contratado tem acesso a dados sigilosos do contratante, este, por óbvio, tem direito contra aquele a não divulgação de tais dados. Trata-se de um direito satisfazível em fluxo contínuo: enquanto não houver divulgação o direito vai sendo realizado. Se, por acaso, o contratado ameaça divulgar os dados, tem-se uma situação nova. O contratante passa a titularizar outro direito, o referente ao impedimento da quebra do fluxo contínuo. Observe-se, o direito a não divulgação dos dados está sendo, em continuidade, satisfeito; deixará de sê-lo caso venha a ocorrer a divulgação, de modo que a tutela inibitória é um mecanismo de garantia da satisfação, e não a própria.

Uma concessionária tem de fornecer energia elétrica aos seus contraentes em cumprimento a dever de fluxo contínuo. Logo, o direito deles é realizável a todo o momento em que não houver interrupção do fornecimento. Caso um deles esteja a sofrer ameaça, derivada de cobrança indevida, de corte no fornecimento, nasce para ele o direito à inibição, o que, no caso, consiste em alguma medida que impeça o corte. Mais uma vez, fica claro que a inibitória não tem a ver diretamente com a satisfação do direito.[76]

A responsabilidade civil também poderá ser subjetiva ou objetiva, classificação essa pautada no elemento subjetivo (culpa ou dolo) qualificador da conduta do agente.

O Código Civil adota o sistema dualista, ou seja, as teorias da responsabilidade civil subjetiva (artigo 186, CC) e da responsabilidade civil objetiva (artigo 927, parágrafo único, CC).

Ao atualizar a obra de Caio Mário da Silva Pereira, Gustavo Tepedino observou que "[...] De fato, contém o Código Civil cláusula geral de responsabilidade objetiva, a qual convive com a cláusula geral de responsabilidade subjetiva consagrada no artigo 186. Estabelece o parágrafo único do artigo 927 que 'haverá obrigação de reparar o dano, independentemente de culpa, nos casos especificados em lei, ou quando a atividade normalmente desenvolvida pelo autor do dano implicar, por sua natureza, risco para os direitos de outrem'. Assim, não mais se limita a teoria objetiva a hipóteses difusamente previstas em legislação específica, possibilitando-se ao intérprete invocá-la sempre que presentes seus três elementos: exercício habitual de determinada atividade — considerada capaz de, por natureza, gerar risco para

---

[76] GOUVEIA FILHO, Roberto P. Campos. *A tutela inibitória é satisfativa?* Texto inédito gentilmente cedido pelo autor. Percebe-se que, em ambos os exemplos, o autor defende que a tutela inibitória não guarda correspondência direta com a satisfação do direito, sendo, sim, a garantia da satisfação desse direito.

terceiros — dano e nexo causal entre o resultado danoso e a referida atividade".[77]

Na responsabilidade subjetiva, necessário demonstrar o elemento subjetivo (culpa ou dolo); enquanto na objetiva, não há que se falar nele (culpa ou dolo).[78]

Entretanto, em ambos os casos, para efetivamente inibir um ato ilícito futuro, não é necessário perquirir acerca do elemento subjetivo (culpa ou dolo), nem mesmo falar em demonstração do dano.

Para os casos de responsabilidade civil subjetiva, mesmo com a exigência de comprovação do elemento subjetivo (culpa ou dolo), a inibição do ilícito futuro prescinde dessa comprovação; aqui não há coincidência com o pressuposto negativo da tutela inibitória (ausência de culpa ou dolo).

Nas hipóteses em que incide a responsabilidade civil objetiva, p. ex., demandas ambientais,[79] demandas oriundas de relações

---

[77] PEREIRA, Caio Mário da Silva. *Responsabilidade civil*. Atualizador Gustavo Tepedino. 11. ed. Rio de Janeiro: Forense, 2016. p. 34.

[78] De acordo com Rosa Maria de Andrade Nery e Nelson Nery Junior: "[...] Embora o sistema de responsabilidade civil do CC/2002 possa ser considerado, preponderantemente, como adotante do sistema da responsabilidade subjetiva, que está retratado no CC 186, o CC 927 par. ún. regula a responsabilidade objetiva, daquele que opera alguma atividade (empresarial ou negocial) de risco" (NERY JUNIOR, Nelson; NERY, Rosa Maria de Andrade. *Instituições de direito civil*: direito das obrigações. São Paulo: RT, 2015. v. II, p. 417-418).

[79] SILVA, Bruno Campos. Impactos do novo CPC no âmbito da ação civil pública ambiental. *In*: URBANO, Alexandre Figueiredo de Andrade; NOGUEIRA, Luiz Fernando Valladão; SANTIAGO, Rogério Vieira (Coord.). *Advocacia & ética*: novos temas – de acordo com o Código de Ética e Disciplina da OAB e Código de Processo Civil. Belo Horizonte: Del Rey, 2017. p. 682: "[...] Aliás, como forma de tutela inibitória na seara do *meio ambiente* (*direito difuso*), podemos citar exemplo trazido pelo jurista Roberto P. Campos Gouveia Filho, no X Congresso Brasileiro de Direito Processual, realizado na cidade de Uberaba-MG, em que citou a possibilidade de se utilizar a tutela inibitória para os casos de demolição do patrimônio histórico que vem correndo sistematicamente na cidade de Recife-PE. Vejam, existe expressa *norma proibitiva* de demolição do patrimônio histórico (artigo 216, §§1º e 4º, CF/88), portanto, *não é lícito demolir o patrimônio histórico*, e, por assim dizer, *a ameaça grave, real, atual e concreta ao meio ambiente cultural sustenta a utilização da tutela inibitória nesses casos, inclusive com a necessidade de se manejar uma tutela provisória de urgência, via cognição sumária* (artigo 300, *caput* e §2º, CPC). Nessa hipótese, há somente a ameaça de um ilícito futuro; prescindindo-se do dano". Para a tutela inibitória em demandas ambientais, verificar ainda: TESSLER, Luciane Gonçalves. *Tutelas jurisdicionais do meio ambiente*: tutela inibitória, tutela de remoção, tutela do ressarcimento na forma específica. São Paulo: RT, 2004. p. 229-241. Em relação à tutela inibitória coletiva: ARENHART, Sérgio Cruz. *Perfis da tutela inibitória coletiva*. São Paulo: RT, 2003. p. 184-419; NUNES, Leonardo Silva. *Tutela inibitória coletiva*. Belo Horizonte: Ed. D'Plácido, 2013. p. 102-116. Luiz Guilherme Marinoni aborda questões inerentes à tutela coletiva contra o ilícito: MARINONI, Luiz Guilherme. *Tutela contra o ilícito*: inibitória e de remoção – artigo 497, parágrafo único, CPC/2015. SP: RT, 2015. p. 95-109. Para os processos coletivos em geral, ver: ZAVASCKI, Teori Albino. *Processo coletivo*: tutela de direitos coletivos e tutela coletiva de direito. 6. ed. São Paulo: RT, 2014. p. 58 e 171; GRINOVER, Ada Pelegrini *et al.* (Org.). *Processo coletivo*: do surgimento à

consumeristas, demandas relacionadas à saúde pública,[80] não se exige a demonstração do elemento subjetivo (culpa ou dolo), o que, de certa forma, coincide com o pressuposto negativo da tutela inibitória, qual seja, a ausência de culpa ou dolo (artigo 497, parágrafo único, CPC).

Nas demandas ambientais, exige-se um cuidado ainda maior, considerando a finitude dos bens ambientais (bens difusos) e a extrema dificuldade de se restabelecer o *status quo ante*. Ou seja, se consumado o dano ambiental (de rápida propagação), sem a efetiva e urgente inibição do ilícito, caminho outro não restará, a não ser reparar o dano, o que, no caso, não seria o mais indicado.[81]

Lamentavelmente, a maioria das ações civis públicas é proposta após a consumação do dano ambiental, o que desprestigia a tutela preventiva.

Na realidade, os legitimados deveriam propor ações inibitórias diante de ilícito ambiental futuro (até mesmo com a utilização de tutelas provisórias de urgência em caráter antecedente), ou seja, antecipar-se ao ilícito para que o dano ambiental não se implemente,[82] vez que, ao

---

atualidade. São Paulo: RT, 2014; GIDI, Antônio; TESHEINER, José Maria; THIBAU, Tereza Cristina Sorice Baracho (Org.). *Processos coletivos*: ação civil pública e ações coletivas. Porto Alegre: Livraria do Advogado, 2015; ARENHART, Sérgio Cruz; OSNA, Gustavo. *Curso de processo civil coletivo*. São Paulo: RT, 2019; PIZZOL, Patricia Miranda. *Tutela coletiva*: processo coletivo e técnicas de padronização das decisões. São Paulo: RT, 2020; LEONEL, Ricardo de Barros. *Manual do processo coletivo*. 4. ed. São Paulo: Malheiros, 2017. Com relação aos fundamentos da tutela coletiva: RODRIGUES, Marcelo Abelha. *Fundamentos da tutela coletiva*. Brasília: Gazeta Jurídica, 2017. E, para a tutela processual do meio ambiente: RODRIGUES, Marcelo Abelha. *Direito ambiental esquematizado*. 5. ed. São Paulo: Saraiva, 2018. p. 501-674. E, também: DANTAS, Marcelo Buzaglo. O novo código de processo civil e as repercussões na ação civil pública ambiental. *In*: MILARÉ, Édis (Coord.). *Ação civil pública após 30 anos*. São Paulo: RT, 2015. p. 577-580.

[80] "[...] Neste exemplo, podemos utilizar a tutela inibitória para se evitar o fornecimento de medicamento desconforme a legislação prevista pela ANVISA, mesmo que não exista qualquer contraindicação médica relacionada à substância componente de tal medicamento; exemplo formatado em diálogo com o jurista Diego Crevelin de Sousa. Nesse caso, pode-se também propor *ação inibitória para obstar a circulação de medicamento, cujas características estejam a contrariar a legislação da ANVISA, inclusive com a possibilidade de se utilizar tutela provisória de urgência, via cognição sumária (artigo 300, caput e §2º, CPC), diante de uma ameaça grave à saúde pública, real, atual e concreta*. Vejam que nessa hipótese, também, há somente a ameaça de um *ilícito futuro*; prescindindo-se do dano" (SILVA, Bruno Campos. Impactos do novo CPC no âmbito da ação civil pública ambiental: *In*: URBANO, Alexandre Figueiredo de Andrade; NOGUEIRA, Luiz Fernando Valladão; SANTIAGO, Rogério Vieira (Coord.). *Advocacia & ética*: novos temas – de acordo com o Código de Ética e Disciplina da OAB e Código de Processo Civil. Belo Horizonte: Del Rey, 2017. p. 682).

[81] Sobre o assunto: ARAÚJO, Fabio Caldas de. *Curso de processo civil*. t. I – parte geral. São Paulo: Malheiros, 2016. p. 978-979.

[82] Verificar a decisão proferida pelo TRF-1: TRF-1, Quinta Turma, Agravo de Instrumento nº 0027843-13.2016.4.01.0000, Des. Souza Prudente, data do julgamento 03.05.2017, data da publicação: 24.05.2017. E, ainda, o TJ-SC, Terceira Câmara de Direito Público, Agravo de

se danificar os bens difusos, muito difícil (ou pouco provável) será sua repristinação.[83]

Clóvis do Couto e Silva, há tempos, desenvolveu o seguinte raciocínio:

> [...] As razões que levam à admissão de tutela preventiva são razões de economia; se é certo que a lesão ocorrerá, não é razoável exigir-se que a pessoa sofra a lesão para depois propor ação competente. Parece radicar numa maior necessidade de proteger a incolumidade de bens e da personalidade, permitindo-se, portanto, que possa adiantar-se e prevenir-se contra a lesão. A questão está em saber se seria necessário lei expressa permissiva de tutela preventiva. Não me parece que assim seja. Há uma tendência natural para admitir remédio protetivo prévio à própria lesão, seja pelo argumento de se considerar a lesão como tão certa que se pode entender como realizada, seja pela constatação de ser preferível impedir a realização do dano do que depois restabelecer-se o prejuízo sofrido. É sabido que, muitas vezes, conforme o tipo de lesão, não é possível que a reparação ocorra em sua integralidade. Embora sempre se diga que a indenização deve ser a maior possível, nem sempre isso sucede, por impossibilidade, ou porque os interesses lesados são insuscetíveis de completa reparação. É necessário, pois, concluir pela existência de uma tutela geral preventiva de qualquer direito subjetivo, em disposições gerais que a admitam. Parece ser isso uma constante em todos os ordenamentos em vigor, para os quais a tutela preventiva resultava em última análise dos casos admitidos pelo Direito Romano.[84]

Aldo Frignani também percebeu a inviabilidade da reparação dos danos em determinadas situações, tendo em vista a necessidade de se prevenir o direito diante de uma ameaça de lesão, além da distinção entre ilícito e dano.[85]

Instrumento n° 0011019-04.2016.8.24.0000, rel. Des. Ricardo Roesler, data do julgamento 20.06.2017. Nessa última decisão (acórdão) fala-se em "risco de dano grave". Já se pontuou que a tutela inibitória é aquela vocacionada contra a "ameaça de um ilícito", não fazendo sentido perquirir acerca do dano para a concessão da efetiva "inibição".

[83] Acerca do tema, consultar as seguintes obras: MACHADO, Paulo Affonso Leme. *Direito ambiental brasileiro*. 15. ed. São Paulo: Malheiros, 2007. p. 350-351; MILARÉ, Édis. *Direito do ambiente*: a gestão ambiental em foco: doutrina, jurisprudência, glossário. 7. ed. São Paulo: RT, 2011. p. 1126-1127; ANTUNES, Paulo de Bessa. *Direito ambiental*. 18. ed. São Paulo: Atlas, 2016. p. 612; RODRIGUES, Marcelo Abelha. *Direito ambiental esquematizado*. 5. ed. São Paulo: Saraiva, 2018. p. 450-452.

[84] SILVA, Clóvis do Couto e. Tutela preventiva. *Digesto de Processo*. v. 5. Prova/valor da causa. Rio de Janeiro: Forense, 1988. p. 299-300.

[85] FRIGNANI, Aldo. L'azione inibitoria contro le clausole vessatorie (considerazioni "fuori dal coro" di un civilista). *Rivista di Diritto Processuale*, Padova, anno LII (Seconda Serie), n. 04, p. 999-1000, otto.-dic. 1997.

Em demandas que envolvam relações de consumo,[86] igualmente, será possível a utilização da tutela inibitória apta a (inibir) um ilícito futuro.[87]

Segundo Rosa Maria de Andrade Nery e Nelson Nery Junior, o "[...] CDC 12, o CC 927, par. ún. ou CC 931. São todas normas de imputação objetiva de responsabilidade, sem necessidade de se considerar o elemento culpa. Tratam de modo geral da responsabilidade civil pelo fato do produto e da responsabilidade pelo risco da atividade. Realmente existe uma responsabilidade do produtor, do comerciante, daquele que participa da cadeia de produção, circulação e distribuição com vistas a consumo, pelo fato de colocar o produto no mercado. Ou seja, o simples comportamento de introduzir o bem no jogo da oferta e demanda, faria com que aquele que de alguma forma contribuiu com este resultado se responsabilizasse por ele. No CDC, esta responsabilidade da cadeia produtiva permite direito de regresso, em face do verdadeiro responsável final pelo dano, enquanto o CC é mais lacônico, não tratando de responsabilidade de cadeias de produção. [...] Na responsabilidade pelo fato do produto, responde o fornecedor por defeito do produto ou por informações insuficientes ou inadequadas sobre utilização e riscos".[88]

Se determinado produto pronto, prestes a ser colocado em circulação na cadeia produtiva, desatender a normas constantes do ordenamento jurídico — por exemplo, um produto perecível que deixar de trazer informações adequadas sobre sua correta conservação —, o consumidor poderá lançar mão de uma tutela inibitória para obter

---

[86] Verificar, em especial, o disposto no artigo 84, CDC, no artigo 497, parágrafo único, CPC e no artigo 536, CPC. Tais dispositivos aliados àqueles inerentes à Lei da Ação Civil Pública (Lei n° 7.347/85) constituem poderoso arsenal protetivo aos direitos difusos, coletivos e individuais homogêneos. O processo coletivo, em suas particularidades, não será objeto do presente estudo. Em defesa de uma "classificação dos litígios" em abandono à tradicional classificação trazida pelo CDC (*ex vi* do art. 81, I, II e III): VITORELLI, Edilson. *Processo civil estrutural*: teoria e prática. Salvador: JusPodivm, 2020. p. 45. E também: VITORELLI, Edilson. *O devido processo legal coletivo*: dos direitos aos litígios coletivos. São Paulo: RT, 2016.

[87] O art. 6°, VI, CDC (Lei n° 8.078/1990) traz importante norma direcionada à "prevenção de danos" — indicativa da preventividade necessária a obstar "danos patrimoniais e morais, individuais, coletivos e difusos", ou seja, pode-se compreender que o legislador quis que o consumidor tivesse como direito básico (*caput* do mesmo dispositivo legal) a prevenção de um dano (patrimonial e moral, individual, coletivo e difuso). O dispositivo faz menção à prevenção de danos. Para se prevenir danos, imprescindível atacar o ato ilícito como fonte (é preciso antecipar-se ao dano), e isso, como afirmado, dar-se-á por intermédio da tutela inibitória a ser utilizada para combater a ameaça de ato contrário ao ordenamento jurídico que possa produzir danos às esferas patrimonial e moral do jurisdicionado (p. ex., o consumidor).

[88] NERY JUNIOR, Nelson; NERY, Rosa Maria de Andrade. *Instituições de direito civil*: direito das obrigações. São Paulo: RT, 2015. v. II, p. 427-428. Ver os artigos 6°, VI, 12, 14 e 18, todos do CDC.

efetiva inibição contrária à ameaça de ato ilícito (antes de o produto ser inserido no mercado).

O mesmo poderá ocorrer, por exemplo, com um brinquedo que desatender às normas sobre segurança, antes de ser inserido na cadeia produtiva, pela simples potencialidade de ilícito futuro. O consumidor poderá se valer de uma tutela inibitória para evitar que seja inserido no mercado e possa causar algum prejuízo futuro.

Jorge Peyrano, ao escrever acerca das finalidades das ações preventivas, lecionou:

> [...] É preciso distinguir as finalidades imediatas das ações preventivas (ordens judiciais de fazer ou de não fazer em sentido lato) das finalidades mediatas que podem existir, que são muito variadas (cessar, paralisar, impedir sua continuação, retificar, conter os defeitos nocivos já em curso, evitar a repetição de danos já ocorridos, etc. Assim, por exemplo, a finalidade imediata pode reconhecer finalidades mediatas de riscos singulares. Sobre o particular, informa ZAVALA DE GONZÁLEZ, ao tratar do tema retirado do mercado de produtos defeituosos que *'nos E.E.U.U. existen precedentes judiciais sobre danos na raiz na fabricação de automotores com falhas das quais previsivelmente resultarão sinistros.* [...] *A retirada do produto* (product recall) *deve ser precedida por uma adequada difusão para advertir aos usuários e lograr a reaquisição de unidades com falhas'*. Em matéria de poluição ambiental, também as ordens de fazer podem-se transformar em finalidades mediatas idôneas, que seria para diminuir os danos já produzidos.[89]

3.1 O ato ilícito (artigo 186 do Código Civil brasileiro)

O ato qualificado pela ilicitude seria aquele contrário ao ordenamento jurídico.[90]

---

[89] Tradução livre de PEYRANO, Jorge. La accion preventiva. *Genesis*. Revista de Direito Processual Civil, Curitiba, ano VIII, n. 29, p. 592-593, jul.-set. 2003: "[...] Es preciso distinguir las finalidades inmediatas de las acciones preventivas (órdenes judiciales de hacer o de no hacer en sentido lato) de las finalidades mediatas que pueden tener, que son muy variadas (cesar, paralizar, impedir su continuación, rectificar, morigerar los defectos nocivos ya en curso, evitar la repetición de daños ya ocurridos, etc. Así, por ejemplo, la finalidad inmediata, 'hacer' puede reconocer finalidades mediatas de ribetes singulares. Sobre el particular, informa ZAVALA DE GONZÁLEZ, al tratar el tema tiro del mercado de productos defectuosos que *'en E.E.U.U. existen precedentes judiciales sobre daños a raíz de la fabricación de automotores con fallas de las cuales previsiblemente resultarán siniestros* [...] *La retirada del producto (product recall) debe ser precedida por una adecuada difusión para advertir a los usuarios y lograr la readquisición de las unidades con fallas'*. En materia de polución ambiental, también las órdenes de 'hacer' se pueden motorizar en finalidades mediatas idóneas, cual sería la de disminuir los daños ya producidos".

[90] Cristiano Chaves de Farias, Nelson Rosenvald e Felipe Peixoto Braga Netto ao conceituarem o ato ilícito, assim manifestam: "[...] O ato ilícito é um fato jurídico. Os fatos jurídicos são

O lícito e o ilícito nem sempre coincidem, já que podemos ter atos lícitos que carregam em sua base (*rectius*: substrato fático) certa ilicitude, ou melhor, determinados atos lícitos no momento de sua prática guardam sintonia com o ordenamento jurídico, entretanto, com o passar do tempo, demonstram em sua base ilicitude apta a retirá-los do mundo jurídico. Por exemplo, uma licença ambiental concedida a um determinado empresário, eis que preenchidos requisitos necessários à sua concessão, porém, o funcionamento da atividade empresarial, mesmo com a chancela pública ao conceder a licença, transgride normas relacionadas à proteção ambiental.[91]

Na verdade, com base em Luiz Guilherme Marinoni, o ato ilícito não só atinge direitos, mas também transgride determinada norma jurídica.[92]

---

aqueles eventos, oriundos da natureza ou da vontade humana, que podem repercutir na órbita jurídica, produzindo diferentes efeitos. Assim, com PONTES DE MIRANDA, é possível definir o fato jurídico, de maneira mais realista, como '*o fato ou complexo de fatos sobre o qual incidiu a regra jurídica; portanto, o fato de que dimana, agora, ou mais tarde, talvez condicionalmente, ou talvez não dimane, eficácia jurídica*'. [...] O fato ilícito nada mais é do que o fato antijurídico, isto é, aquele acontecimento cujos potenciais efeitos jurídicos são contrários ao ordenamento jurídico. Com isso, não é difícil definir o fato ilícito como a violação de uma obrigação jurídica preexistente imposta ao agente. Enfim, é a transgressão a um dever jurídico, imposto a alguém. Nada obstante, o ato ilícito não é uma espécie de ato jurídico. Sendo este caracterizado como a exteriorização consciente de vontade em conformidade ao ordenamento jurídico, observamos que o ato ilícito não apenas se coloca em rota de colisão com o ordenamento jurídico, como também não possui necessariamente a vontade humana como fato gerador, pois comumente o resultado do ilícito se dá contra a vontade do próprio agente, desde que a ele possa ser imputado. Isto é, a produção de efeitos do ilícito não emana do seu intuito, mas da *responsabilidade* em si, do nexo causal entre o dano e o fato em si (comportamento do agente). A partir dessas breves referências, definitivamente compreendemos o fato ilícito como '*todo fato, conduta ou evento, contrário a direito que seja imputável a alguém com capacidade delitual (= de praticar ato ilícito)*', nas palavras de MARCOS BERNARDES DE MELLO" (FARIAS, Cristiano Chaves de; ROSENVALD, Nelson; BRAGA NETTO, Felipe Peixoto. *Curso de direito civil*. Salvador: JusPodivm, 2014. v. 3, p. 165-166).

[91] Sobre a temática da responsabilidade civil e licenciamento ambiental: FARIAS, Talden. *Licenciamento ambiental*: aspectos teóricos e práticos. 7. ed. Belo Horizonte: Fórum, 2019. p. 208-213.

[92] "[...] Quando se pensa apenas em direito à prevenção como fundamento da tutela inibitória não se toma em consideração o mais importante, ou seja, o fundamento da tutela contra o ilícito. A tutela jurisdicional é imprescindível para inibir a prática do ato contrário ao direito e para remover os efeitos concretos derivados da ação ilícita. Num caso e no outro a tutela jurisdicional atua a norma que pode ser violada ou já foi violada. O verdadeiro fundamento das tutelas jurisdicionais inibitória e de remoção, assim, é o direito à tutela contra o ato contrário ao direito, ou ainda, o direito à tutela que faça valer a norma de direito" (MARINONI, Luiz Guilherme. *Tutela contra o ilícito*: inibitória e de remoção – artigo 497, parágrafo único, CPC/2015. SP: RT, 2015. p. 60). Também, André Luiz Bäuml Tesser: "[...] Ademais, admitindo-se a potencialidade do ilícito como produção de uma ofensa à ordem jurídica, e entendendo essa como expressão máxima daquilo que se deve proteger pela atuação jurisdicional, toda tutela contra o ato contrário ao direito (tutela inibitória, por exemplo), *parece sempre carregar consigo a necessidade de uma atuação urgente da jurisdição*

Importante destacar que nem todos os atos ilícitos têm por consequência um dano, o qual poderá ser apenas e tão somente recorrente àqueles.[93]

João Batista Lopes, ao discorrer sobre a contribuição da doutrina italiana, assim manifestou: "[...] A noção de ilícito, para esse fim, independe da produção de efeitos danosos e compreende tanto hipóteses de ilícito não danoso *già in atto* como situações de ilícito futuro".[94]

Portanto, basta a presença de um ilícito para fazer jus a uma efetiva tutela direcionada a debelar o ato contrário ao ordenamento jurídico; não é necessária a presença de um dano resultante do referido ilícito.[95]

Ao que parece, o legislador, ao edificar o dispositivo do artigo 186 do Código Civil, não pretendeu alinhar a lesão ao ato ilícito, ou melhor, dizer que de todo ato ilícito há sempre um dever indenizatório, como se houvesse sempre a necessidade de utilização de uma tutela ressarcitória — isso impõe, erroneamente, o raciocínio de que sempre de um ilícito decorre necessariamente um dano (afirmação com a qual não concordamos).

Marcelo Abelha, ao discorrer sobre o artigo 497, parágrafo único, CPC:

> [...] Tal dispositivo tem uma importância fundamental na tutela dos deveres e obrigações de fazer e não fazer, pois a distinção das hipóteses a serem protegidas a partir da identificação de que dano e ilícito não necessariamente convivem juntos pode ser decisivo na obtenção da tutela específica, e, em especial, em tempo processual mais razoável. Trata de dispositivo da consagração do direito fundamental que todos nós possuímos de ter uma tutela específica que nos outorgue exatamente aquilo que nos é previsto pelo legislador no plano do direito material.

---

para evitar a violação ao direito, ou sua repetição e continuação. Ou seja, as tutelas contra o ato ilícito devem, em determinada medida, ser vistas como *tutelas de urgência*" (TESSER, André Luiz Bäuml. *Tutela cautelar e antecipação de tutela*: perigo de dano e perigo de demora. São Paulo: RT, 2014. p. 113). Grifos em itálico do original.

[93] Mas pode-se ter um dano decorrente de um ato lícito, p. ex., aquele oriundo da conduta perpetrada pelo agente em estado de necessidade (artigo 188, II, CC).

[94] Tutela inibitória. *In*: ASSIS, Carlos Augusto de; LOPES, João Batista. *Tutela provisória*: tutela antecipada; tutela cautelar; tutela da evidência; tutela inibitória antecipada. Brasília: Gazeta Jurídica, 2018. p. 90.

[95] "[...] Tanto as ações inibitórias quanto as de remoção do ilícito se dirigem contra o ato contrário aos direitos (respectivamente provável e já ocorrido), e assim não têm entre seus pressupostos o dano e o elemento subjetivo relacionado à imputação ressarcitória (culpa ou dolo). Portanto, salvo nos casos em que se teme um ilícito que simultaneamente implique em prejuízos, o autor não deve e não precisa invocar um dano para obter a tutela inibitória" (CAMBI, Eduardo *et al*. *Curso de processo civil completo*. São Paulo: RT, 2017. p. 932).

Para entendê-lo é preciso fazer a correta distinção entre *dano* e *ilícito*, tarefa que não é fácil, tendo em vista o nosso CC dizer, no artigo 186, que comete ato ilícito aquele que, por ação ou omissão voluntária, negligência ou imprudência, violar direito e causar dano a outrem. Portanto, vincula o ilícito com o dano para fins de responsabilização civil e dá a entender que os dois elementos, dano e ilícito, só poderiam ser tutelados pela forma indenizatória (ressarcimento do dano).

É importante observar que nem o dano é consequência natural do ato antijurídico, ou seja, podem existir ilícitos sem que existam danos, tal como o inverso (danos sem ilícitos), como também de forma alguma existe uma regra no ordenamento que impeça a tutela do ilícito de forma autônoma, antes o contrário.

A garantia constitucional de que a lei não excluirá do Poder Judiciário a lesão e a ameaça a direito outorga claramente a possibilidade de que os jurisdicionados protejam seus direitos, preventivamente, contra o ilícito e/ou contra o dano, reconhecendo que ambos podem se dar em momentos diversos.

O que quer o legislador processual nesse parágrafo único é dar rendimento à máxima constitucional de que o Estado deve dar a plena proteção dos direitos, seja contra a ameaça seja contra a lesão.[96]

Enfim, para se proteger o direito do jurisdicionado contra um ilícito, basta inibir a ilicitude ou remover os efeitos dela advindos, por intermédio de uma tutela inibitória ou para remover o ilícito, sem a necessidade de se perquirir acerca do dano.[97]

---

[96] ABELHA, Marcelo. *Manual de direito processual civil*. 6. ed. Rio de Janeiro: Forense, 2016. p. 673.

[97] Alexandre Freitas Câmara pontuou: "[...] É que o artigo 186 do CC estabelece que '[a]quele que, por ação ou omissão voluntária, negligência ou imprudência, violar direito e causar dano a outrem, ainda que exclusivamente moral, comete ato ilícito'. Da leitura desse texto normativo, fica a impressão — equivocada, diga-se desde logo — que só comete ato ilícito quem, agindo culposamente, causa dano a outrem. Isso, porém, não é correto. [...] Ocorre que na demanda inibitória o objeto do processo não é o reconhecimento da obrigação de indenizar. O que se busca é, tão somente, uma decisão destinada a inibir a prática do ato. Por isso, é absolutamente irrelevante saber se o demandado agiu culposamente ou se algum dano foi — ou está na iminência de ser — produzido. Estas questões poderão ser relevantes em outro processo, no qual se busque alguma indenização. Não, porém, no processo cujo objeto é a tutela inibitória. Neste, basta a demonstração de que se está na iminência da prática de um ato ilícito (contrário ao Direito), ou que este é um ato de duração prolongada no tempo e que está sendo praticado, para que se profira decisão que determine a abstenção de sua prática ou que ele não seja reiterado ou que não continue a ser praticado" (CÂMARA, Alexandre Freitas. *O novo processo civil brasileiro*. 2. ed. São Paulo: Atlas, 2016. p. 293-294).

3.2 Ilícito *versus* dano

Em sede de tutela inibitória, não deverá haver qualquer questionamento acerca de algum resultado danoso advindo do ato ilícito, já que basta a ameaça e a consumação desse para que o jurisdicionado possa utilizar (se valer de) mecanismos voltados a neutralizar a ameaça do ilícito (inibitória) e de seus respectivos efeitos (remoção do ilícito).

No caso da tutela inibitória, se se empreender um simples contraste redacional entre os dispositivos do CPC (artigo 497, parágrafo único) e do Código Civil (artigo 186), já será possível perceber o traço distintivo presente no primeiro dispositivo legal, e mais, entre ambos.

Ademais, enquanto na legislação processual civil há nítida tendência à dissociação entre ilícito e dano, na legislação civil (direito material) tal dissociação não se faz notar, em especial por aqueles que ainda não conseguem visualizar a diferença entre ato e efeito.

Eis os conteúdos dos mencionados dispositivos legais:

> CPC – Artigo 497. (*omissis*) Parágrafo único. Para a concessão da tutela específica destinada a inibir a prática, a reiteração ou a continuação de um ilícito, ou a sua remoção, é irrelevante a demonstração da ocorrência de dano ou da existência de culpa ou dolo.
>
> CC – Artigo 186. Aquele que, por ação ou omissão voluntária, negligência ou imprudência, violar direito e causar dano a outrem, ainda que exclusivamente moral, comete ato ilícito.

Ambos os dispositivos fazem menção ao ilícito (ato contrário ao ordenamento jurídico) e ao dano (efeito – resultado), entretanto, o CPC impõe uma nítida distinção, por exclusão de alegação de possível dano; já no Código Civil, a necessária dissociação não se destaca, trazendo incontestável confusão interpretativa, o que, evidentemente, prejudica o uso de possíveis tutelas preventivas, por exemplo, a tutela inibitória e a tutela para remover o ilícito.

Uma necessária explicação, a fim de evitar confusão acerca da funcionalidade das duas tutelas: a *prevenção* na tutela inibitória dirige-se ao ilícito propriamente dito, já a *prevenção* na tutela de remoção dirige-se aos efeitos advindos do ilícito, ou seja, aqui o caráter preventivo é para que os efeitos negativos do ato ilícito consumado deixem de se espraiar (óbice à irradiação dos efeitos) — portanto, a tutela para remoção do ilícito possui dupla funcionalidade, qual seja, *repressiva* em relação ao ilícito propriamente dito e *preventiva* em relação aos efeitos oriundos do ato contrário ao ordenamento jurídico.

Paula Saleh Arbs, ao dissertar a respeito da diferenciação entre ilícito e dano, pontuou:

> [...] A ocorrência do mero ilícito, sem danos decorrentes, não comportaria prestação processual, haja vista que a mera ilicitude civil seria pautada por irrelevância. Esse pensamento, que vigeu por um bom tempo, ignorou a possibilidade de diferenciar a tutela do dano (reparatória) e a tutela do ilícito (preventiva ou inibitória).
> Devemos entender por ilícito, segundo uma visão apresentada por Kelsen, como sendo o descumprimento do dever jurídico. Ao descumpri-lo (violar a norma hipotética), ocorre a ilicitude que, para Kelsen, deve gerar uma sanção por meio da imputação.
> Da prática do ato ilícito, seja penal ou civil, costuma ocorrer algum dano jurídico, que implica uma tutela. É incorreto, porém, para a ciência processual moderna, fazer uma vinculação absoluta entre dano e ilícito, pois se caminha na atualidade para identificar a possibilidade de que exista também a tutela especificamente contra o ato ilícito, sem questionamento acerca da ocorrência ou não de dano.[98]

3.3 O dano: prescindibilidade na tutela inibitória

Como já afirmado, para se inibir um ato contrário ao ordenamento jurídico (ato ilícito) não é necessário demonstrar a ocorrência de um dano.

O dano advém de uma conduta comissiva ou omissiva do agente, como resultado apto a gerar o direito ao ressarcimento ou à reparação.

Normalmente, não existe dano isolado, ou seja, aquele existente sem o ato ilícito (existem algumas hipóteses, para a possibilidade de dano advindo de um "ato lícito", por exemplo, de conduta praticada em estado de necessidade). O dano é o próprio resultado, o efeito gerado pela prática ou omissão de determinado ato ilícito.[99]

Então, para se efetivar a inibição de um ilícito, basta a presença do ato contrário ao ordenamento jurídico, claro, observados os requisitos essenciais necessários à implementação da tutela.

---

[98] ARBS, Paula Saleh. *A importância da ação inibitória na tutela dos direitos.* Dissertação de mestrado apresentada junto à Faculdade de Direito da Universidade de Coimbra, Portugal, 2015. p. 44.
[99] Não que o ilícito não gere efeitos, pelo contrário, provoca efeitos capazes de prejudicar a observância de determinada norma jurídica, mas sem que isso possa resultar em dano. Aqui, também, pode-se destacar a possibilidade de ocorrência de dano de um ato lícito (em estado de necessidade — artigo 188, II, CC).

O dano aqui poderá ser invocado apenas para corroborar a causa de pedir de uma ação inibitória pura ou um pedido inibitório inserido numa ação pelo procedimento comum, por exemplo.

João Batista Lopes, ao elaborar estudo sobre a contribuição da doutrina italiana à temática aqui versada, anota que as condições e os pressupostos para a tutela inibitória seriam "[...] i) ocorrência de um ilícito; ii) dispensa da prova do dano; iii) desnecessidade de demonstração da culpa; iv) possibilidade ou perigo de continuação ou repetição do ilícito".[100]

Marinoni, ao abordar o tema com as lentes miradas na doutrina italiana, conclui que, na Itália, já haviam se manifestado no sentido da prescindibilidade do dano para a utilização da tutela inibitória (perceberam a necessidade de dissociação entre ilícito e dano), e mais, que tais condutas poderiam ser debeladas por intermédio de uma inibição; evidente, cada autor com as suas peculiaridades conceituais.[101]

Segundo o posicionamento de Paula Saleh Arbs:

[...] Para evidenciar a diferença dos pressupostos das tutelas (contra o dano e contra o ilícito), pode-se dizer que a configuração da tutela do dano depende de i) ato ilícito praticado; e ii) que cause prejuízo. Com tais elementos, configura-se o interesse processual de agir com a consolidação do ato ilícito, sendo que a tutela depende de produção de provas sobre

---

[100] Tutela inibitória. *In*: ASSIS, Carlos Augusto de; LOPES, João Batista. *Tutela provisória*: tutela antecipada; tutela cautelar; tutela da evidência; tutela inibitória antecipada. Brasília: Gazeta Jurídica, 2018. p. 87. E, ainda, citando Aldo Frignani: "[...] A inibitória final é por ele definida como 'o comando do juiz que, intervindo processualmente depois do acertamento dos direitos e dos deveres das partes, tem como conteúdo a obrigação de pôr imediatamente fim a uma atividade ilícita. Pressuposto dela é o ilícito ou a possibilidade ou o perigo de sua continuação e repetição, prescindindo-se da presença do dano ou da culpa. Ela se volta para o futuro e não para o passado e visa prevenir a repetição dos atos ou a continuação de uma atividade *contra ius*. O ilícito pode ter ocorrido no passado, hipótese em que não será cabível tutela inibitória, mas ressarcitória" (LOPES, João Batista. Tutela inibitória. *In*: ASSIS, Carlos Augusto de; LOPES, João Batista. *Tutela provisória*: tutela antecipada; tutela cautelar; tutela da evidência; tutela inibitória antecipada. Brasília: Gazeta Jurídica, 2018. p. 88).

[101] "[...] A moderna doutrina italiana já deixou claro que a tutela inibitória tem por fim prevenir o ilícito e não o dano. Frignani e Rapisarda, que possuem as principais obras a respeito da tutela inibitória na Itália, não vacilam em afirmar que a inibitória prescinde totalmente dos possíveis efeitos concretos do ato ou da atividade ilícita e que a sua dependência deve ficar circunscrita unicamente à possibilidade do ato contrário ao direito (ilícito). Embora a probabilidade do ilícito possa constituir a probabilidade do próprio dano, já que muitas vezes é impossível separá-los cronologicamente, para a obtenção da tutela inibitória não é necessária a demonstração de um dano futuro, embora ele possa ser invocado até mesmo para se estabelecer com mais evidência a probabilidade do ato contrário ao direito" (MARINONI, Luiz Guilherme. *Tutela contra o ilícito*: inibitória e remoção – artigo 497, parágrafo único, CPC/2015. São Paulo: RT, 2015. p. 25-26).

o prejuízo (dano). Com grande precisão, salienta Aldo Frignani que: *'L'azione inibitória è caratterizzata dalla presenza di ter condizioni: uma positiva (pericolo di um preggiudizio futuro) e due negative (si prescinde dal danno e si prescinde dalla colpa)'*. Assim, conforme temos explanado ao longo deste estudo, o dano não é uma consequência necessária do ato ilícito. O dano é requisito indispensável para o surgimento da obrigação de ressarcir, mas não para a constituição do ilícito.

O dano — consistente numa afetação prejudicial, temporária ou definitiva, de um bem juridicamente reconhecido a determinado titular — pode ser efeito de um ato ilegal, mas dele não faz parte, isto é, não é um dos seus elementos constitutivos. É mera consequência eventual e não necessária do ato que viola um dever legal.

Portanto, podemos afirmar que o dano não pode estar entre os pressupostos da tutela inibitória.[102]

3.4 Os elementos subjetivos dolo e culpa: desnecessidade

Os elementos subjetivos da conduta perpetrada pelo agente passam ao largo da averiguação do ato ilícito, quais sejam, o dolo e a culpa.

Não há qualquer necessidade de se perquirir acerca da presença ou não de tais elementos; tanto é verdade, que o próprio legislador se encarregou de delinear o fato na segunda parte do parágrafo único do artigo 497 do CPC.

Portanto, além de ser desnecessário alegar e comprovar o dano, também é desnecessário alegar e comprovar o elemento subjetivo integrante da conduta do agente. E qual a motivação disso?

Ora, se houver necessidade de se perscrutar acerca do elemento subjetivo integrante da conduta daquele que comete um ilícito ou ameaça praticar um ilícito, certamente tal juízo circunscreve a esfera do resultado danoso, já que a investigação sobre a conduta do agente indicará um resultado, o que não se admite em sede de tutela inibitória.

De acordo com Teresa Arruda Alvim Wambier, Maria Lúcia Lins Conceição, Leonardo Ferres da Silva Ribeiro e Rogerio Licastro Torres de Mello:

> [...] Diz o artigo 497 que por meio desta ação pode-se objetivar um NÃO FAZER. Este não fazer pode dizer respeito à prática, à continuação ou

---

[102] ARBS, Paula Saleh. *A importância da ação inibitória na tutela dos direitos*. Dissertação de mestrado apresentada junto à Faculdade de Direito da Universidade de Coimbra, Portugal, 2015. p. 47.

à reiteração de um ilícito. Pode o autor, também, pleitear atividade positiva do réu, com vistas a **desfazer** o que foi **indevidamente feito**. No **parágrafo único**, acrescenta o legislador que basta a ilicitude: não há necessidade de demonstração do dano, ou de culpa ou dolo do agente.
3.1. É esta efetivamente, a característica marcante da tutela contra o ilícito: a desnecessidade da iminência de que ocorra dano. Tutela-se a parte contra o ato ilícito sem que haja necessidade de demonstração que deste ato ilícito venha a decorrer um dano. Dano é consequência eventual do ilícito.[103]

---

[103] WAMBIER, Teresa Arruda Alvim *et al. Primeiros comentários ao novo código de processo civil*: artigo por artigo. 2. ed. São Paulo: RT, 2016. p. 896.

4

OS PRONUNCIAMENTOS JUDICIAIS NO ÂMBITO DA TUTELA INIBITÓRIA

Os pronunciamentos judiciais encontram-se catalogados nos artigos 203 e 204, CPC, ressalvados aqueles oriundos dos procedimentos especiais (artigo 203, §1º, primeira parte, CPC).

O presente estudo abordará, com ênfase, aqueles pronunciamentos judiciais advindos da atividade cognitiva do juiz (singular – individual), ou seja, as sentenças e as decisões interlocutórias (artigo 203, §§1º e 2º, CPC).

4.1 A cognição judicial necessária para a efetiva inibição

Quando se fala de cognição — *cognitio*[104] — remete-se a conhecimento, a juízo valorativo relacionado à matéria discutida no âmbito procedimental em contraditório com a cooperação de todos que participam do processo, inclusive com atividade probatória.

Kazuo Watanabe elaborou um estudo sobre a cognição judicial,[105] o qual se transcreve em parte:

---

[104] WATANABE, Kazuo. *Cognição no processo civil*. 4. ed. São Paulo: Saraiva, 2012. p. 62. A palavra *"cognição"* é substantivo feminino, e assim definem os lexicógrafos: "[...] 1. Ato de conhecer. 2. *P. ext.* Conhecimento, percepção" (FERREIRA, Aurélio Buarque de Holanda. Coordenação de edição Margarida dos Anjos, Marina Baird Ferreira; equipe de lexicografia Margarida dos Anjos... [*et al.*]. *In: Miniaurélio*: o minidicionário da língua portuguesa. 6. ed. Curitiba: Positivo, 2004. p. 243). E de *cognitivo* (adjetivo): "[...] Relativo ao conhecimento" (*Ibidem*, p. 243).

[105] Para estudo acerca da cognição do juiz no processo civil: VOGT, Fernanda Costa. *Cognição do juiz no processo civil*: flexibilidade e dinamismo dos fenômenos cognitivos. Salvador: JusPodivm, 2020. p. 47. A mencionada autora afirma que Kazuo Watanabe aproxima a cognição do *judicium*, e, em sentido contrário, conclui: "[...], entendo que a cognição do juiz é, na verdade, a manifestação de uma prerrogativa jurisdicional específica, a *notio*. Em

[...] Também hoje o termo 'cognição' é empregado para designar o próprio processo, e não apenas a atividade do juiz. Nesse sentido é que se usa a expressão 'processo de conhecimento' ou 'processo de cognição' (*v. ns. 7 e 10*). Mas o termo é utilizado também para indicar a natureza da atividade do órgão judiciário e é nessa acepção que será analisado ao longo deste trabalho.

Critica Pontes de Miranda a sinonímia entre 'cognição' e 'conhecimento', advertindo que isso equivaleria a não distinguir 'descobrimento' da 'descoberta'. A verdade, porém, é que a equiparação é de uso corrente e pouco alcance prático haveria em se estabelecer a diferenciação. Mesmo examinando-se o resultado, que seria a descoberta, haveria sempre a necessidade de se examinar o *iter* que o antecede, que é o descobrimento, e vice-versa, e no estudo da 'cognição' interessam ambas as perspectivas. Relevância maior está na distinção entre cognição como *iter* ou mecanismo e como resultado, e o ato consequente, que é o *judicium* (juízo) ou o *decisum*, isto é, o julgamento.

[...]

A cognição é prevalentemente um ato de inteligência, consistente em considerar, analisar e valorar as alegações e as provas produzidas pelas partes, vale dizer, as questões de fato e as de direito que são deduzidas no processo e cujo resultado é o alicerce, o fundamento do *judicium*, do julgamento do objeto litigioso do processo.[106]

O objeto da cognição não está adstrito ao objeto litigioso, mas é mais amplo; neste estudo adota-se conceito amplificado de cognição, o qual abrange os pressupostos processuais, as condições da ação e o mérito.[107]

Para o Estado-juiz, p. ex., exercitar atividade cognitiva relacionada à ameaça, certamente deverá averiguar as alegações sedimentadas na petição inicial representativa da ação inibitória proposta pelo autor.

Nesse aspecto, a ameaça pode ter origem em uma conduta verbal ou documental (*v.g.*, constante de um boletim de ocorrência); portanto, o juiz, além de analisar as alegações trazidas aos autos, também deverá,

---

síntese, a prerrogativa da *notio* corresponde ao poder do órgão jurisdicional de conhecer as questões processuais e materiais que lhe são submetidas, ou seja, todas aquelas questões mencionadas no item 1.2. As demais prerrogativas da jurisdição (*vocatio, coertio, judicium, executium*) vinculam-se a momentos processuais distintos, mas são, por vezes, erroneamente fundidas em um só ato. Neste momento, pode-se afirmar que a recorrente confusão entre *notio* e *judicium* é um reflexo da equivocada fusão entre cognição e decisão".

[106] WATANABE, Kazuo. *Cognição no processo civil*. 4. ed. São Paulo: Saraiva, 2012. p. 66-67.
[107] Acerca da extensão do objeto da cognição: ARAÚJO, José Aurélio de. *Cognição sumária, cognição exaustiva e coisa julgada*. São Paulo: RT, 2017. p. 47-48.

com exatidão, examinar o material probatório, se já estiver encartado nos autos.

Explica-se: a depender da cognição empreendida pelo magistrado, será ou não necessário analisar o material probatório já produzido (prova documental), ou ainda, determinar a produção de outros meios probatórios aptos a demonstrarem a ameaça de ato ilícito futuro.

Se a ameaça já ocorreu, ou seja, foi praticada, porém, ainda guarda contemporaneidade no sentido de representar justo receio de ilícito futuro, será mais facilmente demonstrada para se atingir a efetiva tutela inibitória contrária à sua continuação ou repetição.

Agora, se a ameaça é nova (primeira vez que se submete ao grave temor), nunca fora antes praticada, o objeto da cognição será mais complexo, eis que nem mesmo vestígios existem para servir de parâmetros a delimitar a ameaça de ilícito; nesses casos, fala-se em inibir a probabilidade de se praticar o ato ilícito futuro.

Para Luiz Guilherme Marinoni,

> [...] o que importa, porém, é justamente o fato de a doutrina entender que a melhor definição legislativa de inibitória é aquela que admite a tutela na 'forma pura' e não apenas para impedir a continuação ou a repetição do ilícito. Isto revela a sensibilidade da doutrina para a imprescindibilidade de uma tutela inibitória antecedente a qualquer ilícito.
> Não teria qualquer sentido admitir a tutela inibitória apenas para evitar a repetição ou a continuação do ilícito. Isso significaria que não seria possível impedir uma primeira violação, mas apenas uma violação que pode se repetir ou continuar, o que é completamente absurdo. Ora, a circunstância de ser mais fácil, em termos probatórios, demonstrar a probabilidade de uma segunda violação ou da sua continuação, certamente não tem qualquer força ou razão para impedir a tutela inibitória antes da prática de qualquer ilícito.
> O direito à tutela inibitória decorre da mera existência do direito material, especialmente dos direitos de conteúdo não patrimonial. Não há dúvida que há direito constitucional à tutela jurisdicional capaz de inibir a violação de um direito, ainda que este nunca tenha sido violado. De modo que, em resumo, a ação inibitória pode ser utilizada (i) para impedir a prática de um ilícito; (ii) para impedir a repetição de um ilícito ou (iii) para impedir a continuação da atividade ilícita, o que está expressamente confirmado no parágrafo único do artigo 497 do CPC/2015.[108]

---

[108] MARINONI, Luiz Guilherme. *Tutela contra o ilícito*: inibitória e de remoção – artigo 497, parágrafo único, CPC/2015. São Paulo: RT, 2015. p. 65-66.

A cognição necessária à efetiva inibição, portanto, depende: (i) das alegações desenhadas na petição inicial pelo autor (análise *in statu assertionis* das condições da ação); (ii) de meios probatórios necessários a desvendar a existência ou não da ameaça (análise – mérito).

Ora, se com as alegações o autor conseguir demonstrar o seu hígido interesse processual (interesse de agir) representado pela ameaça, sem necessidade de exame probatório, a petição inicial será admitida; e, se necessário for, os efeitos da prevenção (inibição) deverão ser antecipados (oriundos da eficácia mandamental), com a finalidade precípua de se evitar o perecimento do direito do autor; claro, isso, com o seu expresso pedido.

No estudo ora desenvolvido, adotam-se as premissas lançadas por Kazuo Watanabe quanto aos modos de utilização da cognição como técnica processual:

> [...] Numa sistematização mais ampla, a cognição pode ser vista em dois planos distintos: *horizontal* (extensão, amplitude) e *vertical* (profundidade).
> No *plano horizontal*, a cognição tem por limite os elementos objetivos do processo estudados no capítulo precedente (*trinômio*: questões processuais, condições da ação e mérito, inclusive questões de mérito; para alguns: *binômio*, com exclusão das condições da ação; para Celso Neves: *quadrinômio*, distinguindo pressuposto dos supostos processuais). Nesse plano, a cognição pode ser *plena* ou *limitada* (ou parcial), segundo a extensão permitida.
> No *plano vertical*, a cognição pode ser classificada, segundo o grau de sua profundidade, em *exauriente* (completa) e *sumária* (incompleta).
> [...]
> De sorte que, segundo a nossa visão, se a cognição se estabelece sobre todas as questões, ela é horizontalmente *ilimitada*, mas se a cognição dessas questões é superficial, ela é *sumária* quanto à profundidade. Seria, então, cognição *ampla* em extensão, mas *sumária* em profundidade. Porém, se a cognição é eliminada 'de uma área toda de questões', seria *limitada* quanto à extensão, mas se quanto ao objeto cognoscível a perquirição do juiz não sofre limitação, ela é *exauriente* quanto à profundidade. Ter-se-ia, na hipótese, cognição *limitada* em extensão e *exauriente* em profundidade. Reservamos somente àquela, conforme será explanado no parágrafo seguinte, a expressão *cognição sumária*.[109]

E, para a tutela inibitória, as diferentes formas (modos) de cognição (profundidade e extensão) serão importantes para se perquirir

---

[109] WATANABE, Kazuo. *Cognição no processo civil*. 4. ed. São Paulo: Saraiva, 2012. p. 118-119.

acerca da ameaça de ato ilícito contrário ao direito do jurisdicionado e a necessidade de se conceder a tutela do direito ameaçado.

4.2 Os pronunciamentos judiciais (artigo 203 do Código de Processo Civil de 2015)

Os pronunciamentos judiciais são atos processuais do juiz ou do tribunal praticados no curso do procedimento.[110]

As espécies de pronunciamentos judiciais[111] estão desenhadas nos incisos e parágrafos do artigo 203, CPC, cuja caracterização perpassa por seu conteúdo e finalidade, sem considerar a cognição do juiz acerca da matéria. São elas: (i) sentenças — terminativas ou definitivas; (ii) decisões interlocutórias — por exclusão; (iii) despachos; (iv) atos meramente ordinatórios.

O artigo 204, CPC traz os pronunciamentos judiciais dos tribunais (acórdãos — pronunciamentos colegiados), no entanto, não faz alusão às decisões monocráticas (também chamadas de decisões unipessoais) de seus membros; esses últimos não serão objeto específico do presente estudo.

E, para se atingir a efetiva proteção de um direito em relação ao ato ilícito (tutela contra o ato ilícito), em especial com a concreta inibição desse ato e seus respectivos efeitos, existem decisões no curso procedimental que não se enquadram na categoria de sentença — já que não extinguem o processo cognitivo e nem o executivo, mas possuem conteúdo espelhado nos artigos 485 e 487 do CPC (artigo 203, §2°, CPC) — e, também, decisões proferidas ao final do procedimento (as sentenças — natureza jurídica prevista no artigo 203, §1°, CPC). Esses, os dois pronunciamentos judiciais que serão abordados ao longo desta pesquisa.

A sentença, por definição trazida pelo artigo 203, §1°, CPC, consubstancia-se em pronunciamento judicial, cuja natureza jurídica encontra traços em seu conteúdo e em sua finalidade, ou seja, possui

---
[110] OLIANI, José Alexandre Manzano. *Sentença no novo CPC*. São Paulo: RT, 2015. p. 19: "[...] Os pronunciamentos judiciais são espécies de atos processuais praticados pelos juízes ou tribunais durante o trâmite de um processo. Pode-se dizer que eles consistem em manifestações dos juízes visando à condução do processo segundo o procedimento legal, a decidir as questões que surgem durante o trâmite processual e a proferir a decisão final entregando a prestação jurisdicional ou declarando a impossibilidade de entregá-la devido à ausência de um ou mais dos requisitos de admissibilidade do julgamento de mérito".

[111] Pronunciamentos judiciais ou decisões proferidas pelo Estado-juiz (atos processuais "decisórios"), podendo ser individuais ou colegiados.

conteúdo embasado nos artigos 485 e 487, CPC, e finalidade de extinguir o processo cognitivo ou executivo (isso, sem considerar as *nuances* do procedimento especial).

Já a decisão interlocutória enseja definição por exclusão, ou melhor, o pronunciamento judicial que não for sentença será decisão interlocutória; e é exatamente o disposto no artigo 203, §2º, CPC.

Imprescindível destacar que todas as decisões judiciais proferidas por juiz imparcial[112] e (in)competente deverão ser fundamentadas,[113] conforme o texto constitucional (artigo 93, IX) e o roteiro previsto no artigo 489, §1º, CPC.

A fundamentação será de suma importância à legitimidade do pronunciamento judicial,[114] haja vista possibilitar o seu controle pelas partes e interessados na resolução do litígio.

---

[112] Com relação ao tema da "imparcialidade", Nelson Nery Junior afirma: "[...] A *imparcialidade* está ligada à independência do juiz e é manifestação do princípio do juiz natural (CF, 5º, XXXVII e LIII). Todos têm o direito de ser julgados pelo seu juiz natural, imparcial e pré-constituído na forma da lei. Entretanto, não se pode exigir do juiz, enquanto ser humano, *neutralidade* quanto às coisas da vida (*neutralidade objetiva*), pois é absolutamente natural que decida de acordo com seus princípios éticos, religiosos, filosóficos, políticos e culturais, advindos de sua formação como pessoa. A neutralidade que se lhe impõe é relativa às *partes* do processo (*neutralidade subjetiva*) e não às teses, *in abstrato*, que se discutem no processo" (NERY JUNIOR, Nelson. *Princípios do processo civil na Constituição Federal*. 12. ed. São Paulo: RT, 2016. p. 174). Para Eduardo José da Fonseca Costa, o rol de hipóteses para a suspeição ou o impedimento do juiz seria meramente exemplificativo. COSTA, Eduardo José da Fonseca. *Levando a imparcialidade a sério*: proposta de um modelo interseccional entre direito processual, economia e psicologia. Salvador: JusPodivm, 2018. p. 189: "[...] discreto, simplório, superficial, fragmentário, descontínuo, casuístico, assistemático, coletado sensitivamente a esmo e cheio de particularidades".

[113] Verificar: SCHMITZ, Leonard Ziesemer. *Fundamentação das decisões judiciais*: a crise na construção de respostas no processo civil. São Paulo: RT, 2015. p. 179-303; LUCCA, Rodrigo Ramina de. *O dever de motivação das decisões judiciais*: Estado de Direito, segurança jurídica e teoria dos precedentes. 2. ed. Salvador: JusPodivm, 2016; MOTTA, Cristina Reindolff da. *A motivação das decisões cíveis*: como condição de possibilidade para resposta correta/adequada. Porto Alegre: Livraria do Advogado, 2012; PEREIRA, Carlos Frederico Bastos. *Fundamentação das decisões judiciais*: o controle da interpretação dos fatos e do direito no processo civil. São Paulo: RT, 2019; SILVA, Bruno Campos. *Levando as "decisões judiciais" a sério*. Disponível em: https://emporiododireito.com.br/leitura/abdpro-95-levando-as-decisoes-judiciais-a-serio. Acesso em: 26 dez. 2019. Sobre o princípio do contraditório e suas limitações no âmbito das tutelas provisórias: SANTOS, Welder Queiroz dos. *Princípio do contraditório e vedação de decisão surpresa*. Rio de Janeiro: Forense, 2018. p. 140-152. E, ainda, para análise da lealdade processual, inclusive ao juiz: FARIA, Márcio Carvalho. *A lealdade processual na prestação jurisdicional*: em busca de um modelo de juiz leal. São Paulo: RT, 2017. p. 205-279.

[114] A despeito da importância de uma efetiva fundamentação das decisões judiciais, consultar: LEAL, André Cordeiro. *O contraditório e a fundamentação das decisões no direito processual democrático*. Belo Horizonte: Mandamentos, 2002. p. 107-108. Verificar ainda: SILVA, Bruno Campos. *Levando as "decisões judiciais" a sério*. Disponível em: https://emporiododireito.com.br/leitura/abdpro-95-levando-as-decisoes-judiciais-a-serio. Acesso em: 26 dez. 2019.

Nesse aspecto, sobre a fundamentação, a lição de Ovídio Araújo Baptista da Silva adverte que a "[...] exigência de fundamentação das sentenças, hoje consagrada em texto constitucional, justifica-se por várias razões. Uma delas decorre da tendência dos sistemas políticos contemporâneos de ampliar as bases de um regime democrático participativo, caracterizado por sua universalidade. Regime democrático inspirado no princípio da igualdade absoluta de todos perante a lei. Regime democrático participativo. Como disse Mauro Cappelletti, um regime legal construído por seus consumidores. Há outra razão que deve ser destacada. É a que decorre da necessidade de que nossa formação jurídica dogmática seja superada, através do reconhecimento de que o Direito não pode submeter-se aos princípios epistemológicos das ciências naturais e menos ainda das matemáticas. [...] Há, portanto, duas exigências impostas ao julgador. A primeira, determinando que ele se 'persuada' racionalmente, formando o convencimento a partir dos 'fatos e circunstâncias' constantes dos autos; depois, impondo-lhe que explicite seu convencimento, através da análise crítica do conjunto da prova, assim como justificando a interpretação do direito aplicável. Mais, tendo em vista a natureza dialógica do processo, é necessário que o julgador assegure o contraditório efetivo a ambas as partes, compreendido nesse princípio o direito, reconhecido a ambos os litigantes, não apenas de alegar e provar suas alegações, mas, fundamentalmente, o direito, reconhecido tanto ao vencedor quanto ao vencido, de obter 'respostas' para suas alegações e provas. Tratando do significado do 'dever de motivar', escreveu J. C. Barbosa Moreira: 'trata-se de garantir o direito que têm as partes de serem ouvidas e de ver examinadas pelo órgão julgador as questões que houverem suscitado. Essa prerrogativa deve entender-se ínsita no direito de ação, que não se restringe, segundo a concepção hoje prevalente, à mera possibilidade de pôr em movimento o mecanismo judicial, mas inclui a de fazer valer razões em juízo *de modo efetivo*, e, por conseguinte, de reclamar do órgão judicial a consideração atenta dos argumentos e provas trazidas aos autos. Ora, é na motivação que se pode averiguar se e em que medida o juiz levou em conta ou negligenciou o material oferecido pelos litigantes; assim, essa parte da decisão constitui 'o mais válido ponto de referência' para controlar-se o efetivo respeito daquela prerrogativa' (*Temas de direito processual*, 2ª Série, Edição Saraiva, 1980, p. 88)".[115]

---

[115] Fundamentação das sentenças como garantia constitucional. *In*: MARTINS, Ives Gandra da Silva; JOBIM, Eduardo (Coord.). *O processo na Constituição*. São Paulo: Quartier Latin, 2008. p. 454-470.

Enfim, a atitude (*rectius*: atividade) parcial do Estado-juiz contamina a fundamentação de suas próprias decisões judiciais, vez que atende a interesses particulares contrários ao Estado de Direito,[116] o que demonstra grau nocivo de enviesamento antidemocrático.[117]

4.3 A sentença na tutela inibitória

A tutela inibitória final-definitiva vocacionada a debelar a ameaça de ato ilícito futuro, como já afirmado, será plenamente efetiva se, inicialmente: (i) o procedimento inerente ao seu exercício garantir a implementação de direitos e garantias fundamentais, por exemplo, o contraditório, a ampla defesa, a isonomia; do contrário, teríamos simples procedimento, o que não se coaduna com o modelo de processo democrático, eis que o pronunciamento judicial somente será legítimo na sistemática processual civil se oriundo de um verdadeiro procedimento processualizado; (ii) a carga de definitividade abstraída do conteúdo sentencial deve representar fielmente aquilo que a técnica processual proporcionou para se atingir o pronunciamento judicial, o qual, sem dúvida, tenha sido proferido por agente público responsável politicamente (imparcial e impartial),[118] o que o torna legítimo na perspectiva constitucional.

---

[116] Segundo Ana Paula Brandão Ribeiro: "[...] Fundamentar decisões com base na **ética, bons costumes, senso comum**, etc, também não é atributo dos nossos decisores, agentes públicos representantes do Estado. Da mesma forma, não é de competência do Judiciário a promoção da **paz social** e do acesso à **justiça**. Tudo isso não passa de meras expressões cheias de alta carga ideológica, que não passaram pelo crivo teorético, e que se transformam em máximas através das quais tudo pode ser justificado. [...] Portanto, não compete ao Estado, na sua atividade jurisdicional, muito menos ao Estado-Juiz resolver os problemas sociais e promover a **paz social**. Tal tarefa transcende em muito a sua competência e não encontra legitimidade no Estado de Direito Democrático" (RIBEIRO, Ana Paula Brandão. *Ética e processualidade democrática*: implicações críticas. Rio de Janeiro: Lumen Juris, 2015. v. 8, p. 74-75). Grifos em negrito do original.

[117] Sobre o "enviesamento" da imparcialidade do Estado-juiz: COSTA, Eduardo José da Fonseca. *Levando a imparcialidade a sério*: proposta de um modelo interseccional entre direito processual, economia e psicologia. Salvador: JusPodivm, 2018. p. 179-197. Ver: SILVA, Bruno Campos. *Levando as "decisões judiciais" a sério*. Disponível em: https://emporiododireito.com.br/leitura/abdpro-95-levando-as-decisoes-judiciais-a-serio. Acesso em: 26 dez. 2019.

[118] VELLOSO, Adolfo Alvarado. La imparcialidad judicial y el sistema inquisitivo de juzgamiento. *In*: AROCA, Juan Montero (Coord.). *Proceso civil e ideología*: un prefacio, una sentencia, dos cartas e quince ensayos. Espanha, Valencia: Tirant Lo Blanch, 2006. p. 229: "[...] De tanta importancia como el anterior es éste, que indica que el tercero que actúa em calidad de autoridad para processar y sentenciar el litigio debe ostentar claramente esse carácter: para ello, no há de estar colocado en la posición de parte (*impartialidad*) ya que nadie puede ser actor o acusador y juez al mismo tiempo; debe carecer de todo interés subjetivo en la solución del litigio (*imparcialidad*) y debe poder actuar sin subordinación jerárquica respecto

A sentença proferida em procedimento processualizado apto a salvaguardar os direitos do jurisdicionado efetivamente ameaçados por ato ilícito futuro possui carga eficacial (preponderante) mandamental. Pontes de Miranda, em sua obra acerca das ações, traz estudo direcionado à eficácia mandamental, o qual será imprescindível à pesquisa relacionada à mandamentalidade indispensável a garantir a efetiva tutela contrária a qualquer ato ilícito.

Luiz Guilherme Marinoni, em obra sobre a temática aqui tratada, também desenha conceito referente à mandamentalidade.

Esta pesquisa, nesse tópico, pretende, dentro de suas limitações, trazer uma breve, porém, relevante e salutar discussão (*rectius*: exposição) sobre os posicionamentos de Pontes de Miranda e Luiz Guilherme Marinoni (sem deixar de investigar o estudo empreendido por outros relevantes autores), a fim de elucidar algumas questões relacionadas à mandamentalidade e sua importância para a técnica processual inibitória.[119]

Em obra coletiva sobre a técnica processual com base nos ensinamentos de respeitáveis autores, em especial Aroldo Plínio Gonçalves, a observação de Armando Ghedini Neto:

> [...] Por ciência, deve-se entender um conjunto de conhecimentos adquiridos ou a atividade desenvolvida para a obtenção do conhecimento. Percebe-se daí que a técnica deve ser desenvolvida com base

---

de las dos partes (*independencia*)." Ainda, sobre o tema: "[...] Por conseguinte, nota-se que os elementos essenciais à definição de jurisdição são a *1)* 'imparcialidade' [= imparcialidade psicológica = imparcialidade subjetiva ou anímica = imparcialidade propriamente dita = não se interessar pela causa nem tomar partido por quem quer que seja] e a *2)* 'terceiridade, alienidade, alteridade ou alheação' [= imparcialidade funcional – imparcialidade objetiva = 'impartialidade' = não atuar como parte, mantendo-se equidistante]... Daí por que, onde não pode haver imparcialidade, não pode haver jurisdição" (COSTA, Eduardo José da Fonseca. *Levando a imparcialidade a sério*: proposta de um modelo interseccional entre direito processual, economia e psicologia. Salvador: JusPodivm, 2018. p. 21). Sobre o assunto, verificar também: DELFINO, Lúcio; ROSSI, Fernando. Juiz contraditor? *In*: DIDIER JR., Fredie *et al.* (Coord.). *Ativismo judicial e garantismo processual*. Salvador: JusPodivm, 2013. p. 450-456; NUNES, Dierle; LUD Natanael; PEDRON, Flávio Quinaud. *Desconfiando da imparcialidade dos sujeitos processuais*: um estudo sobre os vieses cognitivos, a mitigação e o *debiasing*. Salvador: JusPodivm, 2018, p. 178-190, em especial o item 5.1 que trata da "garantia de imparcialidade como fundamento da jurisdição".

[119] Para Luiz Guilherme Marinoni, Sérgio Cruz Arenhart e Daniel Mitidiero: "[...] A relação que ora se faz entre o procedimento e a técnica processual deseja evidenciar que essa última, do mesmo modo que o contraditório, é necessária para legitimar a jurisdição, pois o Estado, como é óbvio, seja como legislador ou juiz, não pode se desincumbir do seu dever de prestar tutela aos direitos sem outorgar à parte a técnica processual idônea à tutela do direito material" (MARINONI, Luiz Guilherme; ARENHART, Sérgio Cruz; MITIDIERO, Daniel. *Novo curso de processo civil*: teoria do processo civil. São Paulo: RT, 2015. v. 1, p. 455-456).

em conhecimentos existentes, após o desenvolvimento de inúmeras pesquisas, de modo que o método possa ser efetivamente organizado, e o procedimento realmente produza resultados úteis. Segundo Aroldo Plínio Gonçalves, citando José Carlos Barbosa Moreira, *'uma técnica esmerada constitui, em regra, penhor de segurança na condução de qualquer pesquisa científica, e não há supor que o direito processual faça aqui exceção'*. A técnica jurídica e a sua aplicação não se destinam a atender caprichos ou a se tornar obstáculo para o alcance de determinada finalidade. A técnica processual foi desenvolvida e aperfeiçoada com base na ciência processual, e busca ser o melhor instrumento para a proteção e garantia de direitos. Dessa forma, ainda segundo Aroldo Plínio Gonçalves, o procedimento jurisdicional, como *'técnica criada pelo ordenamento jurídico, e trabalhada pela ciência do Direito Processual'*, deve *'se esmerar em fornecer o melhor instrumental teórico para que o processo se torne a técnica mais idônea possível ao cumprimento de sua finalidade'*. A técnica processual busca criar a melhor e mais eficaz estrutura para que a decisão seja proferida. Lenio Luiz Streck e Georges Abboud afirmam que *'Sem uma teoria da decisão, pode-se tentar de tudo. Da importação ingênua dos precedentes do common law à vinculação sumular'* e que *'não se garante tratamento igualitário, simplesmente, com decisões linearmente iguais'*. Joseli Lima Magalhães afirma: *'Dizer que toda a técnica é eminentemente instrumental, no sentido de que só existe em razão de alguma finalidade não soluciona a questão, isto porque o mais importante não é a finalidade alcançada, mas sim os meios legais, hábeis, éticos e possíveis por meio dos quais se alcançou tal finalidade'*.

Em razão disso entende-se que não assiste razão a José Roberto dos Santos Bedaque quando afirma que o culto à forma e à técnica seria um óbice ao exercício dos direitos. Pelo contrário, a falta de técnica é que pode ser considerada um dos grandes vilões à efetivação dos direitos.[120]

Na realidade, não é correto afirmar que a técnica processual equivale ao processo, mas sim, em regra, a um conjunto de meios aptos a otimizar a estruturação de um procedimento, onde será produzido o pronunciamento judicial final participado (não solitário — já que do contrário seria fruto de um reprochável "solipsismo"),[121] consoante o Estado Democrático de Direito.

---

[120] Técnica estrutural dos atos jurisdicionais decisórios. *In*: DIAS, Ronaldo Brêtas de Carvalho; SOARES, Carlos Henrique (Coord.). *Técnica processual*. Belo Horizonte: Del Rey, 2015. p. 256-257.
[121] Com relação ao termo "solipsismo", Lenio Luiz Streck afirma: "[...] Isto não quer dizer que o juiz seja uma figura inerte, neutra. Criticar e denunciar o solipsismo não implica proibição de os juízes interpretarem. Portanto, não há dúvida de que pulsa um coração no peito dos juízes, porque não é disso que se trata. Tenha-se claro que a crítica ao subjetivismo ou a qualquer outra forma de voluntarismo, em que se encaixa o solipsismo, não tem absolutamente nada a ver com o repristinamento do juiz boca da lei ou outras coisas do

A própria técnica processual, se bem utilizada, garantirá a efetiva implementação de direitos-garantias, evitando-se, com isso, o desenvolvimento de procedimentos ocos,[122] os quais promovem a desigualdade e a evidente ruptura de um processo que se diz democrático. Sem participação e influência do jurisdicionado na construção dialogal de um pronunciamento judicial, não há falar em democracia, já que se impede ou dificulta o exercício de direitos inerentes à cidadania.[123]

---

gênero no Direito. [...] Não se pode 'assujeitar' as coisas. O solipsismo judicial se coloca na contramão desses constrangimentos cotidianos, do mundo vivido. No Direito, em face do lugar da fala e da sua autoridade, o juiz pensa que pode — e, ao fim e ao cabo, assim o faz — assujeitar os sentidos dos textos e dos fatos. Por vezes, nem a Constituição constrange o aplicador (juiz ou tribunal). Por isso o lema hermenêutico é: deixemos que os textos nos digam algo. Deixemos que a Constituição dê o seu recado. Ela é linguagem pública. Que deveria constranger epistemicamente o seu destinatário, o juiz" (STRECK, Lenio Luiz. *Dicionário de hermenêutica*: quarenta temas fundamentais da teoria do direito à luz da crítica hermenêutica do direito. Belo Horizonte: Letramento; Casa do Direito, 2017. p. 276-277).

[122] Aroldo Plínio Gonçalves, embasado nos ensinamentos da doutrina italiana de Elio Fazzalari, pontua: "[...] Como se viu, em capítulo anterior, o contraditório tem a sua essência e o seu objeto. Onde ele está presente, o processo jamais será uma estrutura vazia, um esqueleto 'descarnado', uma construção sem conteúdo. É pelo desenvolvimento do contraditório que o processo se desenvolve, e o contraditório é pleno de vida. É no âmago da coesão entre sua essência e seu objeto que o direito material, que será apreciado e decidido na sentença, é discutido, que o jogo dos interesses divergentes torna-se real, que as partes desvelam os direitos materiais que afirmam ter, e que se contrapõem nas afirmações dos direitos materiais que são mutuamente negados. A essência do contraditório, a garantia de uma participação simetricamente igual nas atividades que preparam a sentença, e seu objeto, a questão que pode se transformar em questão controvertida, incidem, naturalmente, no plano processual. A participação é participação no processo e a questão é questão do processo, sobre ato do processo. Mas aí está a grandeza do contraditório. A sua presença no procedimento que prepara o provimento possibilita que as partes construam, com o juiz, o autor do ato estatal de caráter imperativo, o próprio processo, e que, assim, participem da formação da sentença. A finalidade do processo jurisdicional é, portanto, a preparação do provimento jurisdicional, mas a própria estrutura do processo, como procedimento desenvolvido em contraditório entre as partes, dá a dimensão dessa preparação: como a participação das partes, seus destinatários, aqueles que terão os seus efeitos incidindo sobre a esfera de seus direitos. A estrutura do processo assim concebido permite que os jurisdicionados, os membros da sociedade que nele comparecem, como destinatários do provimento jurisdicional, interfiram na sua preparação e conheçam, tenham consciência de como e por que nasce o ato estatal que irá interferir em sua liberdade; permite que saibam como e por que uma condenação lhes é imposta, um direito lhes é assegurado ou um pretenso direito lhes é negado. A instrumentalidade técnica do processo, nessa perspectiva do Direito contemporâneo, não poderia, jamais, significar a técnica se desenvolvendo para se produzir a si mesma. A instrumentalidade técnica do processo está em que ele se constitua na melhor, mais ágil e mais democrática estrutura para que a sentença que dele resulta se forme, seja gerada, com a garantia da participação igual, paritária, simétrica, daqueles que receberão os seus efeitos" (GONÇALVES, Aroldo Plínio. *Técnica processual e teoria do processo*. 2. ed. Belo Horizonte: Del Rey, 2012. p. 148-150).

[123] BARACHO, José Alfredo de Oliveira. *Teoria geral da cidadania*: a plenitude da cidadania e as garantias constitucionais e processuais. São Paulo: Saraiva, 1995. p. 27: "[...] O Estado de direito exige a submissão da administração à lei, visando à proteção e realização das exigências da liberdade, igualdade e segurança de todos os direitos fundamentais do

Portanto, a técnica processual inibitória seria: (i) o conjunto de meios aptos a resguardar (tutelar) os direitos alvejados por atos ilícitos futuros contrários ao ordenamento jurídico; (ii) o aparato substancial à efetiva defesa de direitos não patrimoniais atingidos por ameaça de atos ilícitos futuros; (iii) o conjunto de todos os instrumentos efetivos a garantir que o procedimento seja efetivo ao pronunciamento judicial necessário a ensejar a essencial proteção aos direitos do jurisdicionado.

Juan Montero Aroca critica pontualmente o perigo da utilização política da técnica processual, ao afirmar:

> [...] não pode deixar de chamar a atenção sobre o fato curioso que significa que alguns dos processualistas mais politizados pretendam em alguns casos converter questões eminentemente políticas em meros detalhes técnicos. Por um lado se fala da publicização do processo civil como conquista, sem dúvida, política, do século XX frente ao processo liberal próprio do século XIX, portanto se quer dissimular a algumas das inevitáveis consequências com a roupagem da técnica processual. Resulta deste modo que o processo civil qualificado de processo 'social' se acaba pretendendo reduzi-lo inexplicavelmente a algumas questões de mera técnica, quando não de forma.[124]

---

homem. Os cidadãos devem questionar de onde provém a *legitimidade* dos juízes para impor decisoriamente nos conflitos públicos e privados. Onde reside sua *independência*, que possibilita erigi-los em árbitro imparcial para julgar as condutas; como se desenvolve o *controle*, para que seja exigida a responsabilidade dos juízes, como a de todos os poderes públicos. A legitimidade dos juízes não está assentada em sua origem popular, em seu caráter representativo, uma vez que existem sistemas institucionais que procuram o recrutamento constitucional, legal, concursal e burocrático da magistratura. A legitimidade dos mesmos deve ser orientada, então, para o grau de adequação do comportamento judicial e os princípios e valores que a soberania nacional considera como fundamentais. Sua legitimidade democrática encontra-se assentada na exclusiva sujeição dos juízes às leis emanadas da vontade popular. Expressa-se nas decisões judiciais, enquanto amparadas nas aspirações da comunidade, plasmadas no ordenamento constitucional e legal. O Poder Judiciário tem sua legitimidade de conformidade com as espécies de recrutamento de seus componentes, isto é, na maneira como são chamados a exercer a própria função. A função judicial está ligada ao respeito às garantias, no plano constitucional, processual e formal. O seguimento pleno dos valores constitucionais, inspirados na disciplina constitucional do processo e sua prática jurisdicional, é instrumento que pode e deve legitimar o juiz".

[124] Tradução livre de: El proceso civil llamado "social" como instrumento de "justicia" autoritaria. *In*: AROCA, Juan Montero (Coord.). *Proceso civil e ideología*: un prefacio, una sentencia, dos cartas y quince ensayos. Espanha, Valencia: Tirant Lo Blanch, 2006, p. 154: "[...] puedo dejar de llamar la atención sobre el hecho curioso que significa que algunos de los procesalistas más politizados pretendan en algunos casos convertir cuestiones eminentemente políticas en meros detalles técnicos. Por un lado se habla de la publicización del proceso civil como conquista, sin duda, política, del siglo XX frente al proceso liberal proprio del siglo XIX, pero luego se quiere disimular a algunas de las ineludibles consecuencias con el ropaje de la técnica procesal. Resulta de este modo que el proceso civil calificado de proceso 'social' se acaba pretendiendo reducirlo inexplicablemente a algunas cuestiones de mera técnica, cuando no de forma".

Realizado o necessário recorte sobre a técnica processual, antes de traçar algumas relevantes semelhanças e distinções aptas a forjar breve e salutar discussão (*rectius*: exposição) acerca dos importantes posicionamentos dos juristas mencionados, conveniente desenhar o esboço das teorias desenvolvidas, especialmente as teorias ternária e quinária.

As duas principais teorias adotadas no Brasil a partir do conteúdo sentencial foram a ternária (denominada por diversos autores de trinária) e a quinária (quíntupla).

A teoria ternária classifica as sentenças, segundo os seus conteúdos eficaciais em: (i) sentenças meramente declaratórias; (ii) sentenças constitutivas; e (iii) sentenças condenatórias.

Já a teoria quinária amplifica a classificação em: (i) sentenças meramente declaratórias; (ii) sentenças constitutivas; (iii) sentenças condenatórias; (iv) sentenças executivas *lato sensu*;[125] e (v) sentenças mandamentais.[126]

A teoria ternária (*rectius*: trinária), com base nas lições de Liebman, ressalta que a diferença está na satisfação da prestação (nas sentenças mandamentais e executivas *lato sensu*), a qual não faria parte do conteúdo sentencial, mas seria, sim, um efeito emanado desse conteúdo; portanto,

---

[125] Por uma crítica ao termo *lato sensu*, em nota de rodapé: ASSIS, Araken de. *Manual da execução*. 18. ed. São Paulo: RT, 2016. p. 127-128: "[...] Não se pode tomar a forma pelo conteúdo, como faz Débora Inês Kram Baumöhl, *A nova execução civil*, n° 1.3.3., pp. 42-44, porque a caracterização da 'sentença executiva' (jamais *lato sensu*; qual seria a *stricto sensu*?) reside no fato de o ato executivo visar a bem do vitorioso, e, não, do vencido, pouco importando que tal se dê no mesmo processo ou em outro processo. Para uma crítica à tendência de ignorar o conteúdo, Ovídio A. Baptista da Silva, *Jurisdição, direito material e processo*, p. 198". Sobre o referido assunto, inclusive com citação ao entendimento de Pontes de Miranda: MEDINA, José Miguel Garcia. *Execução*: teoria geral, princípios fundamentais e procedimento no processo civil brasileiro. São Paulo: RT, 2017. p. 41-42.

[126] Ainda sob a égide do CPC/1973, o entendimento de Dierle Nunes, Alexandre Bahia, Bernardo Ribeiro Câmara e Carlos Henrique Soares: "[...] A tradicional classificação das sentenças é chamada de *trinária*, no qual indica a existência de *sentenças condenatórias, constitutivas e declaratórias*. Segundo Luiz Guilherme Marinoni, há que se ressaltar, que a classificação tríplice das sentenças é fruto da influência do Estado Liberal, não intervencionista e marcadamente despreocupado com a proteção de direitos não patrimoniais. A sentença de classificação trinária é absolutamente incapaz de garantir tutela genuinamente preventiva ou tutela adequada aos direitos não *patrimoniais*. Isso porque por meio de nenhuma delas o juiz pode dar ordens (MARINONI, Luiz Guilherme; ARENHART, Sérgio Cruz; MITIDIERO, Daniel. **Novo curso de processo civil**: tutela dos direitos mediante procedimento comum. v.2. São Paulo: RT, 2015)" (NUNES, Dierle *et al*. *Curso de direito processual civil*: fundamentação e aplicação. 2. ed. Belo Horizonte: Fórum, 2013. p. 244-245). Para uma classificação das sentenças quanto aos efeitos, consultar: TESHEINER, José Maria Rosa; THAMAY, Rennan Faria Krüger. *Teoria geral do processo*: em conformidade com o novo CPC. Rio de Janeiro: Forense, 2015. p. 177-188.

indiferente seria a classificação proposta por Pontes de Miranda, desenvolvida e aprimorada por seus seguidores.

Acontece que a teoria ternária (clássica) desconsiderou a necessária aproximação entre o direito processual e o direito material, com preferência ao desenvolvimento de tutelas apenas no plano abstrato; e tal entendimento, equivocado, diga-se, foi consignado por Luiz Guilherme Marinoni.[127]

E mais, quando se fala em efeito é possível, evidentemente, questionar a fonte originária desse efeito, e daí chegar-se à conclusão de que o efeito é oriundo da eficácia do conteúdo da sentença; portanto, sua origem está ligada ao conteúdo, e não ao âmbito externo, como fazem crer os adeptos à teoria ternária.[128]

Nesse sentido, a lição de Araken de Assis em relação à eficácia mandamental:

> Foi graças a cuidadoso exame empírico das eficácias, ação por ação, injustamente averbado de pouco feliz, que se isolou a eficácia mandamental, objeto dos cuidados e atenções do legislador, cuja preponderância no pronunciamento do juiz tipifica a quarta e autônoma classe de sentenças do regime classificatório até aqui seguido.
> O provimento desse teor contém a declaração do direito e a ordem, proferida pelo juiz, dirigida a alguma autoridade ou a algum particular (parte e terceiro). Exemplo de ação mandamental é o embargo oferecido por terceiro a ato judicial. A ação cautelar constitui outro bom exemplo da classe. Nesta última, aliás, servindo de paradigma o arresto, avulta a possibilidade de algum particular erigir-se em sujeito passivo da ordem. Os exemplos ilustram o alto grau de força estatal impregnado no mandado do juiz. A existência de remédios do alcance dos embargos de terceiro e do arresto somente se explica pelo veto à autotutela e o corolário da

---

[127] A respeito da crítica, consultar: MARINONI, Luiz Guilherme. *Tutela contra o ilícito*: inibitória e de remoção – artigo 497, parágrafo único, CPC/2015. SP: RT, 2015. p. 195-198, 204.

[128] Relevantes autores são adeptos à teoria ternária, apesar de reconhecerem a existência das eficácias mandamental e executiva, p. ex.: ARRUDA ALVIM. *Manual de direito processual civil*: teoria geral do processo e processo de conhecimento. 17. ed. São Paulo: RT, 2017. p. 997; DINAMARCO, Cândido Rangel. *Instituições de direito processual civil*. 7. ed. São Paulo: Malheiros, 2017. v. III, p. 296. Humberto Theodoro Junior defende: "[...] são características não da sentença civil, mas propriamente das vias executivas previstas no ordenamento jurídico [...]" (THEODORO JUNIOR, Humberto. *Curso de direito processual civil*. 56. ed. Rio de Janeiro: Forense, 2015. v. I, p. 1075), dentre outros. Em defesa da *teoria ternária* aplicada às tutelas inibitória e de remoção do ilícito (artigo 497, parágrafo único, CPC), a posição de Humberto Theodoro Junior: THEODORO JUNIOR, Humberto. *Curso de direito processual civil*. 56. ed. Rio de Janeiro: Forense, 2015. v. I, p. 1056. Também, pela aplicação da teoria ternária, o entendimento de Daniel Amorim Assumpção Neves (NEVES, Daniel Amorim Assumpção. *Manual de direito processual civil*. Salvador: JusPodivm, 2016. p. 741).

imprescindível mediação do terceiro imparcial, que, dotado de *jurisdictio* para resolver a lide, igualmente possui dose legítima de *imperium* para resguardar o prestígio de sua função e efetivar comandos. Enquanto no projeto de adequação fática derivado da eficácia condenatória o juiz irá se sub-rogar ao que o obrigado não cumpriu, em que pese pudesse fazê-lo, na execução do mandado há 'ato que só o juiz pode praticar por sua estatalidade'.

[...]

Fácil se revela, destarte, partindo das distinções procedidas, acentuar a flagrante heterogeneidade dos efeitos que decorrem da ordem de arresto (eficácia mandamental) e da condenação a prestar fato fungível (eficácia condenatória): nesta, o empreendimento executório visará a transformação física descumprida pelo obrigado e, contudo, realizável contra e independentemente de sua vontade; naquela, a atividade executiva, congenitamente estatal, alterará o mundo fático em área na qual só o próprio indivíduo, e ninguém mais, poderia atuar eficazmente. A essência da eficácia mandamental repousa no conteúdo da ação. Elemento independente, o mandado (ou ordem), incrustado no núcleo de eficácia da sentença, irradia efeitos bem discerníveis no campo executivo: primeiro, a já realçada estatalidade imanente, tutelada através de medida coercitiva contra a pessoa do sujeito passivo, embora nem sempre através de repressão penal, motivo por que esse dado é acidental, e, não, acidental; ademais, o ato executivo ocorre ulteriormente ao provimento, porém dentro da mesma estrutura ('processo'). É o caso do acolhimento do pedido formulado em mandado de segurança.

Também a eficácia mandamental, portanto, carece de obrigações práticas para alcançar ao demandante vitorioso o bem da vida.[129]

Luiz Guilherme Marinoni defende a insuficiência da sentença condenatória para a tutela de novos direitos e direitos da personalidade, com a proposição de classificação a partir da tutela dos direitos e não do conteúdo sentencial, sem desconsiderar a tradicional classificação:

[...] Há, dessa forma: (i) tutela ressarcitória pelo equivalente e na forma específica; (ii) tutela reintegratória ou de remoção do ilícito; (iii) tutela de obtenção e de restituição de coisa; (iv) tutela específica do adimplemento da obrigação contratual de fazer e de entregar coisa (inclusive no caso de cumprimento imperfeito); (v) tutela específica do dever legal de fazer; e (vi) tutela inibitória — aí inseridas a tutela inibitória que tem por escopo prevenir *tout court* a prática de um ilícito, as tutelas inibitórias

---

[129] ASSIS, Araken de. *Processo civil brasileiro* – parte geral: fundamentos e distribuição de conflitos. São Paulo: RT, 2015. v. I, p. 683-685.

destinadas a impedir a repetição ou continuação do ilícito, e as tutelas inibitórias relacionadas ao inadimplemento.

É correto afirmar que essa classificação atende em cheio à lógica da efetividade, embora não seja sua preocupação a completude. Lembre-se que a classificação trinária das sentenças, dentro de sua própria lógica, não dá lugar a estas tutelas, deixando fora da efetiva proteção jurisdicional exatamente os direitos mais importantes do homem, isto é, os direitos da personalidade e os denominados 'novos' direitos.

A classificação ora proposta, justamente porque gira em torno do eixo da efetividade, destrói a ideia, própria à classificação clássica das sentenças, de que o processo tem escopo repressivo e patrimonial. A tutela inibitória, que não está amparada na classificação trinária das sentenças, aparece como a grande novidade de uma classificação que sabe que a tutela preventiva tornou-se tão importante — *ou mais importante* — do que a tutela repressiva.

Além disso, a presente classificação, ao contrário das classificações das *sentenças*, realmente espelha os resultados do processo *no plano do direito material*. *Tem ela a capacidade de separar as diversas tutelas que se dirigem contra o ilícito e o dano*, o que é fundamental quando se pensa na relação do processo com o direito material. Essa classificação, assim, é uma tentativa de resposta à exigência de relativização do binômio direito-processo.

Resta esclarecer que a classificação das tutelas obviamente não pretende eliminar a das sentenças. E nem poderia, uma vez que as sentenças são técnicas processuais que se destinam à prestação das *tutelas do direito material*. É por isso que uma mesma forma de tutela pode ser prestada por duas diferentes sentenças e uma espécie de sentença pode prestar diversas tutelas.[130]

Feitas essas considerações, passa-se à breve discussão (ou melhor, exposição) acerca das proposições formuladas por Pontes de Miranda e Luiz Guilherme Marinoni.

Para Pontes de Miranda, "a ação mandamental é aquela que tem por fito preponderante que alguma pessoa atenda, imediatamente, ao que o juízo *manda*. Alude-se, no étimo, à mão, a *manus*, e a semelhantes palavras de outras velhas línguas. Porque quase só se trabalhava com a mão, formou-se o *mann*, o homem, em tantas zonas do mundo. Com a mão, aponta-se, mas o mandamento refere-se ao movimento da mão

---

[130] MARINONI, Luiz Guilherme. *Tutela contra o ilícito*: inibitória e de remoção – artigo 497, parágrafo único, CPC/2015. SP: RT, 2015. p. 232-233.

e à premência de obedecer. Foi grave erro dos juristas menosprezarem a busca dos pesos de mandamentalidade nas ações e nas sentenças".[131]

Na verdade, Pontes de Miranda desenvolve um modelo mais amplo no tocante à mandamentalidade espelhado em estudos realizados na Alemanha por Georg Kuttner[132] e adotados por James Goldschmidt.[133] De acordo com Ovídio A. Baptista da Silva,

> O maior mérito de Pontes de Miranda, como processualista, sem dúvida, consiste na sua doutrina sobre eficácias das sentenças. Através de uma ampla revisão doutrinária que, num trabalho gigantesco, realizou o grande mestre brasileiro, se podem visualizar a jurisdição e o processo sob um ângulo totalmente moderno e distinto, capaz de superar *o beco sem saída* em que se encontrava a doutrina tradicional sempre que necessitava, não propriamente classificar sentenças, coisa considerada despicienda e inútil pelos doutrinadores — como é o caso de Liebman, que critica Kuttner pela 'pazientissima indagine *caso per caso*' que este pretendeu fazer da eficácia da sentença (*Efficacia ed Autorità della Sentenza*,

---

[131] MIRANDA, Francisco Cavalcanti Pontes de. *Tratado das ações*. Atualizado por Vilson Rodrigues Alves. Campinas: Bookseller, 1999. t. VI, p. 23. E mais: "[...] A função mandamental do juízo ou é exercida na própria sentença, ou é deixada a atividade posterior, dele ou de outrem. Quanto à retirada do mandado, isso depende do peso declarativo do julgado, ou de regra jurídica especial, que a pode fazer retirável, no todo ou em parte (cf. Friedrich Stein, *Über die bindende Kraft der richterlichen Entscheidungen*, 7, nota 4). [...] As ações mandamentais típicas têm 4 de declaratividade, 3 de constitutividade, 2 de condenatoriedade, 5 de mandamentalidade e 1 de executividade. Todas as sentenças, quaisquer que sejam as ações, podem ser sobre o mérito, ou apenas de extinção da relação jurídica processual. Aqueles juristas que afastam a classe das ações mandamentais erram palmarmente; mais ainda, os que vêem, no julgamento do mérito, quaisquer que sejam as ações, mandamento. Seria confundirem-se com os atos processuais de mandado (*e.g.*, mandado de citação) as sentenças que *mandam*. Aqui, a ação, de direito material, é mandamental, e a sentença na 'ação', na lide, atende à característica da ação que foi proposta. Há o direito, a pretensão e a ação, para, no plano processual, se obter o mandado. O mandado pode ser dirigido a outro órgão do Estado, ou a algum sub-órgão da justiça, ou a alguma pessoa física ou jurídica. Desde 1914, com o trabalho de Georg Kuttner (*Urteilswirkungen ausserhalb des Zivilprozesses*, 21 s., 31 s.), alguns juristas se preocuparam, não todos, nem mesmo muitos, com a ação mandamental. Mas faltava a investigação lógico-matemática da classificação científica das ações e das sentenças, onde, no estrangeiro e no Brasil, principalmente por influência dos livros italianos, há balbúrdia, e até absurdos na enumeração das classes de ações" (MIRANDA, Francisco Cavalcanti Pontes de. *Tratado das ações*. Atualizado por Vilson Rodrigues Alves. Campinas: Bookseller, 1999. t. VI, p. 23, 28-29).

[132] Sobre a paternidade do termo "sentença mandamental", verificar: RAATZ, Igor. *Tutelas provisórias no processo civil brasileiro*. Porto Alegre: Livraria do Advogado, 2018. p. 121-122.

[133] Também, Arlete Inês Aurelli chama a atenção, em nota de rodapé, para os aspectos históricos acima desenhados: "[...] Arruda Alvim nos dá conta de que esta modalidade de ação/sentença, denominada mandamental, foi idealizada por Kutner, em obra de 1914, intitulada Efeitos da sentença fora do direito processual civil, ideia retomada por James Goldschmidt (*Tratado de Direito Processual Civil*, vol. I, p. 315). Entre nós, no entanto, a ideia foi adotada por Pontes de Miranda" (AURELLI, Arlete Inês. *O juízo de admissibilidade na ação de mandado de segurança*. São Paulo: Malheiros, 2006. p. 21).

ristampa, 1962, p. 30) —, quando necessitavam, senão classificar ao menos explicar, como aconteceu ao professor Buzaid, a natureza da sentença de despejo e a impossibilidade de inseri-la, como ação executiva, na rigidez esquemática de nosso Código.
[...]
A verdade — e isto é que importa — é que a 'pacientíssima' pesquisa, caso a caso, no âmbito da eficácia da sentença, tentada por Kuttner e criticada por Liebman, corresponde a uma perspectiva científica moderníssima em filosofia do direito, na medida em que a reconquista do prestígio das ciências sociais, como seus métodos especiais e diferentes dos critérios e métodos das chamadas ciências exatas, retoma o conhecimento do *individual* e repudia, como indevidas no campo do pensamento jurídico, as generalizações ao estilo das ciências físicas e matemáticas. O que é importante, realmente, ainda que incômodo e fastidioso, é saber, não o que pode haver de genericamente semelhante entre as múltiplas eficácias e repercussões, digamos, de uma sentença de despejo e de uma outra de reintegração ou imissão de posse, mas poder-se identificar, com a desejável precisão, o que tais provisões jurisdicionais possuem de peculiar, de próprio, de individualizador e, portanto, de diferente das demais provisões.[134]

Marinoni, ao traçar aspecto distintivo entre condenação e mandamentalidade, afirma: "[...] Note-se, ademais, que a sentença condenatória abre oportunidade para a execução, mas não executa ou manda; a sentença mandamental manda que se cumpra a prestação sob pena de multa. Na condenação há apenas condenação ao adimplemento, criando-se os pressupostos para a execução forçada. Na sentença mandamental há ordem para que se cumpra sob pena de multa; há um 'mandado', que não se confunde com o mandado que será expedido, já que o juiz *manda* que se cumpra e não apenas exorta ao cumprimento, fixando a base para a execução forçada. Na sentença mandamental não há, note-se bem, apenas exortação ao cumprimento; e há ordem de adimplemento que não é mera ordem, mas ordem atrelada à coerção. Uma sentença que ordena sob pena de multa já usa a força do Estado, ao passo que a sentença que condena abre oportunidade para o uso dessa força. É correto dizer, nesse sentido, que a sentença que ordena sob pena de multa tem força mandamental, enquanto a sentença condenatória não tem força alguma, nem mesmo executiva; sua eficácia é que é executiva. O mandado é mera decorrência da ordem; não cabe a ele definir a

---

[134] SILVA, Ovídio Araújo Baptista da. *Sentença e coisa julgada*: ensaios e pareceres. 4. ed. Rio de Janeiro: Forense, 2003. p. 65-66.

essência da mandamentalidade. A essência da mandamentalidade está no mandamento, vale dizer, na ordem imposta sob pena de multa. Quem pretende ver inibida a prática de um ilícito pede ordem sob pena de multa e não apenas mandado; mas também não pede, como é óbvio, simples condenação. O que varia do mandamento para a condenação é a natureza do provimento; o provimento condenatório condena ao adimplemento, criando o pressuposto para a execução forçada, ao passo que o provimento mandamental ordena sob pena de multa. Só há mandamentalidade quando o juiz, na sentença, manda forçando; não há sentença mandamental quando o mandado destina-se apenas a servir de 'meio de execução' de uma sentença constitutiva (execução imprópria). Registre-se, porém, que o critério que nos permite definir a mandamentalidade é meramente processual. O que define a mandamentalidade é a possibilidade de se requerer ordem sob pena de multa. Como será melhor demonstrado mais à frente, não é possível aceitar a tese de que a tutela mandamental é veículo exclusivo dos direitos absolutos".[135]

Na verdade, a mandamentalidade decorre da eficácia inerente ao conteúdo (núcleo — "ser") da sentença, não sendo propriamente a cominação.

A partir do momento em que uma sentença condenatória possibilita o uso de medida coercitiva para o cumprimento de uma obrigação de fazer ou não fazer, tal ato processual decisório terá como eficácia preponderante a mandamentalidade, não que deixe de apresentar traços de condenação ("força" — nos dizeres de Pontes de Miranda), mas com peso bem menor que o mandamento (ordem), o qual, como dito, não equivale à cominação — ordem difere de medida coercitiva (multa — "astreinte").[136]

---

[135] MARINONI, Luiz Guilherme. *Tutela inibitória*: individual e coletiva. São Paulo: RT, 1998. p. 358-359.
[136] Arlete Inês Aurelli, ao escrever sobre a eficácia mandamental, ainda sob a égide do CPC/1973, afirma: "[...] Logo, nas ações mandamentais, o juiz profere uma ordem a ser observada pelo demandado, ou seja, o juiz 'não condena, mas apenas ordena'. Se o destinatário da ordem não a cumprir, caracterizar-se-á o crime de desobediência e abuso de autoridade, além de sanções disciplinares. Nas ações mandamentais o juiz não se limita a 'dizer o direito', aplicando, para o cumprimento da sentença, medidas sub-rogatórias da vontade do obrigado, que havia se recusado a cumprir a obrigação, como ocorre nas condenatórias e executivas *lato sensu*. O juiz faz mais do que isso, ele determina a prática de ato que somente o réu poderia cumprir e ninguém mais. O réu fica sujeito à estatalidade do juiz, não podendo se recusar a obedecer. Se o fizer, estará sujeito a sanções disciplinares e penais. Portanto, a característica primordial da sentença mandamental é que o comando nela contido somente pode ser realizado pelo próprio réu, inexistindo substitutividade do juiz em relação ao cumprimento da determinação. [...] Entretanto, as ações mandamentais existem, não

Nesse caso, é possível afirmar que a mandamentalidade sobressai à condenação,[137] tendo em vista que todas as sentenças reúnem, de certa forma, eficácias com pesos diversos para cada uma delas, consoante peculiar estudo desenvolvido por Pontes de Miranda, já citado nesse trabalho.

As eficácias também integram o conteúdo do ato processual decisório e os efeitos são oriundos das eficácias, portanto, fazem parte desse conteúdo.

Jorge Peyrano traz interessante trabalho no qual afirma que as sentenças provenientes de demandas preventivas teriam conteúdo condenatório, no sentido de condenar a um fazer ou não fazer:

> [...] Acreditamos que as sentenças que resolvem as ações preventivas e dão fim ao respectivo processo são de condenação porque, com força definitiva, impõem um fazer ou um não fazer, diferente das ações meramente declaratórias que se limitam a dissipar incerteza jurídica sem forçar o cumprimento de prestação alguma. Existem, sem embargo, qualificadas opiniões que estimam que as referidas sentenças não seriam estritamente de condenação, mas mistas; em parte de condenação e em parte executivas. Se há proposta, então, denominá-las 'mandamentais ordenatórias' por considerá-las um gênero distinto da classificação tripartite das sentenças de conhecimento. Aqueles que assim opinam,

---

havendo como deixar de se fazer essa constatação, sob pena de ser muito difícil explicar a natureza jurídica de determinadas ações, como, por exemplo, a nunciação de obra nova. Assim, existe categoria diferenciada de ações, em que o juiz não substitui a vontade das partes, mas sim realiza o que somente ele, como representante do Estado, pelo seu poder de império, poderia realizar. Outra característica da sentença mandamental, além de que somente o próprio réu poderá praticar o ato ordenado pelo juiz, é a circunstância de que, independentemente de processo de execução, a ordem emanada da sentença será realizada coercitivamente no plano empírico, sem que se possa oferecer qualquer resistência. É justamente essa característica, esse elemento eficacial, que é aferido no plano empírico, qual seja, possibilitar a concessão *in natura* do pedido pleiteado, aliado ao fato de que somente o réu poderá praticar o ato ordenando que diferencia a ação mandamental das outras e, principalmente, da executiva *lato sensu* ou até mesmo das ações executivas. De fato, tendo em vista que a característica básica das ações executivas *lato sensu* é possibilitar a execução do julgado por meio de um único ato, o que ocorre com o próprio trânsito em julgado da decisão, sem necessitar de um processo de execução para tanto, tal como ocorre na ação mandamental, que é executada através de um simples ofício, não fosse pela característica acima, ficaria difícil diferenciar ambas as ações. Vale a pena ressaltar que pouco importa, para caracterizar a ação como mandamental, que o destinatário da ordem seja autoridade, como bem lembra Teresa Arruda Alvim Wambier, citando como exemplo a ação de nunciação de obra nova" (AURELLI, Arlete Inês. *O juízo de admissibilidade na ação de mandado de segurança*. São Paulo: Malheiros, 2006. p. 23-25).

[137] Igor Raatz, ao desenvolver o tema, traz relevante posição de Ovídio Araújo Baptista da Silva, sobre o que denominou de "fenômeno da transformação da eficácia condenatória em mandamental" em sede de tutela antecipada (RAATZ, Igor. *Tutelas provisórias no processo civil brasileiro*. Porto Alegre: Livraria do Advogado, 2018. p. 131-132).

argumentam com a particular energia (que se traduz em ordens judiciais cujo descumprimento pode produzir graves consequências) que podem desenvolver as condenações judiciais nesta matéria, especialmente quando se trata das ações preventivas portadoras de uma tutela especial.[138]

Segundo Arlete Inês Aurelli, inclusive em concordância com a relevante classificação desenvolvida por Pontes de Miranda: "[...] Entretanto, Pontes de Miranda classificou as ações conforme a carga de eficácia, salientando que poderiam ser divididas de acordo com cinco pretensões, de direito material, diferentes, quais sejam, tutela de condenação, de declaração, de constituição, de execução *lato sensu* e de mandamento. Referido autor classificou as ações de acordo com a carga de eficácia, de modo que determinada sentença pode ter mais de uma eficácia, embora sempre algumas eficácias sejam preponderantes. Assim, embora a doutrina majoritária seja resistente à idéia de incluir no rol de classificação das ações de conhecimento as ações mandamentais e executivas *lato sensu*, concordamos integralmente com o pensamento de Pontes de Miranda. [...] Assim sendo, no processo de conhecimento, as sentenças podem ter mais de uma eficácia, das quais algumas serão preponderantes. Nesse sentido se encontra a opinião de Ovídio Batista da Silva, embasado nos ensinamentos de Pontes de Miranda, a respeito da carga ou eficácia das sentenças".[139]

---

[138] Tradução livre de PEYRANO, Jorge. La accion preventiva. *Genesis*. Revista de Direito Processual Civil, Curitiba, ano VIII, n. 29, p. 595, jul.-set. 2003: "[...] Creemos que las sentencias que resuelven haver lugar a acciones preventivas y dan finiquito al proceso respectivo, son de condena porque, con fuerza definitiva, imponen un hacer o un no hacer, a diferencia de las acciones mere declarativas que se limitan a disipar una incertidumbre jurídica sin forzar el cumplimiento de prestación alguna. Existen, sin embargo, calificadas opiniones que estiman que las susodichas sentencias no serian estrictamente de condena, sino más bien 'mixtas'; en parte de condena y en parte ejecutivas. Se ha propuesto, entonces, denominarlas 'mandamentales ordenatorias' por considerarlas un género distinto de la clasificación tripartita de las sentencias de conocimiento. Quienes así opinan, argumentan con la particular energía (que se traduce en órdenes judiciales cuyo incumplimiento puede producir graves consecuencias) que pueden desarrollar las condenas judiciales en esta materia, especialmente cuando se trata de las acciones preventivas portadoras de una tutela especial".

[139] AURELLI, Arlete Inês. *O juízo de admissibilidade na ação de mandado de segurança*. São Paulo: Malheiros, 2006. p. 21-22. E, ainda, Carlos Augusto de Assis, também, define a tutela mandamental, com a adoção da *teoria quinária* desenvolvida no Brasil, por Pontes de Miranda: ASSIS, Carlos Augusto de. *Tutela jurisdicional*. In: ASSIS, Carlos Augusto de; LOPES, João Batista. *Tutela provisória*: tutela antecipada; tutela cautelar; tutela da evidência; tutela inibitória antecipada. Brasília: Gazeta Jurídica, 2018. p. 43-45.

Luiz Guilherme Marinoni reconhece a existência e a distinção entre sentenças proferidas em demandas inibitórias e de remoção do ilícito;[140] já Joaquim Felipe Spadoni entende não ser necessária a distinção, eis que um pedido estaria implícito no outro.[141]

Nesse aspecto, a lição de Roberto P. Campos Gouveia Filho, ao traçar formas de distinguir as eficácias coexistentes no conteúdo de uma sentença e indicar aquela que deverá preponderar (isso, com fundamento no posicionamento de Pontes de Miranda); com isso, traz interessante exemplo concernente à sentença proferida numa ação de arrecadação de coisas vagas:

> [...] A ação de arrecadação de coisas vagas tem variadas funções. Uma primeira é a de servir de meio para o achador se exonerar de sua obrigação de restituir a coisa achada. Ao encontrar a coisa, o achador deve e obriga-se juridicamente a restituir. Como não é possível identificar o legítimo dono da coisa, resta ao achador o meio em questão para obter a exoneração (= liberação do vínculo obrigacional) a que faz jus. Nesse aspecto, a medida se assemelha, *mutatis mutandis*, à consignação em pagamento. A eficácia da ação — e, por consequência, da decisão que a reconhece — é declaratória da exoneração. No segundo momento, já arrecadada a coisa, a ação assume um viés executivo, pois atribui (pela entrega) a coisa ao seu legítimo dono. Como diz Pontes de Miranda (*Tratado das Ações*. São Paulo: Ed. RT, 1972, t. 3, p. 171): 'a entrega do dono ou possuidor legítimo, que se apresentou e provou a sua qualidade, que é a de titular da pretensão à entrega, é por sentença que *declara* tal

---

[140] "[...] Nessa dimensão, as tutelas inibitória e de remoção do ilícito são prestadas por sentenças que reconhecem a necessidade da imposição de um não fazer ou de um fazer e, assim, (i) ordenam um não fazer ou um fazer sob pena de multa ou (ii) determinam uma medida de execução que iniba ou remova um ilícito independentemente da vontade do demandado. Trata-se, respectivamente, da (i) sentença mandamental e da (ii) sentença executiva" (MARINONI, Luiz Guilherme. *Tutela contra o ilícito*: inibitória e de remoção – artigo 497, parágrafo único, CPC/2015. São Paulo: RT, 2015. p. 194).

[141] "[...] Assim, quando a parte ajuíza uma ação inibitória, em seu pedido imediato sempre está contido o requerimento de prolação de um provimento que lhe conceda o bem da vida almejado pela imposição de ordem ao réu, ou pela adoção de meios sub-rogatórios, ou de ambos conjuntamente. E para que assim seja, não é necessário que a parte requeira de forma expressa tanto a ordem, quanto a execução. Basta ao autor requerer a expedição de uma ordem judicial, a fim de que viabilize a tutela em forma específica de seu direito — a ser alcançada pela coerção ou pela sub-rogação — e seja a petição inicial considerada apta, preenchendo o requisito do artigo 282, IV, do CPC. Mesmo requerendo expressamente apenas a prolação de ordem ao réu para que faça ou deixe de fazer determinado ato, explicitando em seu *pedido imediato* apenas o pleito de provimento mandamental, o requerimento de adoção de medidas sub-rogatórias nele sempre estará contido. Ou seja, o pedido de provimento executivo *lato sensu*, embora não esteja formulado, nestes casos, de maneira expressa, estará presente como pedido implícito" (SPADONI, Joaquim Felipe. *Ação inibitória*: a ação preventiva prevista no artigo 461 do CPC. São Paulo: RT, 2002. p. 95).

titularidade e *manda* o depositário *entregar* a coisa'. A sentença, neste momento procedimental, é de força executiva, com eficácia imediata mandamental e mediata declaratória, na célebre estruturação ponteana: declara-se a titularidade, manda-se a entrega da coisa a quem deve fazê-lo (o depositário) e, com a entrega, satisfaz-se, pois, o direito do dono da coisa achada. Se para o achador a função da ação é exoneratória; para o dono da coisa é restitutória.[142]

Agora, se se empreender o mesmo raciocínio exercitado pelo autor, para uma ação inibitória pura ter-se-ia o seguinte: (i) reconhece o direito ameaçado por ato ilícito do autor, declarando-se a efetiva inibição; (ii) manda-se cumprir a obrigação de fazer ou de não fazer; (iii) com o efetivo cumprimento da prestação de fazer ou de não fazer ocorrerá a satisfação do direito ameaçado; (iv) poderá ocorrer a possibilidade de imposição de uma medida coercitiva para garantir a eficácia da sentença — cominação (multa diária – astreinte).

Vejam-se alguns exemplos práticos: 1. direito à honra ameaçado por ato ilícito, por exemplo, por intermédio de *e-mail* ofensivo: (i) reconhece-se o direito ameaçado do autor com a declaração da necessária inibição; (ii) manda-se o réu cumprir determinada obrigação de fazer ou de não fazer; (iii) com o adimplemento da obrigação, realiza-se o direito do autor; (iv) poderá ser imposta uma multa diária (astreinte), a fim de que o réu seja compelido a cumprir a ordem (oriunda do mandamento) — cuja incidência ocorrerá com o efetivo descumprimento da ordem. 2. direito à posse ameaçado por ato ilícito (interdito proibitório — artigo 567, CPC):[143] (i) reconhece-se o direito ameaçado com a declaração da efetiva inibição do ilícito contrário ao direito à posse; (ii) manda-se o réu cumprir obrigação de fazer ou de não fazer; (iii) com o adimplemento da obrigação, ocorrerá a realização do direito do autor; (iv) pode haver a aplicação de multa diária (astreinte), a fim de que o réu possa cumprir

---

[142] Comentários ao artigo 746. In: ALVIM WAMBIER, Teresa Arruda *et al.* (Coord.). *Breves comentários ao novo código de processo civil*. São Paulo: RT, 2015. p. 1720.

[143] Ver TJMG, Apelação Cível 1.0024.11.181005-7/002, 5ª Câmara Cível, rel. Des. Luís Carlos Gambogi, data de julgamento: 25/01/2018, data da publicação da súmula: 06/02/2018: "[...] APELAÇÃO CÍVEL – AÇÃO POSSESSÓRIA – INTERDITO PROIBITÓRIO – PRESSUPOSTOS ELENCADOS PELO ARTIGO 567 DO NOVO CÓDIGO DE PROCESSO CIVIL – CONFIGURAÇÃO – SENTENÇA MANTIDA. – Nos termos do artigo 567, do Novo Código de Processo Civil, o interdito proibitório é espécie do gênero ação possessória, manejada pelo possuidor que se encontra na iminência de ver sua posse turbada ou esbulhada. – Comprovados pelos autores a posse ameaçada por turbação ou esbulho, impõe-se manter a sentença que acolheu o pedido de tutela inibitória possessória. [...]".

a ordem (oriunda do mandamento) — cuja incidência ocorrerá com seu efetivo descumprimento.[144]

Arlete Inês Aurelli, ao corroborar um dos exemplos práticos desenvolvidos, afirma:

> [...] O interdito proibitório caracteriza-se como tutela possessória, mas também possui o caráter de tutela inibitória (artigo 497). Assim, o objetivo é proteger contra ameaça.
> A proteção contra ameaça a direito está amparada pela própria Constituição Federal, no artigo 5º, XXXV. Mas não basta, para obter o mandado proibitório, a simples suposição ou temor do possuidor. É preciso a demonstração fática, pelo menos por indícios, da ameaça concreta, real e atual.
> O procedimento é basicamente o mesmo das demais possessórias com a diferença de que a prova a ser feita será referente à ameaça. Assim, conforme Nelson Nery Jr., para obter a liminar, deve-se provar: 'a) receio; b) que esse receio seja justo; c) que, além de justo, possivelmente provoque moléstia; d) que haja iminência da ação injusta do réu'.
> Além disso, deve-se pleitear aplicação de pena pecuniária (multa *astreinte*), para o caso de transgressão do preceito. A execução se faz nos moldes das execuções de obrigações de fazer e não fazer.[145]

Outro exemplo típico de tutela inibitória seriam os embargos de terceiro preventivos (procedimento especial), para se coibir (inibir) um ato ilícito futuro, ou seja, uma ameaça de ato constritivo judicial ilícito (artigo 674, CPC — inovação do legislador).[146]

---

[144] Sobre a multa judicial (astreinte): AMARAL, Guilherme Rizzo. *As astreintes e o processo civil brasileiro*: multa do artigo 461 do CPC e outras. 2. ed. Porto Alegre: Livraria do Advogado, 2010. p. 225-272. E, alinhado com o CPC: PEREIRA, Rafael Caselli. *A multa judicial (astreinte) e o CPC/2015*: visão teórica, prática e jurisprudencial. Salvador: JusPodivm, 2016. p. 245-255.

[145] Comentários ao artigo 567. In: BUENO, Cassio Scarpinella (Coord.). *Comentários ao código de processo civil*. v. 3 (arts. 539 a 925). São Paulo: Saraiva, 2017. p. 60-61. João Batista Lopes traz outros exemplos colhidos de julgados de nossos tribunais acerca da tutela inibitória: "[...] ordem para o dono de bar abster-se de produzir ruídos no período noturno; impedimento de apresentação de espetáculo teatral com cenas racistas; proibição de publicação de biografia com informações falsas sobre artista; mandado para restabelecimento de serviço de fornecimento de água; interrupção de atividade poluidora etc. Particularmente no que respeita aos direitos da personalidade, a técnica inibitória se reveste de inquestionável importância, na medida em que a concessão liminar da medida impede a prática do ilícito como a divulgação de notícia falsa ou reportagem ofensiva à honra ou aos bons costumes" (LOPES, João Batista. *Tutela antecipada no processo civil brasileiro* (de acordo com o novo CPC). 5. ed. São Paulo: Castro Lopes, 2016. p. 217-218).

[146] Ainda sob a égide do CPC/1973: "[...] É sabido por todos que a ação de embargos de terceiro, assim como preceituado no artigo 1.046 do CPC, servirá para *remover ato constritivo ilícito* (tutela para remoção de ilícito). Além disso, poderá *inibir o ato constritivo ilícito* (seria uma verdadeira tutela inibitória). [...] Em situações tais quais, o ato decisório que ordena expedição

A ameaça de constrição judicial ilícita (*v.g.*, penhora ilícita) sofrida pelo terceiro, p. ex., diante de possibilidade advinda de averbação da certidão de uma ação executiva admitida no registro de imóveis (artigo 828, CPC), poderá ensejar a propositura de uma ação de embargos de terceiro com caráter preventivo; verdadeira tutela inibitória (artigo 497, parágrafo único, CPC).[147]

Segundo Gilberto Gomes Bruschi, Rita Dias Nolasco e Rodolfo da Costa Manso Real Amadeo:

> [...] Sempre que houver constrição judicial em bem de seu patrimônio, o terceiro pode se valer dos embargos de terceiro para pleitear o desfazimento do ato constritivo judicial (como a penhora, o arresto, o sequestro etc.) e a liberação do bem. O Código de Processo Civil de 2015 ainda prevê expressamente em seu artigo 674 a possibilidade de oposição de embargos de terceiro preventivos, para evitar o ato constritivo que já esteja na iminência de ser realizado.[148]

Os embargos de terceiro também poderão ser manejados preventivamente nos casos de ameaça de constrição ilícita advinda de fraude à execução perpetrada pelo exequente, consoante o disposto no art. 792, §4º, CPC; e aqui o prazo para a propositura da ação será de 15 (quinze) dias (prazo reduzido), diferentemente dos demais casos em que houver constrição ilícita.[149]

---

de mandado de penhora; o mandado de penhora que já tenha sido expedido e, ainda, não assinado pelo juiz; o mandado de penhora que já tenha sido expedido e assinado pelo juiz e, para finalizar, o mandado de penhora já devidamente formalizado e encaminhado à central de mandado para seu efetivo cumprimento" (SILVA, Bruno Campos. Ação de embargos de terceiro — algumas nuances diante da novel sistemática executiva. *In*: DIDIER JR., Fredie *et al.* (Coord.). *O terceiro no processo civil brasileiro e assuntos correlatos* – estudos em homenagem ao Professor Athos Gusmão Carneiro. São Paulo: RT, 2010. p. 145-146).

[147] Em decisão, o Superior Tribunal de Justiça admitiu a oposição dos "embargos de terceiro preventivos" diante de averbação da existência de execução no registro de veículo pertencente a terceiro (STJ, Terceira Turma, REsp nº 1726186, rel. Min. Nancy Andrighi, *DJe*, 11 maio 2018, decisão: 08.05.2018).

[148] BRUSCHI, Gilberto Gomes; NOLASCO, Rita Dias; AMADEO, Rodolfo da Costa Manso Real. *Fraudes patrimoniais e a desconsideração da personalidade jurídica no Código de Processo Civil de 2015*. São Paulo: RT, 2016. p. 180; ARMELIN, Donaldo. *Embargos de terceiro*. Atualizações de Ana Paula Chiovitti, João Paulo Hecker da Silva, Lúcio Delfino, Luiz Eduardo Ribeiro Mourão, Mirna Cianci, Rita Quartieri. São Paulo: Saraiva, 2017. p. 245-247. Também: LAMY, Eduardo de Avelar. Embargos de terceiro no novo ordenamento processual. *In*: ARENHART, Sérgio Cruz; MITIDIERO, Daniel (Coord.); DOTTI, Rogéria (Org.). *Processo civil entre a técnica processual e a tutela dos direitos*: estudos em homenagem a Luiz Guilherme Marinoni. São Paulo: RT, 2017. p. 637-639.

[149] Nesse sentido, manifestou-se Gilberto Gomes Bruschi: "[...] Importa lembrar que, nos casos em que for requerida a fraude à execução, o prazo para o ajuizamento deve ser de 15 dias contados da intimação do terceiro adquirente acerca do requerimento de fraude à

Então, para os demais casos, o prazo será dilatado, ou seja, até 5 (cinco) dias após a efetiva expropriação, conforme previsão do art. 675, CPC.

Gilberto Gomes Bruschi, Rita Dias Nolasco e Rodolfo da Costa Manso Real Amadeo pontuam: "[...] Aliás, os embargos de terceiro em virtude da alegação por parte do credor de fraude à execução, são, na verdade, um ótimo exemplo de embargos de terceiro preventivo, já que antes de qualquer constrição ser realizada, deve ser discutido se houve ou não a aquisição de forma fraudulenta. Vale dizer, nos casos de fraude à execução que há um prazo específico — e bem mais curto — para a oposição dos embargos de terceiro, que prevalece sobre o prazo geral previsto no art. 675. Trata-se de prazo preclusivo. Não opostos os embargos em 15 dias, o terceiro não perde o direito de se insurgir por ação autônoma e demonstrar a inexistência da fraude. Tal direito subsistirá até a expropriação judicial do bem, com a expedição da carta ao adquirente. Após a expedição da carta, o terceiro efetivamente decai do direito de desconstituir o ato constritivo, prevalecendo o direito do adquirente sobre o do terceiro não embargante, restando a esse último apenas pleitear a indenização do devedor por conta da evicção que sofreu".[150]

Portanto, se houver ameaça de ato ilícito (*v.g.*, penhora ilícita) oriundo de fraude à execução, o prazo será reduzido a 15 (quinze) dias, e não mais até 5 (cinco) dias após a expropriação, vez que do contrário estar-se-ia privilegiando conduta pautada em ameaça de ato ilícito fruto de atividade fraudulenta.

Sérgio Shimura afirma o seguinte: "[...] Quanto ao prazo para a oposição de embargos de terceiros, o art. 792, §4°, CPC, prevê o prazo de 15 dias, contados da intimação do juiz; contudo, o art. 675 concede prazo mais dilatado, pois autoriza a apresentação de embargos de terceiros até 5 dias depois da expropriação".[151]

---

execução. Significa dizer que, diferentemente dos demais casos de embargos de terceiro em virtude de constrição em execução, o prazo será reduzido para 15 dias, consoante prevê o art. 792, §4°'" (BRUSCHI, Gilberto Gomes. Comentários ao artigo 674. *In*: BUENO, Cassio Scarpinella (Coord.). *Comentários ao código de processo civil*. v. 3 (arts. 539 a 925). São Paulo: Saraiva, 2017. p. 304).

[150] BRUSCHI, Gilberto Gomes; NOLASCO, Rita Dias; AMADEO, Rodolfo da Costa Manso Real. *Fraudes patrimoniais e a desconsideração da personalidade jurídica no Código de Processo Civil de 2015*. São Paulo: RT, 2016. p. 181. Em relação à matéria, os referidos autores fazem alusão ao Enunciado n° 54 da Enfam (referente à preclusão) e ao Enunciado n° 191 do FPPC (referente ao prazo diferenciado).

[151] SHIMURA, Sérgio. Comentários ao artigo 792. *In*: BUENO, Cassio Scarpinella (Coord.). *Comentários ao código de processo civil*. v. 3 (arts. 539 a 925). São Paulo: Saraiva, 2017. p. 563.

Ainda no CPC/1973, defendendo a efetiva utilização dos embargos de terceiro com viés preventivo, Ruy Zoch Rodrigues cita posicionamento de Clóvis do Couto e Silva, e acrescenta o seguinte: "[...] Clóvis do Couto e Silva salienta que a só 'possibilidade futura e iminente da apreensão' é bastante para justificar o que denomina *embargos proibitórios*. Trata-se de mera ameaça à posse, menos que a turbação. O mesmo Clóvis admite que tal hipótese não é expressa no art. 1.046, mas no entender dele o exame sistemático do mencionado dispositivo do Código de Processo autoriza esses embargos com caráter preventivo. Assim posto o pensamento do eminente jurista gaúcho, é lícito indagar: realmente cabem embargos contra a mera ameaça à posse? E quando se considera havida esta ameaça? A mera propositura de ação versando sobre o bem é ameaça? A mera indicação do bem à penhora é ameaça?".[152]

E, mais, com base no entendimento de Pontes de Miranda: "[...] Pontes de Miranda, em seus *Comentários ao Código de Processo Civil* de 1973, embora refute a possibilidade dos embargos ante a simples ameaça, ao detalhar o tema, conclui que a decisão, qualquer que seja, que traga em si *a constrição por efetuar-se*, ou seja, que tenha eficácia constritiva, é bastante para legitimar os embargos de terceiro, ainda quando não haja constrição. Assim, mesmo uma sentença declaratória ou condenatória pode dar azo aos embargos, desde que contenha, nas suas eficácias não-preponderantes, mandamento que determine constrição patrimonial".[153]

---

[152] RODRIGUES, Ruy Zoch. *Embargos de terceiro*. São Paulo: RT, 2006. p. 26. Grifos em itálico do original.

[153] RODRIGUES, Ruy Zoch. *Embargos de terceiro*. São Paulo: RT, 2006. p. 27. Grifos em itálico do original. E arremata: "[...] Vê-se, pois, que, apesar da divergência de nomenclatura, Pontes e Clóvis convergem, admitindo os embargos de terceiro mesmo antes da realização concreta de qualquer ato judicial, desde que haja *possibilidade iminente de apreensão* (ou alguma eficácia constritiva, no dizer de Pontes). Nesse sentido, cabem, sim, embargos de terceiro contra ameaça à posse, mas não se trata de qualquer ameaça e sim aquela iminente; e essa iminência se explica na eficácia constritiva do ato judicial, ou seja, o ato judicial deve estar completo para gerar a constrição. Por exemplo: já existente ordem de penhora, apenas o mandado de penhora ainda não foi expedido. Na esteira destas definições, a mera propositura de demanda versando sobre bem de terceiro não autorizaria, por parte deste, o manejo dos embargos, quem sabe apenas a oposição, exceto se, por exemplo, a existência da demanda foi registrada no Livro Imobiliário (art. 167, I, n. 21, da Lei 6.015/1973), quando então o terceiro poderá experimentar efetivo embaraço no exercício de seu poder sobre a coisa. Também a indicação do bem à penhora — a mera indicação — não constituiria ainda ameaça suscetível de autorizar embargos, exceto se, de alguma forma, tal qual o exemplo acima da declaratória, puder causar algum embaraço à posse do terceiro" (*Op. cit.*, p. 27). Grifos em itálico do original.

Também, visualizamos a possibilidade de se utilizar a tutela inibitória diante de ameaça de descumprimento de negócio jurídico processual (*ex vi* do art. 190, CPC — inovação do legislador — cláusula geral).[154]

Vejamos: se o devedor se sentir ameaçado por conduta ilícita do credor, já que ajustado pacto de não processar (o credor, na iminência de propor uma ação para se exigir o cumprimento do contrato), poderá lançar mão de uma ação inibitória, a fim de que o ato ilícito futuro possa ser coibido (*v.g.*, ameaça de descumprimento do *pactum de non petendo* — promessa de não processar e não postular — espécie de negócio jurídico processual atípico, cuja natureza jurídica é processual, não atinge o direito material).[155]

Segundo Antonio do Passo Cabral, em prefácio à obra de Alberto Lucas Albuquerque da Costa Trigo: "[...] Concordo com Alberto Trigo no que se refere à natureza processual do *pactum de non petendo*. Trata-se de um acordo cujo objeto se limita à pretensão processual. Por meio do *pactum de non petendo*, os acordantes comprometem-se a não exigir judicialmente o cumprimento do contrato. Porém, a promessa de não processar não interfere em nada no direito material, tampouco na pretensão material (art. 189 do CC). As partes continuam podendo exercer seus direitos (e exigi-los) fora do processo, utilizando-se de outras formas de cobrança e pressão para o pagamento. [...] a investigação empreendida por Alberto Trigo permite ainda refletir sobre as formas de implementação do *pactum de non petendo*. Além da simples

---

[154] Acerca dos negócios jurídicos processuais atípicos, interessante o posicionamento de Marco Paulo Denucci Di Spirito: "[...] Segundo a apontada lógica modular, a cláusula geral do art. 190 do CPC apresenta-se como uma 'caixa de ferramentas' para a construção, em maior ou menor escala, de negócios jurídicos processuais em regime de atipicidade, segundo a conveniência das partes, desde que respeitados os limites estabelecidos em lei..." (Comentários ao artigo 190. *In*: ALMEIDA RIBEIRO, Sérgio Luiz de et al. (Coord.). *Novo código de processo civil comentado*. Tomo I – arts. 1º a 317. São Paulo: Lualri Editora, 2017. p. 313). Verificar também: REDONDO, Bruno Garcia. *Negócios jurídicos processuais atípicos*. Salvador: JusPodivm, 2020.

[155] Com referência ao *pactum de non petendo*: NOGUEIRA, Pedro Henrique. *Negócios jurídicos processuais*. Salvador: JusPodivm, 2016. p. 248; ALMEIDA, Diogo Assumpção Rezende de. *A contratualização do processo*: das convenções processuais no processo civil. São Paulo: LTr, 2015. p. 127. Também, o texto de SILVA, Paula Costa e. Pactum de *non petendo*: exclusão convencional do direito de acção e exclusão convencional da pretensão material. *In*: CABRAL, Antonio do Passo; DIDIER JR., Fredie (Coord.). *Negócios processuais*. Salvador: JusPodivm, 2015. p. 297 a 334. Nesse último, a autora afirma que o pacto incidiria sobre a pretensão de direito material. E, para uma visão da convenção processual na tutela coletiva, em especial a possibilidade de utilização do *pactum de non petendo* e do *pactum de non exequendo*: MAGALHÃES JUNIOR, Alexandre Alberto de Azevedo. *Convenção processual na tutela coletiva*. Salvador: JusPodivm, 2020. p. 267-275.

inadmissibilidade da demanda, rejeitando-a liminarmente, o autor defende, com razão, a possibilidade de que o interessado se valha de ações de natureza inibitória para evitar preventivamente o ajuizamento, algo similar às *anti-suit injunctions* (conhecidas na arbitragem) para evitar a propositura perante o juízo estatal".[156]

Alberto Trigo entende que o manejo de ação preventiva seria capaz de debelar a ameaça de um ato ilícito, ou seja, cumpriria o papel positivo de fazer cumprir o pacto inerente à promessa de não processar, posicionamento com o qual se coaduna.[157]

Ainda, pode-se utilizar a ação inibitória para se fazer cumprir o *pactum de non exequendo*, eis que se trata de espécie de *pactum de non petendo*. Ou seja, se firmado o pacto de não executar, o credor deverá cumprir o respectivo ajuste, e caso haja efetiva ameaça de se executar o contrato, descumprimento de promessa de não executar, o devedor poderá utilizar medidas preventivas aptas a neutralizar os efeitos do ato ilícito futuro, por exemplo, com a propositura de uma ação inibitória.

De acordo com Fredie Didier Jr. e Antonio do Passo Cabral: "[...] O *pactum de non exequendo* é o negócio executivo unilateral pelo qual o credor ou um legitimado extraordinário compromete-se a não requerer a execução de um título executivo. É uma hipótese específica de *pactum de non petendo*".[158]

Além das hipóteses delineadas, outras tantas poderão dar azo à utilização da tutela inibitória. Dentre elas, citemos: (i) ameaça de

---

[156] CABRAL, Antonio do Passo. Prefácio. *In*: TRIGO, Alberto Lucas Albuquerque da Costa. *Promessa de não processar e de não postular*: o *pactum de non petendo* reinterpretado. Salvador: JusPodivm, 2020. p. 14 e 16.

[157] Eis o interessante entendimento de Alberto Lucas Albuquerque da Costa Trigo: "[...] As *anti-suit injunctions* são relevantes para promover o cumprimento de promessas de não processuar que digam respeito a litígios sujeitos à jurisdição estatal. Sendo esse o caso, e verificando o devedor a iminência de propositura de ação por parte do credor, pode-se antecipar, propondo ação com o objetivo de obter declaração apta a paralisar eventual demanda que poderia violar o pacto celebrado entre as partes. Trata-se, portanto, de instrumento preventivo. Além disso, nada impede que, mesmo após a propositura da ação por parte do credor, busque o devedor por via autônoma a obtenção de medida liminar. No entanto, tal mecanismo não é exatamente adequado, uma vez que o juiz competente será o mesmo, sendo, consequentemente, mais razoável que alegue a promessa de não processar como preliminar de defesa" (TRIGO, Alberto Lucas Albuquerque da Costa. *Promessa de não processar e de não postular*: o *pactum de non petendo* reinterpretado. Salvador: JusPodivm, 2020. p. 118).

[158] Negócios jurídicos processuais atípicos e execução. *In*: DIDIER JR., Fredie. *Ensaios sobre os negócios jurídicos processuais*. Salvador: JusPodivm, 2018. p. 72. E, a respeito das convenções processuais: CABRAL, Antonio do Passo. *Convenções processuais*. Salvador: JusPodivm, 2016.

violação de direito autoral (artigo 105, LDA);[159] (ii) aplicação de medidas protetivas no âmbito da Lei Maria da Penha,[160] em virtude de ameaça de atos ilícitos; (iii) impedir (inibir) a exibição de imagens transgressoras de direitos;[161] (iv) inibição em face de reprodução de dados, em matéria jornalística, cuja violação atinge direitos da personalidade; (v) ameaça de ilícito ao nome ou marca comercial;[162] (vi) ameaça de ato ilícito contrário aos direitos de vizinhança, p. ex., que contraria normas relativas ao condomínio;[163] (vii) ameaça de débitos ilícitos em contas bancárias e de negativação do nome do consumidor;[164] (viii) ameaça de *fake news* (notícias falsas) transgressoras da honra, intimidade, liberdade de expressão (*v.g.*, na internet).[165]

---

[159] LDA – Lei de Direitos Autorais – Lei n° 9.610/98. Nesse mesmo sentido, as decisões proferidas pelo Superior Tribunal de Justiça: STJ, Terceira Turma, REsp n° 1637403, rel. Min. Nancy Andrighi, *DJe*, 20 mar. 2018, decisão: 13.03.2018; STJ, Terceira Turma, REsp n° 1655485, rel. Min. Nancy Andrighi, *DJe*, 19 mar. 2018, decisão: 13.03.2018. Em recente decisão proferida pelo Superior Tribunal de Justiça: "RECURSO ESPECIAL. PROPRIEDADE INTELECTUAL. DIREITOS AUTORAIS. COMUNICAÇÃO AO PÚBLICO DE OBRAS MUSICAIS, LÍTERO-MUSICAIS, AUDIOVISUAIS E DE FONOGRAMAS SEM AUTORIZAÇÃO DO ECAD. TUTELA INIBITÓRIA. NECESSIDADE DE CONCESSÃO, DIANTE DA COMPROVADA VIOLAÇÃO DE DIREITOS AUTORAIS. ART. 105 DA LEI N. 9.610/98" (REsp n° 1.833.567 – RS, Terceira Turma, rel. Min. Paulo de Tarso Sanseverino, data do julgamento: 15.09.2020). Verificar os comentários ao referido acórdão: SILVA, Bruno Campos; PEREIRA, Mateus Costa. *Um refrigério para a tutela inibitória*: Análise ao REsp 1.833.567/RS. https://migalhas.uol.com.br/depeso/336709/um-refrigerio-para-a-tutela-inibitoria--analise-do-resp-1-833-567-rs. Acesso em: 23 nov. 2020.

[160] Lei n° 11.340/06. Em decisão, o Tribunal de Justiça de Minas Gerais confirmou a natureza "inibitória" das medidas protetivas utilizadas com base na Lei Maria da Penha. (TJMG, Apelação Criminal n° 1.0024.16.072011-6/001, 1ª Câmara Criminal, rel.(a) Des.(a) Kárin Emmerich, data do julgamento: 03.04.2018, data da publicação da súmula: 13.04.2018). No Superior Tribunal de Justiça, já existia entendimento pela aplicação das medidas protetivas com natureza "inibitória" (STJ, Terceira Seção, CC 156284, rel. Min. Ribeiro Dantas, *DJe*, 06 mar. 2018, decisão: 28.02.2018).

[161] Verificar o entendimento do Superior Tribunal de Justiça (STJ, Quarta Turma, EREsp n° 1492947, rel. Min. Moura Ribeiro, *DJe*, 30 jun. 2017, decisão: 28.06.2017).

[162] Nesse sentido, já decidiu o Superior Tribunal de Justiça (STJ, Terceira Turma, EDcl no REsp n° 1606781, rel. Min. Ricardo Villas Bôas Cueva, *DJe*, 02 fev. 2017, decisão: 13.12.2016).

[163] O Tribunal de Justiça de Minas Gerais corroborou a aplicação da tutela inibitória para casos que contenham relações de vizinhança (TJMG, Agravo de instrumento n° 1.0362.17.003863-6/001, 12ª Câmara Cível, rel. Des. Domingos Coelho, data de julgamento: 04.04.2018, data da publicação da súmula: 13.04.2018).

[164] Verificar decisões proferidas pelo Tribunal de Justiça de São Paulo (TJSP, 20ª Câmara de Direito Privado, Agravo de instrumento n° 2011477-93.2017.8.26.0000, rel. Des. Correia Lima, data de julgamento 18.06.2018, data de publicação: 21.06.2018; TJSP, 30ª Câmara de Direito Privado, Agravo de instrumento n° 2067693-40.2018.8.26.0000, rel. Des. Maria Lúcia Pizzotti, data do julgamento: 20.06.2018, data de publicação: 21.06.2018).

[165] Grande parte desses exemplos de aplicação da tutela inibitória foi inspirada e, de certa forma, reproduzida daqueles detidamente analisados por Nelson Nery Junior e Rosa Maria de Andrade Nery (NERY JUNIOR, Nelson; NERY, Rosa Maria de Andrade. *Comentários ao código de processo civil*. São Paulo: RT, 2015. p. 1184-1186). Para outros exemplos: MARINONI,

Nesse último exemplo (viii), as notícias falsas podem violar direitos da personalidade, e, de forma célere e anônima, na maioria dos casos, impedem sua inibição antes da primeira propagação; no mais das vezes, o ato ilícito deverá ser coibido em sua reiteração (repetição) — já foi praticado e cessou; ou a ameaça ainda continua — o ato ilícito ainda está sendo praticado.[166]

Em suma, a tutela inibitória servirá, nesse último exemplo, para inibir a ameaça de repetição de um ato ilícito já praticado (para não ocorrer novamente) enquanto na continuação, a inibição será para inibir a ameaça de um ato ilícito que está sendo praticado (artigo 497, parágrafo único, CPC).

A propagação massiva da *fake news* pode, até mesmo, provocar a anulação de uma eleição (artigo 222, Código Eleitoral).

Em todos os exemplos, a tutela inibitória poderá ser utilizada para inibir a prática, repetição (reiteração) ou continuação de um ato ilícito (aquele contrário ao ordenamento jurídico) — conforme artigo 497, parágrafo único, CPC.

Luiz Guilherme; ARENHART, Sérgio Cruz; MITIDIERO, Daniel. *Novo código de processo civil comentado*. 3. ed. São Paulo: RT, 2017. p. 603; ALVIM, J. E. Carreira. *Comentários ao novo código de processo civil*: Lei 13.105/15. Volume 7 – arts. 464 ao 527. Curitiba: Juruá, 2015. p. 247; CRUZ E TUCCI, José Rogério. *Comentários ao código de processo civil*: artigos 485 ao 538. Coordenação Luiz Guilherme Marinoni, Sérgio Cruz Arenhart, Daniel Mitidiero. São Paulo: RT, 2016. v. 8, p. 169; PAULA FILHO, Alexandre Moura Alves de; GOUVEIA, Lúcio Grassi de; PEREIRA, Mateus Costa. *Tutela contra o ilícito, prescindibilidade do dano e limites da cognição judicial*: estudo de caso envolvendo a transgressão reiterada da legislação de trânsito (ACP nº 5009543-84.2015.4.04.7204/SC) visando a inibir futuros equívocos. Texto inédito gentilmente cedido pelos autores.

[166] Sobre as *fake news* e a propaganda eleitoral, assim se manifestaram Diogo Rais, Daniel Falcão, André Zonaro Giacchetta e Pamela Meneguetti: "[...] Trata-se de um problema ainda mais abrangente: a desinformação. A jornalista Claire Wandle criou uma lista de 7 tipos de notícias falsas que podemos identificar e combater, são elas: 1. *Sátira ou paródia*: sem intenção de causar mal, mas tem potencial de enganar; 2. *Falsa conexão*: quando manchetes, imagens ou legendas dão falsas dicas do que é o conteúdo realmente; 3. *Conteúdo enganoso*: uso enganoso de uma informação contra um assunto ou uma pessoa; 4. *Falso contexto*: quando um conteúdo genuíno é compartilhado com um contexto falso; 5. *Conteúdo impostor*: quando fontes (pessoas, organizações, entidades) têm seus nomes usados, mas com afirmações que não são suas; 6. *Conteúdo manipulado*: quando uma informação ou uma ideia verdadeira é manipulada para enganar o público; 7. *Conteúdo fabricado*: feito do zero, é 100% falso e construído com intuito de desinformar o público e causar algum mal. Mas, pretendendo ser prático, e seguindo as necessidades do cenário eleitoral, *fake news* são notícias falsas, mas que parecem ser verdadeiras. Elas são enganosas, se revestem de diversos artifícios para enganar o leitor buscando curiosidade e difusão daquele conteúdo. Não é uma ficção, é mentira revestida de artifícios que lhe conferem aparência de verdade sendo capaz de produzir danos" (RAIS, Diogo (Coord.); FALCÃO, Daniel; GIACCHETTA, André Zonaro; MENEGUETTI, Pamela. *Direito eleitoral digital*. São Paulo: RT, 2018. p. 68-69). Importante ressaltar que nem toda sátira ou paródia configura desinformação.

4.4 As decisões interlocutórias na tutela inibitória

Os pronunciamentos judiciais qualificados de interlocutórias têm sua definição pautada na exclusão. O próprio dispositivo legal inserido no artigo 203, §2º, CPC traz esta definição.

As decisões interlocutórias são atos processuais decisórios que resolvem incidentes revelados no curso do procedimento, sem que isso importe em extinção de qualquer fase procedimental, seja ela cognitiva ou executiva.

De acordo com a estrutura desenhada com o CPC, as decisões interlocutórias podem ser classificadas, segundo nosso entendimento, em: (i) decisões interlocutórias "puras" ou (ii) decisões interlocutórias de mérito.

Nesse aspecto, existem decisões interlocutórias puras, já que não adentram ao mérito, mas provocam a resolução de um incidente. Por exemplo, a decisão que encerra análise e julgamento de uma pretensão liminar de conteúdo satisfativo, cautelar ou, até mesmo, evidente.

O conteúdo decisório traz sua eficácia (fonte originária) cujos efeitos irradiados representarão satisfação, acautelamento de um direito da parte, os quais serão antecipados para início da lide *in limine litis*; portanto, a liminar nada mais é do que um meio apto a trazer a proteção (tutela) para o início da discussão (pode se dar também no curso do procedimento, após a citação do réu e antes da sentença),[167] em consonância ao princípio da duração razoável do processo (artigo 5º, LXXVIII, Constituição Federal de 1988 e artigo 4º, CPC). Não é correto afirmar, então, que toda liminar é cautelar ou satisfativa, mas sim, antecipada (aspecto temporal) independentemente do conteúdo da tutela pretendida.

Já as decisões interlocutórias de mérito são aquelas que implicam em resolução da pretensão, incidentalmente, a ensejar o fechamento de uma fase procedimental, e não a extinção do processo; tanto assim, que devem ser atacadas por intermédio do recurso de agravo de instrumento.[168]

Nesse aspecto, é possível cogitar da possibilidade de aplicação naqueles casos em que há evidente cumulação entre pedidos (tutela inibitória cumulada com tutela ressarcitória). Se um deles for acolhido, julga-se procedente aquela parcela do mérito da demanda; se um dos

---

[167] Para a definição do conceito de 'liminar', ver: COSTA, Eduardo José da Fonseca. *O "direito vivo" das liminares*. São Paulo: Saraiva, 2011. p. 30-31.
[168] Verificar o disposto nos artigos 356, §5º e 1015, II, CPC.

pedidos exigir demonstração probatória, o Estado-juiz deverá resolver aquela parcela do mérito (julgamento antecipado parcial do mérito), o qual inclusive incide a coisa julgada material, se não houver qualquer recurso contra esta decisão (no caso, o recurso cabível será o agravo de instrumento — artigo 356, §5º, CPC).[169]

Nesse sentido, o entendimento de Luiz Guilherme Marinoni:

> [...] Perceba-se, porém, que a tutela ressarcitória pode exigir mais do processo, ou melhor, mais tempo para que o processo tenha fim. Em outras palavras, havendo cumulação de tutela inibitória (e/ou de remoção) com tutela ressarcitória é possível que os pedidos de tutela contra o ilícito tornem-se 'maduros' para julgamento antes do pedido ressarcitório, já que, a partir de determinado momento, apenas a existência do dano ainda poderá restar não esclarecida.
> Não há razão para não se aceitar o julgamento antecipado de pedido cumulado quando um dos pedidos está 'maduro' para o julgamento e o outro requer instrução dilatória.[170]

4.5 A aplicabilidade do artigo 139, IV, do CPC no âmbito da tutela inibitória

O artigo 139, IV, CPC traz rol não exaustivo de medidas indutivas inominadas, cuja função é forçar o réu devedor contumaz a cumprir sua obrigação.

Estas medidas indutivas inominadas (atípicas) possuem a finalidade de garantir a efetividade de uma tutela.

Com isso, o legislador, por intermédio de texto legal, procura dar rendimento funcional à tutela de um direito, possibilitando, inclusive a utilização das referidas medidas atípicas para o cumprimento de obrigações pecuniárias (inovação trazida pelo CPC).

Na prática, o que se observa é a utilização de uma variedade de medidas atípicas, como o bloqueio de cartões de crédito, o recolhimento

---

[169] Nessa mesma direção: UZEDA, Carolina. *Interesse recursal*. Salvador: JusPodivm, 2018. p. 217-221. LEMOS, Vinicius Silva. *Recursos e processos nos tribunais*. 4. ed. Salvador: JusPodivm, 2020. p. 329-334.

[170] MARINONI, Luiz Guilherme. *Tutela contra o ilícito*: inibitória e de remoção – Artigo 497, parágrafo único, CPC. São Paulo: RT, 2015. p. 92. Também, nesse rumo, o posicionamento de Paulo Henrique dos Santos Lucon. Comentários ao artigo 497. In: BUENO, Cassio Scarpinella (Coord.). *Comentários ao código de processo civil*. v. 2. (arts. 318 a 538). São Paulo: Saraiva, 2017. p. 471.

(retenção) de passaporte, a retenção da CNH, tudo para se fazer cumprir obrigações inadimplidas.

Olavo de Oliveira Neto, há tempos, propugnava pela aplicabilidade das medidas atípicas: "[...] quem não tem dinheiro para pagar o valor que lhe é exigido na execução, nem tem bens para garantir tal atividade, também não tem dinheiro para ser proprietário de veículo automotor, e, por isso, não tem necessidade de possuir habilitação. Com isso, suspender tal direito só viria a atingir aqueles que, de modo sub-reptício, camuflam a existência de patrimônio com o deliberado fim de fugir à responsabilidade pelo pagamento do débito".[171]

O autor, entretanto, reconhece a necessidade de o devedor precisar do bem para sua sobrevivência, desde que solicite com fundamentação ao Estado-juiz o imediato afastamento da medida atípica, o que provocará a inversão do ônus probatório.[172]

Apesar de o rol das medidas deste dispositivo legal não ser taxativo, os poderes inerentes ao Estado-juiz devem ser limitados, segundo parâmetros traçados pelo texto constitucional e pela legislação infraconstitucional.

Nesse sentido, o posicionamento de Mirna Cianci e Romualdo Baptista dos Santos:

> [...] De tudo que foi dito acima, extrai-se que os poderes do juiz não são ilimitados, visto que encontram limites na lei e na Constituição, bem como na principiologia jurídica e na finalidade a ser alcançada no processo. O princípio da vinculação patrimonial ou da responsabilidade patrimonial resulta de uma conquista do processo civilizatório da humanidade,

---

[171] OLIVEIRA NETO, Olavo de. Novas perspectivas da execução civil – cumprimento de sentença. *In*: SHIMURA, Sérgio; NEVES, Daniel Amorim Assumpção (Coord.). *Execução no processo civil*: novidades & tendências. São Paulo: Método, 2005. p. 197.

[172] OLIVEIRA NETO, Olavo de. Novas perspectivas da execução civil – cumprimento de sentença. *In*: SHIMURA, Sérgio; NEVES, Daniel Amorim Assumpção (Coord.). *Execução no processo civil*: novidades & tendências. São Paulo: Método, 2005. p. 197. Em relação ao que denominou de "poder geral de coerção", o mencionado autor traz os limites (objetivos, subjetivos, temporais e procedimentais) para a sua efetiva aplicabilidade. Verificar: *O poder geral de coerção*. São Paulo: RT, 2019. p. 246-263. Pela necessária fundamentação da decisão acerca do pedido de aplicação de medidas executivas atípicas: BORGES, Marcus Vinícius Motter. *Medidas coercitivas atípicas nas execuções pecuniárias*: parâmetros para a aplicação do art. 139, IV do CPC/2015. São Paulo: RT, 2019. p. 314-319. Imprescindível destacar que tanto o autor como o réu devem explicitar as razões para o *uso* ou *afastamento* da aplicação das medidas executivas atípicas, as quais servirão de norte à adequada fundamentação e posterior decisão do Estado-juiz, a fim de se garantir a segurança jurídica inerente ao Estado de Direito. E, sobre a necessária e adequada fundamentação e o contraditório, verificar também: MINAMI, Marcos Youji. *Da vedação ao non factibile*: uma introdução às medidas executivas atípicas. Salvador: JusPodivm, 2019. p. 217-223.

que nos trouxe até a denominada Idade Moderna. Em razão disso, o devedor responde pelas suas dívidas com os seus bens patrimoniais, e não com o seu corpo, sua liberdade ou a sua dignidade.

A expressão *todas as medidas*, contida no artigo 139, IV, do Código de Processo Civil não confere poderes irrestritos e ilimitados ao juiz, mas significa 'todas as medidas legais e constitucionais voltadas a dar celeridade ao processo e efetividade às decisões judiciais'. Em se tratando de execução de dívida em dinheiro, a expressão 'todas as medidas' encontra também limite teleológico, não se podendo afastar da finalidade de executar os bens patrimoniais do devedor.

Além disso, as disposições contidas na Parte Especial do Código devem ser interpretadas em consonância com aquelas contidas na Parte Especial, em homenagem ao princípio da especialidade. Por isso, o artigo 139, IV, que se encontra na Parte Geral do Código, não pode transcender o sentido e os limites das disposições contidas na Parte Especial, sob pena de desarticular o sistema.

Sendo assim, a decisão judicial que determina o recolhimento do passaporte e da carteira de habilitação do devedor, bem como o bloqueio dos seus cartões de crédito, a fim de compelir o devedor a quitar a dívida, resulta ilegal e inconstitucional porque empresta à expressão 'todas as medidas', contida no artigo 139, IV, do novo Código de Processo Civil, um alcance ilimitado, que é incompatível com os princípios constitucionais, com os direitos e garantias individuais e com o sistema processual executivo, o sentido teleológico do processo de execução.[173]

Antônio Pereira Gaio Júnior, ao abordar o inciso IV do artigo 139, CPC, pontuou: "[...] Insta pontuar que ao aplicar qualquer das medidas arroladas no aludido inciso IV do artigo 139, deve o magistrado levar em consideração todo o ambiente ao qual as mesmas podem servir, harmonizando-as com os limites balizados pelo próprio ordenamento, mirando sempre o respeito aos valores e normas fundamentais da Carta Constitucional (artigo 1º do CPC), aos fins sociais e às exigências do bem comum, sempre resguardando e promovendo a dignidade da pessoa humana e ainda, observando a proporcionalidade, a razoabilidade, a legalidade, e porque não, a publicidade e a eficiência (artigo 8º do CPC), de modo a que não se possa oportunizar o uso arbitrário e desmensurado de determinada medida, portanto, sem deixar de cotejá-la com o grau de força judicial necessária para o fim objetivado — cumprimento de ordem

---

[173] CIANCI, Mirna; SANTOS, Romualdo Baptista. Limites legais e constitucionais aos poderes do juiz: a polêmica em torno do art. 139, IV, do novo código de processo civil. *In*: ALVIM, Teresa; CIANCI, Mirna; DELFINO, Lúcio (Coord.). *Novo CPC aplicado visto por processualistas*. São Paulo: RT, 2017. p. 229-230.

judicial — não se transforme em pano de fundo para o aviltamento a um direito fundamental e ao devido e justo processo constitucional".[174]

Na verdade, grande parte dessas medidas está sendo utilizada sem um mínimo de equilíbrio por completa *ausência de parâmetros prefixados*.[175]

Cabem aqui as advertências de Maria Elizabeth de Castro Lopes:

> [...] Nossa posição é no sentido de que o juiz não é 'dono do processo', uma vez que este é um instrumento público regido pelo princípio da colaboração entre os sujeitos que dele participam. O juiz não é um *investigador de fatos*, pois esta função pode comprometer psicologicamente o ato de julgar, que deve ocorrer em clima de serenidade e equilíbrio. Não se compreende, por exemplo, que o juiz, verificando que o autor não fez prova do acidente relatado na inicial, resolva pesquisar provas, fazendo diligências ou procurando eventuais testemunhas do fato.
>
> Também deve ser ressaltado que o sistema vigente confere ao juiz razoável soma de poderes, não se vislumbrando a necessidade de ampliá-los, mas sim de fazê-los atuar eficazmente na busca da efetividade do processo.[176]

O Estado-juiz, ao adotar alguma dessas medidas, por exemplo, para garantir o cumprimento de uma obrigação pecuniária, deve seguir *parâmetros prefixados* pelo texto constitucional, os quais possibilitam a adequação e necessidade de sua utilização, com o efetivo exaurimento das medidas típicas,[177] para que tal atipicidade não deixe de ser a exceção

---

[174] GAIO JÚNIOR, Antônio Pereira. *Tutela específica das obrigações de fazer*. 7. ed. Curitiba: Juruá, 2017. p. 99.

[175] SILVA, Bruno Campos; SOUSA, Diego Crevelin de; ROCHA, Jorge Bheron. *Medidas indutivas inominadas*: o cuidado com o fator shylockiano do artigo 139, IV, CPC. Disponível em: https://www.emporiododireito.com.br/leitura/medidas-indutivas-inominadas-o-cuidado-com-o-fator-shylokiano-do-art-139-iv-cpc. Acesso em: 7 maio 2018.

[176] O juiz e a tutela antecipada. *In*: BUENO, Cassio Scarpinella *et al.* (Coord.). *Tutela provisória no novo CPC*: dos 20 anos de vigência do artigo 273 do CPC/1973 ao CPC/2015. São Paulo: Saraiva, 2016. p. 226.

[177] Segundo José Miguel Garcia Medina: "[...] Mas há, ainda, hipóteses em que, a nosso ver, incide o critério da atipicidade, mas de modo *supletivo*, para o caso de não serem suficientes as medidas executivas típicas, previstas na lei processual. É o que sucede, segundo pensamos, no caso previsto no artigo 139, IV do CPC/2015. A nosso ver, no caso, o sistema típico é *temperado* pelo atípico. [...] Essa regra não pode, como é intuitivo, tornar despiciendas as medidas executiva *típicas*, previstas na lei processual. Fosse assim, bastaria a existência de tal disposição e todo o regramento restante previsto na lei processual quanto às medidas executivas seria desnecessário e poderia ser desprezado. Ademais, como antes se observou, um modelo baseado na tipicidade das medidas executivas tende a ser satisfatório, na maioria dos casos" (MEDINA, José Miguel Garcia. *Execução*: teoria geral, princípios fundamentais e procedimento no processo civil brasileiro. 5.ed. São Paulo: RT, 2017. p. 299).

e passe a ser a regra, o que transgride direitos e garantias fundamentais inerentes ao Estado Democrático de Direito.[178]

Em conjunto com Diego Crevelin de Sousa e Jorge Bheron Rocha, acerca de decisão que admitiu o uso de medida indutiva, manifestou-se:

> [...] As medidas indutivas devem ser necessárias e adequadas, sob pena de converter de indutiva para punitiva.
>
> Efetivamente, aplicar medida desnecessária ou inadequada nada mais é que punir o executado que, não tendo bens penhoráveis, também não abre mão das regras protetivas de impenhorabilidade erigidas para garantir-lhe o mínimo existencial.
>
> Para ser mais claro: aplicar o artigo 139, IV, CPC, quando exauridos, sem êxito, os meios tradicionais de busca de bens penhoráveis, *máxime quando inexistente qualquer indício concretamente demonstrado de ocultação ou dissipação de bens*, é pressionar o executado a abrir mão daquilo que a lei impede seja-lhe tomado à força (artigo 833, CPC, e demais disposições que tratam da impenhorabilidade).
>
> Claramente, essa pressão visa dar uma *aparência de voluntariedade* à indicação de bens impenhoráveis pelo próprio executado, que, na verdade, só age assim por ser a única forma de ver-se livre de um gravame imposto por medida indutiva despida de qualquer necessidade ou adequação. Uma intolerável perversão!
>
> [...]
>
> Mas ora, se o executado não tem bens penhoráveis (foram exauridas as vias tradicionais de localização de bens penhoráveis) e não há indícios de que oculta ou dissipa bens, as medidas aplicadas seriam adequadas

---

[178] Assim manifestou Luciano Henrik Silveira Vieira: "[...] Mas é importante asseverar que essa 'cláusula geral de efetivação das obrigações' tem de ser interpretada em conformidade com o texto constitucional e com o próprio sistema normativo advindo do Código, pois, do contrário, estar-se-ia admitindo que o julgador não teria limites para a utilização de tais técnicas, o que é obviamente incompatível com tudo o que se defende neste livro. Apesar da sanha hiperpublicista internalizada por grande parte da literatura jurídica brasileira, que enxerga o juiz como herói ('judiciário como superego da sociedade'), é preciso ter em mente que a comparticipação é pressuposto de legitimidade decisória. Ora, a Constituição é que é marco interpretativo do CPC e não o contrário. Assim, a legalidade, o devido processo legal e o contraditório (art. 5º, incisos II, XXXIX, XXXV e LIV, da CRFB) impedem a aplicação de pena (*lato sensu*) sem prévia cominação legal" (VIEIRA, Luciano Henrik Silveira. *O processo de execução no estado democrático de direito*. 2. ed. Rio de Janeiro: Lumen Juris, 2017. p. 126). Verificar também: DURO, Cristiano. *Execução e democracia*: a tutela executiva no processo constitucional. Salvador: JusPodivm, 2018. p. 231: "[...] O art. 139, IV, do CPC/2015 deve ser compreendido no processo democrático dentro de uma hermenêutica que se delineie seus limites na busca de uma resposta constitucionalmente adequada para sua extensão e aplicabilidade. A proibição do *non liquet* (CPC, art. 140) demonstra a importância da hermenêutica crítica do direito para alcançar uma completude sistêmica do ordenamento jurídico, o que não é diferente no procedimento executivo. Assim, a interpretação de eventuais *non liquet* deve necessariamente considerar os princípios constitucionais, respeitado seu conteúdo deôntico, que é fortíssimo, com coerência e integridade".

ao fim a que se destinavam (levar o executado a pagar) ou serviriam apenas para puni-lo (simbólica e ou realmente)?

A resposta é negativa, conforme se vê em relação a cada uma das que foram aplicadas.[179]

Importante ressaltar que o Estado-juiz não cria o direito, ao contrário, está vinculado ao ordenamento jurídico,[180] portanto, qualquer decisão cuja fundamentação se faça em tendência moralista não se afigura legítima na perspectiva do Estado Democrático de Direito.[181]

---

[179] SILVA, Bruno Campos; SOUSA, Diego Crevelin de; ROCHA, Jorge Bheron. Medidas indutivas inominadas: o cuidado com o fator shylockiano do artigo 139, IV, CPC. In: TALAMINI, Eduardo; MINAMI, Marcos Youji (Coord.). *Medidas executivas atípicas*. Grandes temas do novo CPC. v. 11. Salvador: JusPodivm, 2018. p. 709-710.

[180] Em relação ao mencionado caráter vinculativo, assim manifestaram Dierle Nunes, Alexandre Bahia e Flávio Quinaud Pedron: "[...] **Juízes, assim como todos os demais sujeitos do processo, estão sobremaneira vinculados à normatividade. A invocação de um princípio precisa encontrar lastro normativo**. Não bastam argumentos lógicos, morais, pragmáticos etc. para se 'inferir' um princípio (não é porque determinado argumento faz sentido ou produz bons resultados que isso o credencia a princípio): tais argumentos até podem ser usados pelo legislador para elaborar uma norma, mas não pelo juiz ao solucionar um caso" (NUNES, Dierle; BAHIA, Alexandre; PEDRON, Flávio Quinaud. *Teoria geral do processo*: com comentários sobre a virada tecnológica no direito processual. Salvador: JusPodivm, 2020. p. 283). Grifos em negrito no original.

[181] STRECK, Lenio Luiz. *O que é isto* – o senso incomum? Porto Alegre: Livraria do Advogado, 2017. p. 97-102. E, recentemente: "[...] O que é um juiz corajoso? É o juiz voluntarista, que acha que o Direito atrapalha? É o que acha que atende à voz das ruas? É o ativista que acha que pode administrar o Estado concedendo liminares? É o que concede 120 dias de licença-paternidade para um pai-que-é-funcionário-público? É um juiz que mandou fazer conduções agora declaradas inconstitucionais? Para mim, o juiz corajoso é o que faz o simples: cumpre a lei. Que segue rigorosamente a Constituição. É o juiz ortodoxo. É o juiz raiz e não o juiz nuttela (para usar uma brincadeira das redes sociais). Contra tudo e contra todos. Corajoso é o que sabe que a Constituição é um remédio contra maiorias. Mas querem saber o que é o mais louco disso tudo? Obedecer ao Direito é mais fácil! Não gostou do que diz a lei? Não concorda com o texto constitucional? Segure seu ímpeto. Você não é legislador. E nem constituinte" (STRECK, Lenio Luiz. *Há boas razões para obedecer ao direito e desobedecer ao impulso moral*. Disponível em: https://www.conjur.com.br/2018-jun-21/boas-razoes-obedecer-direito-desobedecer-moral. Acesso em: 22 jun. 2018). A tendência moralista, por certo, traz reprochável mácula à *imparcialidade*. Nesse sentido: "[...] conclui-se que *a imparcialidade reivindica a centralidade das garantias processuais*. Afinal, o processo não pode ser instituição de garantia contrajurisdicional se o juiz é parcial. A imparcialidade é a primeira garantia contra os abusos e desvios do poder. Se, ela, tudo o mais é, quando muito, mera aparência de processo, pseudoprocesso autoritário (porque fundado no princípio da autoridade e, por isso, alheio ao *status* que lhe confere a CF/88) com cínico verniz de democrático e de exercício republicano do poder (no caso, jurisdicional). Pois bem. O que se dá com o art. 139, IV, CPC (talvez menos com seu *texto* e mais com a *norma* (=produto da interpretação) que lhe tem sido atribuída) é justamente uma autorização para que o juiz module o procedimento executório (compreendido o executivo em sentido amplíssimo, abrangendo toda atividade voltada à concretização prática de enunciados normativos, desde sentenças a decisões interlocutórias que deferem tutelas provisórias liminares), violando a garantia da legalidade, de um lado, e da imparcialidade ou neutralidade procedimental, de outro" (CARVALHO FILHO, Antônio; SOUSA, Diego Crevelin de; PEREIRA, Mateus Costa.

Segundo André Del Negri:

[...] Não se contente o jurista com o simples cotejo de regras jurídicas e codificações infraconstitucionais. Bem entendido que se devam precisar e demarcar os conceitos de Moral, Ética e Política, bem como a compreensão de *regras* e *princípios* jurídicos.
A esta altura vem à baila que a decisão jurídica não pode ter uma reaproximação com a *moral* em termos de fundamentação do ato decisional. A partir de então, desenvolveu-se (na literatura jurídica especializada) um raciocínio visando interpretar a Constituição Federal, mas renovando a discussão crítica a respeito da diferença entre ética (área do conhecimento que pensa um refinamento da convivência, quais as melhores formas de convivência coletiva), *moral* (aquilo que a pessoa não se permitiria fazer, um diálogo interno), *valores* (relação de preferência), *política* (vista como convivência fora de si, coletiva, não individual), *regras* (aplicadas somente no sentido em que ordenam) e *princípios* como 'aqueles que balizam o sistema normativo' (espécies normativas de cunho interpretativo aplicáveis às situações concretas determinadas pelas circunstâncias).
A questão é que cada coisa tem o seu devido lugar e sua pertinência. A mistura do Direito com essas outras áreas [ética, moral, política], na tomada de decisão, acarreta desvirtuamento desastroso.
Em resumo, duas observações. A primeira, que não há possibilidade de o Direito existir a reboque da *política* ou da *moral*. A segunda: tanto as *regras*, que se aplicam de forma tudo-ou-nada (*no all or nothing*), quanto os *princípios*, que possuem certo grau de reflexão, e não estipulam consequências jurídicas, mas que são os formadores do ordenamento jurídico, a referência fundante da Constituição, são considerados *normas* jurídicas (sentido deontológico) e também atuam como fundamento para interpretar e aplicar as *regras*.
Com efeito, cabe uma explicação, quanto às *normas*. Numa precisa reflexão, que vem desde Kelsen, 'sabemos que *norma* é mais do que o texto da lei; é sim, o *sentido que se apreende do texto da lei*'. Desta forma, como esclarece Pereira Leal, 'quando a lei fala 'matar alguém. Pena de 6 a 20 anos' (artigo 121 do Código Penal), a *norma* é *não matar*, embora a lei, como se vê, não diz expressamente que seja proibido matar'.[182]

Para, por exemplo, uma sentença proferida em sede de demanda inibitória, caso ocorra o inadimplemento da obrigação de não fazer, o réu

---

Requiém às medidas judiciais atípicas nas execuções pecuniárias – art. 139, IV, CPC. Londrina: Thoth, 2020. p. 116). Grifos em itálico do original.
[182] DEL NEGRI, André. *Teoria da Constituição e Direito Constitucional*. 3. ed. Belo Horizonte: D'Plácido, 2017. p. 372-373.

poderá sofrer *pressão psicológica* por intermédio de uma medida indutiva atípica com o objetivo de, dentro de certos parâmetros condizentes, é claro, com o texto constitucional, cumprir a ordem imposta pelo Estado-juiz.[183]

As medidas inominadas atípicas, se adotadas segundo *parâmetros constitucionais*,[184] poderão ser utilizadas no âmbito das tutelas inibitórias.

Araken de Assis entende que estas medidas seriam inconstitucionais:

> [...] Por óbvio, as medidas 'atípicas' arroladas há pouco são direta ou indiretamente inconstitucionais. Indiretamente que seja, recolher a carteira nacional de habilitação ou o passaporte interferem no direito de ir, vir e ficar; por sinal, a proibição de contratar com pessoas jurídicas de direito público, participando de licitações, é **pena civil** (artigo 12, I, II e III, da Lei 8.429/1992) para o ilícito da improbidade administrativa, de ordinário subordinada ao trânsito em julgado, e, em todo o caso, observando-se o princípio da proporcionalidade, totalmente descabida como medida incidente no cumprimento de sentença. E, diretamente, as medidas objetivam premir o executado por meio não legalmente **prefixado** e sem a devida **correlação** instrumental com a finalidade da atividade executiva, ferindo, e por dois motivos autônomos, o artigo 5°, LIV, da CF/1988. São tão inidôneas para satisfazer o exequente quanto a vetusta *contrainte par corps*, igualmente meio de intimidação, e não devem ser toleradas por idênticas razões.
> [...]
> A existência de dívidas insatisfeitas, ou a execução forçada infrutífera de créditos, não constitui pretexto hábil para constranger o obrigado e o executado através de medidas que, caso previstas *expressis verbis*, incorreriam em grave violação ao princípio estruturante da **dignidade** da pessoa humana e dificilmente subsistiriam incólumes ao controle concentrado de constitucionalidade pelo STF.
> A jurisdição não é, *a priori*, onipotente. Os limites políticos e práticos da execução testemunham o fato. Também não se pode atribuir à jurisdição a tarefa de erradicar os maus costumes e reformar a moralidade social. O devedor que, desprovido de patrimônio, não paga suas dívidas, inclusive no caso de blindagem patrimonial, não incorre, *de lege lata*, em qualquer sanção. O artigo 139, IV, não serve para punir remissos.

---

[183] Sobre o tema: DELLORE, Luiz. Comentários ao artigo 497. In: GAJARDONI, Fernando da Fonseca *et al*. *Processo de conhecimento e cumprimento de sentença*: comentários ao CPC de 2015. São Paulo: Método, 2016. p. 600.

[184] PEREIRA, Ricardo Diego Nunes. O caso da suspensão da CNH por dívida: para um agir normativo não discricionário e a justificação normativa adequada. *Revista do Ministério Público do Estado do Rio de Janeiro*, Rio de Janeiro, v. 72, n. 72, p. 186 e 187, abr./jun. 2019.

O artigo 139, IV, pode e deve ser empregado, no cumprimento da sentença, para executar as decisões previstas no artigo 535 (títulos judiciais), quando se vale de meios executórios típicos, a exemplo dos arrolados no artigo 536, §1°. Fora desse campo, o emprego de outras medidas traduzirá simples **frustração** com os limites políticos do poder de executar.[185]

A matéria relacionada às medidas restritivas com fulcro no art. 139, IV, CPC já se encontra no STF, sob as lentes (relatoria) do Ministro Luiz Fux (ADI n° 5.941-DF),[186] que a considerou de grande relevância, haja vista o especial significado para a ordem social e a segurança jurídica, admitindo-se, ainda, a Associação Brasileira de Direito Processual (ABDPro) na qualidade de *amicus curiae*.[187]

---

[185] ASSIS, Araken de. Cabimento e adequação dos meios executórios "atípicos". *In*: TALAMINI, Eduardo; MINAMI, Marcos Youji (Coord.). *Medidas executivas atípicas*. Grandes temas do novo CPC. Salvador: JusPodivm, 2018. v. 11, p. 130-131. Grifos em negrito do original.

[186] Eis a ementa da r. decisão proferida na ADI n° 5.941-DF (publicada em 21.05.2018): "MEDIDA CAUTELAR NA AÇÃO DIRETA DE INCONSTITUCIONALIDADE. DIREITO PROCESSUAL. ARTIGOS 139, IV; 297, *CAPUT*; 380, PARÁGRAFO ÚNICO; 403, PARÁGRAFO ÚNICO, 536, *CAPUT* E §1°; E 773, *CAPUT*, DA LEI FEDERAL N° 13,105/2015 (CÓDIGO DE PROCESSO CIVIL). MEDIDAS COERCITIVAS INDUTIVAS OU SUB-ROGATÓRIAS CONSISTENTES NA APREENSÃO DE CARTEIRA NACIONAL DE HABILITAÇÃO E/OU SUSPENSÃO DO DIREITO DE DIRIGIR, A APREENSÃO DE PASSAPORTE, A PROIBIÇÃO DE PARTICIPAÇÃO EM CONCURSO PÚBLICO E A PROIBIÇÃO DE PARTICIPAÇÃO EM LICITAÇÃO PÚBLICA. ALEGAÇÃO DE OFENSA AOS ARTIGOS 1°, III; 5°, II, XV E LIV; 37, I E XXI; 173, §3°; E 175, *CAPUT*, DA CONSTITUIÇÃO FEDERAL. APLICAÇÃO DO RITO DO ARTIGO 12 DA LEI FEDERAL N° 9.868/1999".

[187] Vale ressaltar o entendimento de Ricardo Diego Nunes Pereira: "[...] Por tudo isso, a resposta normativa adequada, hermeneuticamente e constitucionalmente, é pela impossibilidade de suspensão de título permissivo do cidadão (CNH) para obtenção de renda, trabalho e (até) lazer, pois contém dentro de si, tal título, um mínimo existencial na representação da maximização dos direitos fundamentais previstos no art. 6°, CF/88. A mesma liberdade-direito que jaz na questão do passaporte também jaz na questão da CNH, em razão de aporte normativo-finalístico idêntico: 'por mais legítima que seja, a prática não pode atropelar o *devido processo constitucional*, menos ainda desconsiderados *direitos e liberdades* previstos na Constituição'" (O caso da suspensão da CNH por dívida: para um agir normativo não discricionário e a justificação normativa adequada. *Revista do Ministério Público do Estado do Rio de Janeiro*, Rio de Janeiro, v. 72, n. 72, p. 190, abr./jun. 2019). Ver ainda: STJ, Quarta Turma, RHC n° 97.876, Min. Rel. Luis Felipe Salomão, j. 05.06.2018.

A AMEAÇA COMO REQUISITO ESSENCIAL À TUTELA INIBITÓRIA – CONDIÇÃO DA AÇÃO OU MÉRITO?[188]

O CPC, ao tratar dos pressupostos[189] essenciais ao exercício da ação, em seu artigo 17, traz que para postular em juízo é necessário ter interesse e legitimidade.

Ao que parece, a atual legislação processual civil ainda faz coro às condições da ação,[190] ao contrário do que pensam respeitáveis doutrinadores.[191]

Na realidade, para exercitar o direito de ação, as partes devem preencher pressupostos mínimos aptos a conduzir à admissibilidade da

---

[188] O presente capítulo foi desenvolvido com base em: ARENHART, Sérgio Cruz. *Perfis da tutela inibitória coletiva*. São Paulo: RT, 2003 (especialmente, capítulo 4, item 4.5).

[189] O termo "pressupostos" adotado no presente estudo coincide com aquele desenhado por Eduardo José da Fonseca Costa, em sua obra: "[...] 'Pressupostos' são os elementos indispensáveis para que o suporte fático ingresse no plano da *existência*; 'requisitos' são as qualidades que esses elementos têm de reunir para que ingressem no plano da *validade*; 'condições' são os fatores extrínsecos dos quais os fatos jurídicos necessitam para produzirem seus efeitos no plano da *eficácia*. Daí por que a concessão da providência de urgência tem: no *fumus boni iuris* e no *periculum in mora*, os seus *pressupostos* (de existência); na prática por juiz competente, um de seus *requisitos* (de validade); na intimação do réu, uma de suas *condições* (de eficácia). Isso explica o subtítulo dado à obra: 'um estudo pragmático sobre os *pressupostos*', ou seja, sobre os motivos, os *causae* das liminares. É bem verdade que a esse respeito não há, na comunidade jurídica, consenso terminológico; entretanto, por imperativo de ciência, é necessário conferir o máximo de invariabilidade semântica aos termos usados no presente trabalho" (COSTA, Eduardo José da Fonseca. *O "direito vivo" das liminares*. São Paulo: Saraiva, 2011. p. 35-36).

[190] A ideia das condições da ação é fruto da "teoria eclética" de Liebman, adotada e assimilada, sem maiores reflexões, pelo legislador brasileiro.

[191] Luiz Guilherme Marinoni, Sérgio Cruz Arenhart e Daniel Mitidiero entendem que não há mais falar em condições da ação, e assim se manifestam: (MARINONI, Luiz Guilherme; ARENHART, Sérgio Cruz; MITIDIERO, Daniel. *Novo curso de processo civil*: teoria do processo civil. São Paulo: RT, 2015. v. 1, p. 204-211-212).

ação, quais sejam, a legitimidade *ad causam* e o interesse processual de agir, não mais se exigindo a possibilidade jurídica do pedido, tal qual previa a legislação processual civil revogada de 1973.

Atualmente, com a nova legislação processual, autores defendem a inclusão da possibilidade jurídica do pedido no mérito[192] e outros no interesse processual (interesse de agir).[193]

---

[192] Fábio Gomes já defendia, em análise crítica, antes mesmo do CPC, a inclusão não apenas da possibilidade jurídica do pedido, mas de todas as condições da ação no âmbito do mérito: "[...] Inaceitável, da mesma forma, atribuir-se a qualidade de condição da ação ao requisito da *legitimidade para a causa*. Já foi visto que esta corresponde à identidade das partes (sujeitos da relação processual) com os titulares da relação de direito material posta à apreciação do juiz. Aqui o equívoco transparece com maior nitidez ainda, pois os próprios defensores da Teoria Eclética não colocam dúvidas no sentido de que o conceito de parte deve ser buscado apenas no âmbito da relação processual. A contradição resta evidente. Ora, se a parte é o titular, no pólo passivo ou ativo, da relação de direito material, e esta não se confunde com a relação jurídica processual, como identificá-las a não ser caindo na teoria do direito concreto? Em verdade, sendo 'parte' um conceito pertinente ao campo do processo e com o qual identificamos autor e réu, não se há falar em parte processualmente ilegítima; a própria identificação das partes exige, como pressuposto, um processo pendente. Aliás, ninguém discute que só por negação chega-se ao conceito de terceiro, e que não se confundem o terceiro frente a uma relação de direito material e frente ao processo. Não se deram conta os seguidores de Liebman que quando falam em 'parte ilegítima', na realidade afirmam que a referida parte não é 'parte', como também que a verdadeira 'parte' não é sujeito do processo. Não menos inadequado considerar-se também o *interesse processual* como condição da ação. É claro que a investigação sobre a necessidade ou desnecessidade da tutela jurisdicional invocada pelo autor para obter a satisfação do direito alegado implica obrigatoriamente perquirir a respeito da ameaça ou da violação desse direito, ou seja, sobre ponto pertinente à relação substancial. O exemplo declinado por Pontes de Miranda resolve facilmente o problema: se determinado credor propuser uma ação de cobrança contra um devedor e este alegar que o autor possui em seu poder importância suficiente para compensar o crédito, sem necessidade de fazê-lo judicialmente, restaria ausente o interesse processual. Ora, que a ausência de interesse restasse provada, só o exame da relação substancial o permitiria. Não estamos frente a uma questão pertinente à relação processual, portanto. Aliás, mais uma vez está em Calmon de Passos quando afirma, apoiado em Micheli, gravitarem em torno do interesse de agir todas as assim denominadas condições da ação, pois a necessidade da tutela jurídica exige a viabilidade dessa tutela não só em relação ao objeto (possibilidade jurídica do pedido), mas também quanto aos sujeitos (legitimação). [...] Mesmo antes de entrar em vigor o Código de Processo Civil de 1973, quando não havia dispositivo legal que autorizasse o uso da expressão 'carência de ação', já gozava a mesma de tal popularidade que um dos fiéis discípulos brasileiros de Liebman criticou severamente o uso constante e inadequado da locução. O novo Código de Processo não só institucionalizou as condições e a carência da ação, como deixou claro para muitos que as três categorias mencionadas não esgotam as hipóteses, e tudo isso com tal ênfase que vai se tornando cada vez mais difícil encontrar um caso de extinção do processo que não o seja por carência de ação; basta que sejam consultados os repertórios de jurisprudência. [...] Em conclusão, entendemos restar demonstrada a absoluta impropriedade de se dar validade às condições da ação como categoria pertinente ao plano do Direito Processual, razão pela qual se impõe a supressão das mesmas do nosso Código; enquanto presentes neste, sua apreciação importará exame de mérito, e de natureza jurisdicional será a atividade do juiz ao aferi-las" (GOMES, Fábio. *Carência de ação*. São Paulo: RT, 1999. p. 66-70).

[193] Pela inclusão da impossibilidade jurídica no âmbito do interesse de agir, Luiz Guilherme Marinoni, Sérgio Cruz Arenhart e Daniel Mitidiero: MARINONI, Luiz Guilherme;

Para esta pesquisa, defende-se a permanência das condições da ação como exigência para o preenchimento de pressupostos mínimos ao exercício do direito de ação.

Corroboram o entendimento acerca da permanência das condições da ação as considerações de Arlete Inês Aurelli, ao discorrer sobre as matérias alegáveis em preliminar de contestação:

> [...] Entre as matérias a serem alegadas em preliminar de contestação, o CPC substituiu a 'carência de ação' pelo inciso XI, em que menciona a ausência de legitimidade ou de interesse processual. No nosso sentir, a intenção do legislador aqui foi deixar expresso que a possibilidade jurídica do pedido não mais será tratada como condição da ação. Apenas isso. De fato, a impossibilidade jurídica do pedido é questão a ser analisada com o mérito. É uma pena que, na versão definitiva, tenha sido suprimida, do rol de casos de julgamento liminar de improcedência, aquela em que o pedido fosse manifestamente improcedente por contrariar o ordenamento jurídico (artigo 333). Ora, essa hipótese era a clara previsão da impossibilidade jurídica do pedido elevada ao patamar do mérito. Alguns renomados processualistas entendem que a supressão do termo 'carência de ação' se deu porque não mais existiriam as condições da ação, nem mesmo legitimidade e interesse. No seu lugar, teríamos apenas pressupostos processuais, incluindo aí a legitimidade e o interesse. Nesse sentido, Fredie Didier afirma: 'A segunda alteração silenciosa é mais importante e, por isso, justificava a permanência de estudos doutrinários ao seu respeito. O texto proposto não se vale da expressão 'condição da ação'. Apenas se prescreve que, reconhecida a ilegitimidade ou a falta de interesse, o órgão jurisdicional deve proferir decisão de inadmissibilidade. Retira-se a menção expressa à categoria 'condição da ação' do único texto normativo do CPC que a previa. Esse aspecto do projeto ainda não foi percebido: nem a Comissão que elaborou a proposta o apresenta como uma das inovações sugeridas, muito menos a doutrina que vem comentando o projeto o tem examinado. A prevalecer a proposta, não haverá mais razão para o uso, pela ciência do processo brasileiro, do conceito 'condição da ação'. A legitimidade *ad causam* e o interesse de agir passarão a ser explicados com suporte no repertório teórico dos pressupostos processuais' (Disponível em: http://www.frediedidier. com.br/artigos/condicoes-da-acao-e-o-projeto-de-novo-cpc/).
> Não concordamos com essa visão. Não nos parece tenha sido essa a vontade do legislador. O fato de o termo 'condições da ação' ter sido suprimido no dispositivo ora em comento de forma alguma significa que os requisitos da legitimidade *ad causam* e interesse processual deixaram de ser condições para o exercício da ação, passando a figurar

---

ARENHART, Sérgio Cruz; MITIDIERO, Daniel. *Novo curso de processo civil*: teoria do processo civil. São Paulo: RT, 2015. v. 1, p. 205.

como pressupostos processuais. Se fosse essa a vontade do legislador, do inciso deveria ter constado a menção expressa: ausência de pressupostos processuais, como legitimidade e interesse. Ao depois, a falta desses requisitos não gera nulidade do processo, qualquer que seja a visão que se tenha desse instituto, seja como relação jurídica processual, método de trabalho disciplinado pela Constituição Federal, situação jurídica, instituição ou contraditório participativo. Em qualquer uma das vertentes, legitimidade e interesse não são requisitos para a existência e validade do processo. A admissibilidade, no nosso modo de ver, envolve dois âmbitos de análise: requisitos para o processo se constituir e desenvolver regularmente e requisitos para o exercício do direito de ação. Assim, ainda que o processo tenha se constituído regularmente e seja válido, a ação será inadmissível, se lhe faltarem as condições mínimas para que seja exercida. Na verdade, no nosso sistema, os institutos da ação e processo são estudados como categorias autônomas, pelo que não há como se admitir que as condições da ação sejam encartadas nos pressupostos processuais. Enquanto ação e processo forem tratados como categorias distintas, os requisitos para o exercício de cada um também serão distintos.[194]

Feitas essas colocações acerca das condições da ação (*rectius*: "pressupostos para o exercício"), tratar-se-á a seguir do conceito de ameaça[195] e suas respectivas características, bem como se incluída no âmbito das condições da ação ou no mérito.

Além disso, após optar-se pela permanência das condições da ação na sistemática processual civil vigente, necessário justificar a precisa localização da ameaça dentro desses pressupostos mínimos para o efetivo exercício do direito de ação.

5.1 A definição de ameaça e suas respectivas características

O conceito de ameaça[196] envolve não somente aspectos inerentes ao psicológico da pessoa, mas reflete na esfera jurídica ao acompanhar

---

[194] AURELLI, Arlete Inês. Comentários ao artigo 337. *In*: STRECK, Lenio Luiz; NUNES, Dierle, CUNHA, Leonardo Carneiro da (Org.); FREIRE, Alexandre (Coord. executivo). *Comentários ao código de processo civil*. São Paulo: Saraiva, 2016. p. 492-493.

[195] Verificar o texto constitucional — art. 5º, XXXV. A CF/88 assegura a proteção à ameaça de ilícito. Nesse sentido: ARAÚJO, Luciano Vianna. Comentários ao artigo 497. *In*: CABRAL, Antonio do Passo; CRAMER, Ronaldo (Coord.). *Comentários ao novo código de processo civil*. Rio de Janeiro: Forense, 2016. p. 747.

[196] A palavra "ameaça" é substantivo feminino e, segundo o dicionário significa: "[...] 1. Promessa de castigo ou malefício. 2. Prenúncio ou indício de coisa má. 3. Palavra ou gesto

o ato ilícito, podendo representar temor ultrajante ao ordenamento jurídico e atingir o direito do jurisdicionado.

A ameaça como simples temor psicológico, despida de ato contrário ao ordenamento jurídico (ato ilícito), não consegue imprimir qualquer situação apta a sustentar a utilização da tutela inibitória.

Nesse aspecto, deve ser séria, grave, comprometedora, aviltante, no sentido de provocar verdadeiro temor ao ilícito.

Além disso, a ameaça deve ser real, e não fruto do imaginário, do ilusório, da ficção, mas uma situação que, dentro de suas perspectivas, possa efetivamente resultar em provável ilícito. Também, deve ser concreta e aferida por aspectos estritamente objetivos.

E, de igual forma, deve ser contemporânea, atual, não se admitindo ameaça pretérita, no sentido de desqualificar o tempo atual da ameaça (p. ex., ameaça de esbulho há mais de 1 ano).

Todas essas características devem ser conjugadas à deflagração da ameaça representativa de um ato ilícito a propiciar o manejo da efetiva tutela inibitória.

Eis o posicionamento de Sérgio Cruz Arenhart, ainda sob a égide do CPC/1973, ao traçar as características da ameaça em sede de mandado de segurança preventivo e interdito proibitório, típicos exemplos de tutelas inibitórias no direito brasileiro:

> [...] Quanto ao mandado de segurança preventivo, tem-se como pacífica a orientação da doutrina e da jurisprudência no sentido de que a ameaça que legitima o recurso a essa ação deve externar-se por elementos objetivos e concretos, que apontem para a efetiva lesão futura ao direito afirmado. Não basta, nesse passo, a existência de temor subjetivo da parte, em relação à violação ulterior de seu direito; é necessário que esse receio seja justificável de forma objetiva e concreta. Conforme sublinha Caio Tácito, o mandado de segurança preventivo deve revestir-se de um pressuposto indispensável, que é a *ameaça a direito líquido e certo*. Essa ameaça deve caracterizar-se pela idéia do *justo receio*, ou seja, por um temor qualificado por demonstrações inequívocas e objetivas, da autoridade, tendentes à violação do direito a ser protegido. Segundo assinala o autor, esse justo receio se demonstra por *'atos preparatórios ou de indícios razoáveis'*, dirigidos no sentido de apontar para a futura violação ao direito.

---

intimidativo". A sua forma verbal *"ameaçar"* (verbo transitivo direto) significa: "[...] 1. Dirigir ameaça(s) a. 2. Pôr em perigo. 3. Estar na iminência de" (FERREIRA, Aurélio Buarque de Holanda. Coordenação de edição Margarida dos Anjos, Marina Baird Ferreira; equipe de lexicografia Margarida dos Anjos [*et al.*]. *In*: *Miniaurélio*: o minidicionário da língua portuguesa. 6. ed. Curitiba: Positivo, 2004. p. 116).

No mesmo sentido é o escólio de Celso Agrícola Barbi. Na ótica desse jurista, o justo receio da lesão deve revestir-se de certas características. Para determinar essas características, recorre o autor à orientação fornecida pelo Congresso Internacional de Direito Comparado, realizado em Bruxelas, no ano de 1958, que indicava que essa ameaça deveria ser 'objetiva e atual'. Ao explicar esses conceitos, proclamou-se naquele conclave que 'entendemos que a 'ameaça' será 'objetiva' quando 'real', traduzida por fatos e atos, e não por meras suposições; e será 'atual' se existir no momento, não bastando que tenha existido em outros tempos e haja desaparecido.[197]

5.2 A ameaça como requisito de admissibilidade da ação

As partes, para exercitarem o direito de ação constitucionalmente assegurado (artigo 5º, XXXV, Constituição Federal de 1988), devem preencher alguns pressupostos necessários à admissibilidade da ação, os quais caracterizam condições da ação (artigo 17, CPC).

E, para se aferir a presença ou não destes pressupostos, o juiz poderá (*rectius*: deverá) analisar a ação *in statu assertionis* (utilização da "técnica da asserção"),[198] a partir das alegações trazidas pelas partes, sem que isso possa implicar em cotejo com o material probatório.[199]

---

[197] ARENHART, Sérgio Cruz. *Perfis da tutela inibitória coletiva*. São Paulo: RT, 2003. p. 251-252.
[198] Cândido Rangel Dinamarco e Bruno Vasconcelos Carrilho Lopes denominam de "teoria da asserção" e tecem a seguinte crítica: "[...] Na realidade, porém, *uma condição da ação é sempre uma condição da ação*, ou seja, requisito para a existência do direito de ação, sendo arbitrária essa distinção que leva em conta o comportamento do autor, de modo que poderia este, dissimulando na petição inicial a verdadeira situação de fato, transformar uma questão preliminar em uma questão de mérito, como em uma milagrosa transformação da água em vinho. Na realidade, não basta que o demandante descreva formalmente uma situação em que aparentemente estejam presentes as condições da ação. Por falta de uma delas em qualquer momento o processo deve ser extinto sem julgamento do mérito, quer o autor já haja descrito uma situação em que ela falte, quer dissimule a situação e só mais tarde a prova revele ao juiz a realidade" (DINAMARCO, Cândido Rangel; LOPES, Bruno Vasconcelos Carrilho. *Teoria geral do novo processo civil*. São Paulo: Malheiros, 2016. p. 119). Com o devido respeito, discorda-se da opinião externada pelos autores, com base nas seguintes premissas: (i) não se trata de uma teoria, mas de "técnica"; (ii) sua aplicabilidade depende do plano a ser adotado pelo Estado-juiz, se analítico ou pragmático, no momento da análise das condições; (iii) se verificadas e demonstradas as condições da ação, preenchidos, então, os pressupostos de admissibilidade da ação; (iv) após, em momento posterior, sem utilizar da "técnica da asserção", o reconhecimento da existência ou não das condições da ação será evidentemente mérito, já que em momento posterior não há razão para que o Estado-juiz deixe de atender ao "princípio da primazia do julgamento do mérito". Na verdade, a "teoria eclética" de Liebman trouxe inúmeras confusões e desacertos, haja vista a sua utilização inadequada pelo legislador brasileiro influenciado por uma doutrina pautada em apenas importar algo ultrapassado, e que, ao certo, não contribui para o aperfeiçoamento da ciência processual — é o que, no início do trabalho, designou-se de "mixagem teórica".

Nesse momento, o juiz terá condições para emitir o seu juízo de admissibilidade, com o preenchimento das condições da ação inibitória, evitando, com isso, prosseguimento (desenvolvimento) irregular do processo, o que, de certa forma, contraria sua duração razoável.[200]

Não que o Estado-juiz esteja impedido de analisar as condições da ação (*rectius*: pressupostos para o exercício do direito de ação) em outro momento, por exemplo, após a produção de determinado meio probatório (prova pericial), porém, nesse caso, estar-se-á diante de evidente julgamento do mérito.[201]

Em contundente crítica à "teoria eclética" de Liebman acerca das condições da ação, ver: PASSOS, José Joaquim Calmon de. Em tôrno das condições da ação — a possibilidade jurídica. *In*: *Ensaios e artigos*. Salvador: JusPodivm, 2016. v. II, p. 28-29.

[199] De acordo com Sérgio Cruz Arenhart: "[...] Segundo esses autores, a diferença essencial reside na forma como se procede ao exame de cada um desses elementos. Assim, a análise das condições da ação seria feita *in statu assertionis*, ou seja, fundada exclusivamente com base nas alegações feitas pelas partes no processo, sem nenhum cotejo dessas alegações com as provas trazidas aos autos. Já o exame do mérito exigiria essa comparação, resultando da valoração dessas provas no convencimento do juiz" (ARENHART, Sérgio Cruz. *Perfis da tutela inibitória coletiva*. São Paulo: RT, 2003. p. 233). Já para Alexandre Freitas Câmara: "[...] O exercício do direito de ação será regular se preenchidos dois requisitos, tradicionalmente conhecidos como 'condições da ação': *legitimidade* e *interesse* (artigo 17). [...] A aferição das 'condições da ação' se faz através de uma técnica conhecida como *teoria da asserção*. Não obstante este nome, de uso consagrado, não se está aí diante de uma verdadeira teoria, mas de uma técnica para verificação da presença das 'condições da ação'. Asserção, como cediço, significa *afirmação*, e daí vem o nome desta técnica, por força da qual as 'condições da ação' devem ser examinadas *in statu assertionis*, isto é, no estado das afirmações feitas pela parte em sua petição. Consiste a técnica no seguinte: ao receber a petição inicial, o juiz se deparará com uma série de alegações ali deduzidas da quais não sabe ele (com a única ressalva dos fatos notórios) se são ou não verdadeiras. Vale, aqui, observar que o juiz — sempre ressalvados os fatos notórios, que são de conhecimento geral da sociedade, e isto evidentemente inclui o juiz — não pode ter conhecimento privado acerca dos fatos da causa que terá de apreciar. É que seu conhecimento dos fatos precisa ser *construído processualmente*, o que se dá através da participação das partes em contraditório. Deste modo, admitir um juiz que conheça os fatos da causa por conta de elementos que lhe tenham sido apresentados *antes e fora do processo* viola a garantia constitucional do contraditório e, por conseguinte, leva ao desenvolvimento de um processo que não está afinado com o modelo constitucional estabelecido para o direito processual civil brasileiro. O juiz, então, ao receber a petição inicial, depara-se com uma série de alegações que não sabe se são ou não verdadeiras. Pois para a aferição das 'condições da ação' ele deve estabelecer um juízo hipotético de veracidade dessas alegações. Em outras palavras, significa isto dizer que o juiz deverá admitir essas alegações *como se fossem verdadeiras*" (CÂMARA, Alexandre Freitas. *O novo processo civil brasileiro*. 2. ed. São Paulo: Atlas, 2016. p. 37-40).

[200] Com a discordância da permanência das "condições da ação" no atual CPC, mas de acordo com a existência de requisitos necessários à apreciação do mérito: ARENHART, Sérgio Cruz; MARINONI, Luiz Guilherme; MITIDIERO, Daniel. *Novo curso de processo civil*: teoria do processo civil. São Paulo: RT, 2015. v. 1, p. 212.

[201] Alexandre Freitas Câmara afirma: "[...] Um dado importante é que as 'condições da ação' podem ser objeto de controle, de ofício ou por provocação das partes, em qualquer tempo e grau de jurisdição (artigo 485, §3º). Assim, o exame de sua presença ou não se realiza, necessariamente, no momento em que se ajuíza a petição inicial (embora o ideal fosse que esse

Na realidade, o juiz deverá utilizar metodologicamente planos para aferir os pressupostos inerentes ao exercício do direito de ação.

Assim, por exemplo, se lançar mão do plano analítico, a análise dos referidos pressupostos, condições da ação, será *in statu assertionis*, com o manejo da técnica da asserção, ou seja, com base nas alegações trazidas pelo autor na sua petição inicial. Já, se se utilizar o plano pragmático, estes pressupostos integrarão o mérito, ou melhor, conduzirão ao julgamento do mérito.

Ao analisar a ação inibitória, ou melhor, sua petição inicial representativa, o Estado-juiz poderá admiti-la (juízo positivo) — artigo 334, CPC —, indeferi-la (juízo negativo) — artigo 330, CPC — ou determinar ainda sua emenda ou complementação — artigo 321, CPC —, para sanar vícios (juízo neutro);[202] essa última postura encontra ressonância no "princípio da primazia do julgamento do mérito" (artigo 4º, CPC).

Estas atitudes têm íntima relação com a cognição exercitada pelo magistrado. E é dependendo dessas atitudes fulcradas na cognição que será possível determinar a localização da ameaça.

Ora, se for de fácil percepção, ou melhor, aferição logo no início (sem necessidade de revolver material probatório), a ameaça integrará as condições da ação, em especial o interesse processual (interesse de agir).

Nesse caso, a parte terá ou não interesse de postular em juízo, considerando o ato ilícito contrário ao ordenamento jurídico. O Estado-juiz, ao verificar as alegações das partes, certificará a presença ou não da ameaça, isso *in statu assertionis*.

Caso o autor tenha conseguido demonstrar, *ab initio*, o seu efetivo interesse de agir diante de grave, real e contemporânea ameaça de

---

controle se realizasse sempre *ab initio*, de modo a evitar-se a prática de atividade processual inútil). O exame das 'condições da ação' pode se realizar a qualquer tempo, inclusive após a produção de prova, e até mesmo em grau de recurso. O que define se a decisão proferida pelo órgão jurisdicional tem por objeto as 'condições da ação' (afirmando sua presença ou ausência) ou sobre o mérito da causa (declarando procedente ou improcedente o pedido) não é o momento em que é prolatada, mas a técnica empregada para proferi-la. Caso se trate de uma decisão que se limitou ao exame, *in statu assertionis*, das alegações contidas na petição inicial, estar-se-á diante de um pronunciamento sobre as 'condições da ação'. De outro lado, se tiver havido exame de material probatório, a fim de se verificar se as alegações contidas na petição inicial eram mesmo verdadeiras ou não, estar-se-á diante de um provimento de mérito (de procedência ou de improcedência do pedido)" (CÂMARA, Alexandre Freitas. *O novo processo civil brasileiro*. 2. ed. São Paulo: Atlas, 2016. p. 40-41).

[202] Em relação ao "juízo neutro", eis o posicionamento de Cassio Scarpinella Bueno: "[...] Pode ocorrer de a petição inicial não preencher as exigências que lhe são impostas e que seja possível — e mais do que isto, verdadeiramente desejável —, que seus vícios sejam supridos, viabilizando, com isto, o desenvolvimento válido e regular do processo, com a citação do réu" (BUENO, Cassio Scarpinella. *Manual de direito processual civil*. 2. ed. São Paulo: Saraiva, 2016. v. único, p. 298).

ilícito futuro, o juiz, por intermédio de um juízo de admissibilidade, receberá positivamente a petição inicial, e, dependendo da gravidade da ameaça, deverá antecipar os efeitos no tempo (em caráter liminar), para conceder a efetiva proteção provisória preventiva contrária ao ato ilícito, se o autor tiver postulado (requerido) tal medida liminar, em consonância ao princípio da demanda (princípio dispositivo em sentido material).[203]

No mesmo sentido, a lição de Carlos Augusto de Assis:

> [...] Para efeitos desse estudo, interessa-nos cuidar do princípio em sentido material, que pode se considerar consagrado pelo direito positivo no artigo 2º, ao afirmar que 'o processo civil começa por iniciativa da parte e se desenvolve por impulso oficial, salvo as exceções previstas em lei'. Sob essa ótica podemos entender que o pedido de tutela provisória, seja de urgência (cautelar ou antecipada), seja de evidência, está sujeito a esse princípio fundamental. O juiz só poderá atuar de ofício se tiver previsão legal a respeito.
>
> Em matéria de cautelar essa previsão existia no direito anterior, conforme leitura que se fazia do artigo 797, do CPC de 73. Esse dispositivo, porém, não foi reproduzido no novo CPC. Em matéria de tutela antecipada, o artigo 273 do CPC anterior, não só não previa a iniciativa judicial, como, também, fazia constar expressamente a necessidade de requerimento. O novo CPC, porém, não estabelece ressalva geral que possa amparar tutela provisória de ofício. Assim, prevalece o princípio dispositivo em sentido material, sujeitando a tutela de urgência cautelar ou antecipada à existência de um pedido da parte, salvo eventual dispositivo específico estabelecendo a possibilidade de concessão de ofício. Aliás, o artigo

---

[203] Esse o mesmo posicionamento de Eduardo Arruda Alvim, ao tratar da temática "tutelas provisórias", afirmando serem elas dependentes de pedido a ser formulado (óbice à concessão *ex officio*): "[...] Um primeiro ponto que deve ser reafirmado, respeitantemente ao assunto deste Capítulo VI, é o de que a tutela provisória depende de pedido expresso. Essa conclusão decorre do princípio dispositivo, sendo vedada a atuação *ex officio* do magistrado. Na medida em que *ne procedat iudex ex officio*, conforme dispõe o artigo 2º do CPC/2015, estando o juiz adstrito aos limites do pedido formulado, tem-se que a tutela provisória, da mesma forma, depende de pedido. Essa ideia deflui de expressões empregadas por diversos dispositivos do CPC/2015, como por exemplo: 'tutela provisória requerida' (CPC/2015, artigo 295), 'na decisão que conceder, negar' (CPC/2015, artigo 298), 'a tutela provisória será requerida ao juízo da causa' (CPC/2015, artigo 299, *caput*), 'a tutela de urgência será concedida' (CPC/2015, artigo 300), 'a petição inicial pode limitar-se ao requerimento da tutela' (CPC/2015, artigo 303, *caput*), entre outras. Assim, a concessão da tutela provisória depende sempre do pedido expresso do autor. Nem teria sentido, segundo nosso entendimento, uma vez que a jurisdição é inerte (CPC/2015, artigo 2º), estando o juiz adstrito aos termos do pedido formulado (CPC/2015, artigo 141 e 492), supor que o juiz pudesse conceder a tutela provisória *ex officio*, independentemente de pedido" (ALVIM, Eduardo Arruda. *Tutela provisória*. 2. ed. São Paulo: Saraiva, 2017. p. 335-336).

299 preceitua que a tutela provisória deverá ser '**requerida** ao juízo da causa [...]'.

Essa conclusão fica ainda mais reforçada se levarmos em consideração o regime de responsabilidade (objetiva) no caso de a efetivação da tutela concedida (e depois revogada) vir a causar prejuízo (artigo 302). Não seria razoável impor à parte a responsabilização por uma tutela de urgência que ela não tivesse pleiteado.[204]

5.3 A ameaça como mérito e breves considerações sobre a sua prova

Em primeiro lugar, necessário entender o que seria, na verdade, o mérito. Seria apenas o pedido? Poder-se-ia aqui incluir a causa de pedir?

O mérito não está estanque apenas e tão somente ao pedido (mediato e imediato) formulado pelo autor, mas também abarca a causa de pedir (próxima e remota); e mais, o réu, também, ao formular pedido (em sede de reconvenção ou pedido contraposto, por exemplo), estará delimitando o mérito da causa.[205]

---

[204] Tutela antecipada. *In*: ASSIS, Carlos Augusto de; LOPES, João Batista. *Tutela provisória*: tutela antecipada; tutela cautelar; tutela da evidência; tutela inibitória antecipada. Brasília, DF: Gazeta Jurídica, 2018. p. 138-139. Grifo em negrito do original. Interessante a observação de Cristiane Druve Tavares Fagundes acerca da responsabilidade objetiva por dano processual: FAGUNDES, Cristiane Druve Tavares. *Responsabilidade objetiva por dano processual*. Rio de Janeiro: Lumen Juris, 2015. p. 269.

[205] "[...] O mais consentâneo, então, seria *a causa de pedir (fatos e fundamentos — causa petendi próxima e remota)* e o *pedido (imediato — provimento jurisdicional; mediato — bem da vida pretendido)* integrarem o mérito, e não somente o pedido. É claro, que o réu ao formular pedido contrário aos interesses do autor, em sua reconvenção (artigo 343, CPC), também impõe limitação à atuação do Estado-juiz; bem como o denunciante ao promover a denunciação da lide (arts. 125 a 129, CPC). De certa forma, entendemos que o réu ao resistir efetivamente ao pedido formulado pelo autor, à evidência, dependendo dos elementos trazidos em sua 'resistência' (contestação); a *causa de pedir* lançada pelo autor restará enfraquecida dentro dos limites desenhados pelo réu, e o pedido formulado na inicial será julgado improcedente; isso tudo, também, levando-se em consideração o material probatório adquirido pelo processo (artigo 371, CPC). Nesse mesmo sentido, a posição de Clito Fornaciari Júnior: 'Denota-se dessas colocações que o réu também formula um pedido, mesmo quando não se vale da reconvenção ou do chamado pedido contraposto. Sua pretensão é de improcedência da demanda ou de extinção do processo sem julgamento de mérito, ou seja, sempre atua no sentido de reclamar uma providência oposta àquela cogitada pelo demandante. No entanto, mais do que isso ele faz, pois também traz justificativas e fundamentos para o quanto pretende obter e esses fundamentos e justificativas acabam por limitar o âmbito de atuação do juiz, tanto quanto o pedido e a causa de pedir do autor'. (**Limites à atuação do juiz impostos pela contestação**. www.lexeditora.com.br. Acesso em: 19/2/2017). Tanto assim, que a fundamentação deverá ser 'completa', no sentido de que o Estado-juiz deverá levar em conta os argumentos trazidos pelo autor, mas, de igual forma, aqueles trazidos pelo réu relevantes para infirmar a conclusão adotada pelo julgador (artigo 489, IV, CPC)" (SILVA, Bruno Campos. Comentários ao artigo 492. *In*: RIBEIRO, Sérgio Luiz de Almeida

Além disso, já se manifestou que a própria resistência do réu ao pedido do autor, de certa forma, poderá influenciar no julgamento do mérito.
Segundo o entendimento de Sérgio Cruz Arenhart:

> [...] Transportando esses conceitos para o campo da ação inibitória, é de se concluir que o exame das condições da ação e a análise do mérito ocorrem em dois momentos distintos, sendo que a 'ameaça de lesão' pode corresponder tanto a um como a outro, dependendo da forma como se considera a questão. Se, de um lado, a parte autora não narra, em sua petição inicial, situação que indique a presença de uma situação *concreta* de ameaça a lesão a direito seu, então, mesmo sem qualquer exame de prova, poderá o magistrado tomá-la por carente de ação, na medida em que não tem necessidade na tutela pretendida; se, por outro ângulo, estiver o magistrado a analisar questões atinentes à prova, então a discussão a propósito da ameaça de lesão transfere-se para o domínio do mérito da pretensão, resultando em uma sentença definitiva, e não apenas terminativa.
> Obviamente, a ameaça enquanto condição da ação não põe maiores problemas, já que sua verificação depende exclusivamente de um exercício lógico, realizado pela mente do juiz diante da narração presente na petição inicial. É no campo do mérito que a prova da ameaça apresenta maiores problemas, dignos de atenção especial.[206]

A ameaça, como já afirmado, nem sempre será de fácil demonstração, em especial se for de primeira ocorrência.
Muito se discute na doutrina a possibilidade de se utilizar os indícios e a prova indiciária para se alcançar um retrato próximo da realidade daquilo que se diz temido.[207]
Ocorre que a utilização da prova indiciária para demonstrar a ocorrência de um indício, o qual poderá corroborar a alegação do autor em torno da existência da ameaça ao seu direito, não se consubstancia em

---

(Coord.). *Novo código de processo civil comentado*. t. II. arts. 318 a 770. São Paulo: Lualri, 2017. p. 259-260). No sentido de que o mérito seria composto por pedido e causa de pedir: DOMIT, Otávio Augusto Dal Molin. **Iura novit curia** *e causa de pedir*: o juiz e a qualificação jurídica dos fatos no processo civil brasileiro. São Paulo: RT, 2016. p. 232-233.

[206] ARENHART, Sérgio Cruz. *Perfis da tutela inibitória coletiva*. São Paulo: RT, 2003. p. 233-234.
[207] Em breves anotações sobre a prova na tutela inibitória antecipada, verificar: LOPES, João Batista. A prova na tutela antecipada. *In*: BUENO, Cassio Scarpinella *et al*. (Coord.). *Tutela provisória no novo CPC*: dos 20 anos de vigência do artigo 273 do CPC/1973 ao CPC/2015. São Paulo: Saraiva, 2016. p. 219.

verdadeira prova, já que não obtida em espaço dialogal entre as partes, o que, evidentemente, distancia-se de um processo civil democrático.[208]

Ao tratar do instituto da prova em sede de ação inibitória, Luiz Guilherme Marinoni observa que na "ação inibitória não é necessária a alegação de probabilidade de dano, nem a sua prova. Ou seja, se uma norma proíbe a prática de determinado ato ou atividade, e se esta violação é provável, bastará a sua alegação e demonstração, não sendo necessário afirmar e provar que, ao lado desta provável violação, ocorrerá um possível dano. Do ponto de vista probatório, é muito mais fácil provar a probabilidade da prática, repetição, ou continuação de *ato contrário ao direito*, do que a probabilidade de *dano*. Na ação inibitória *é necessário verificar não só a probabilidade da prática de ato, mas também se tal ato configura ilícito*. Por isto, requer-se o confronto entre a descrição do ato temido e o direito. É possível que o réu negue que praticará o ato, mas afirme que este não terá a natureza ou a extensão do ato vedado pela regra legal. Neste caso, tratando-se de ação voltada a impedir a repetição ou a continuação do ilícito, basta verificar se o ato anteriormente praticado realmente enquadra-se na proibição legal. Mais difícil será a prova da ilicitude do ato quando ato 'igual' não foi ainda praticado. Em tal hipótese deverá ser demonstrado que o ato que se pretende praticar é realmente vedado por norma legal. Nas situações em que se discute apenas a extensão e a natureza do ato que estaria sendo negado como ilícito, *a prova não terá por fim demonstrar um fato que indique a probabilidade da prática de um ato futuro, mas sim evidenciar que o ato que se pretende praticar é ilícito*. Problema diverso é o da prova da afirmação de que o ato (admitido como ilícito) será praticado, repetido ou continuará. Note-se que a questão da prova é mais intrincada na ação inibitória do que na ação de remoção. É que na ação inibitória, além de também não importar o dano, mas só o ato contrário ao direito, leva-se em conta um ilícito futuro e não um ilícito já ocorrido. Quando ato anterior já foi

---

[208] "[...] Quem pede a tutela inibitória, arca com o ônus de demonstrar, na prática, a ameaça (probabilidade) de que um ato contrário ao direito venha a acontecer, isto é, deve provar que uma vez ocorridos determinados acontecimentos eles implicarão, provavelmente, na violação do direito. Portanto, tais fatos são *indiciários* (ou secundários), permitindo ao magistrado, mediante seu raciocínio judicial, estabelecer uma presunção. Isso ocorre porque somente os fatos passados podem ser provados e, como a ação inibitória é uma forma de tutela preventiva, tais acontecimentos são *fatos indiciários* (indícios) destinados a demonstrar a probabilidade da prática e concretização de ato (ilícito) futuro. Porém, é necessário que esteja comprovada, especificamente, a existência de ameaça à integridade do direito, não bastando o mero temor (subjetivo) de futura violação do direito. É indispensável que tal receio seja justo e grave, bem como esteja fundado em elementos concretos e exteriores" (CAMBI, Eduardo *et al*. *Curso de processo civil completo*. São Paulo: RT, 2017. p. 932-933).

praticado, da sua modalidade e natureza se pode inferir com grande aproximação a probabilidade da sua continuação ou repetição no futuro. Maior dificuldade existe na produção da prova de que um ato será praticado quando nenhum ilícito anterior foi cometido. No caso em que se teme a prática de ilícito, e nenhum ilícito já foi praticado, o autor deverá alegar fatos que sejam suficientes para permitir ao juiz formar um juízo acerca da alegação de que provavelmente será praticado um ilícito. Ou seja, quando é considerada apenas a probabilidade da prática do ato (a ilicitude do ato temido não é discutida), devem ser alegados fatos que, uma vez demonstrados, possam levar o juiz a concluir que provavelmente ocorrerá a violação do direito. É fundamental, na ação inibitória, manejar de forma adequada os conceitos de fato indiciário, prova indiciária, raciocínio presuntivo, presunção e juízo. Tratando-se de ação inibitória, ou seja, de ação voltada para o futuro, não é possível desconsiderar as virtudes da denominada prova indiciária. Tal modalidade de prova, se pode ser considerada auxiliar importante em face das tradicionais ações repressivas, assume lugar de destaque e importância diante da ação inibitória. A tutela inibitória depende da prova de fatos que já ocorreram e apontam para a probabilidade de que o fato temido venha a ser praticado. Trata-se, assim, de prover fatos indiciários que confiram ao juiz a oportunidade de ver a probabilidade da prática do ato que se deseja inibir".[209]

Agora, se houver necessidade de se reconstruir o quadro fático, o que deverá ser efetivado em contraditório, as partes poderão utilizar meios probatórios necessários à dita reconstrução.

Nisso, caso se perceba a fragilidade de uma das partes, ou, até mesmo, a dificuldade de se ultimar a produção de determinado meio probatório, o Estado-juiz poderá proceder à inversão do ônus probatório em favor daquele ou daquela situação vulnerável (ou melhor, "consequência" da adoção da distribuição dinâmica do ônus probatório).[210]

No âmbito de uma demanda inibitória, é possível verificar a dificuldade imediata para chegar à demonstração de uma ameaça; por exemplo, se o ato ilícito foi praticado por intermédio de um *e-mail* enviado por um computador, haverá necessidade de se exigir a prova

---

[209] MARINONI, Luiz Guilherme. *Tutela contra o ilícito*: inibitória e de remoção – artigo 497, parágrafo único, CPC/2015. São Paulo: RT, 2015. p. 113-114.

[210] Ainda sob a égide do CPC/1973, ao criticar a desregrada dinamicização do ônus probatório: PAOLINELLI, Camilla Mattos. *O ônus da prova no processo democrático*. Rio de Janeiro: Lumen Juris, 2014. p. 183-184.

pericial do conteúdo da mensagem intimidatória caracterizadora do ilícito futuro.[211]

Note-se que, *in casu*, o réu é quem detém melhores condições para contribuir decisivamente com a reconstrução fática pretendida; daí a possibilidade de se conceder a inversão do ônus probatório, já que o autor teria evidente dificuldade para a produção do meio probatório; para isso, o Estado-juiz deverá fundamentar sua decisão a respeito da distribuição dinâmica do ônus probatório (artigo 373, §1º, CPC),[212] sem que isso conduza a injustificável ultraje a direitos fundamentais prescritos no texto constitucional.[213]

Nesse contexto, imprescindível destacar relevantes opiniões contrárias à inversão do ônus probatório, eis que proporciona incontestável mácula à presunção da inocência civil.[214]

---

[211] Ver: PAOLINELLI, Camilla Mattos. *O ônus da prova no processo democrático*. Rio de Janeiro: Lumen Juris, 2014. p. 186-187. A conclusão empreendida pela autora foi desenhada ainda sob a vigência do CPC/1973. Hoje, há previsão para a distribuição dinâmica do ônus probatório no disposto no artigo 373, §§1º e 2º, CPC, inclusive com a possibilidade de se estabelecer, de forma negociada, a distribuição diversa do ônus probatório (artigo 373, §§3º e 4º).

[212] Sobre o assunto: CURY, Augusto Jorge. *Ônus da prova e sua inversão no novo direito processual civil*. Curitiba: Juruá, 2015. p. 217. Sobre o ônus da prova, ainda no CPC/1973: FERREIRA, William Santos. *Princípios fundamentais da prova cível*. São Paulo: RT, 2014. p. 251-257.

[213] Marcelo José Magalhães Bonizzi traz interessantes aspectos inerentes à redistribuição do ônus probatório: "[...] É importante acrescentar, ainda, que a expressão 'ônus dinâmico' (ou 'em movimento') explica a situação em que, já tendo ocorrido a redistribuição do ônus, o juiz resolve providenciar 'nova redistribuição', agora à luz de outros elementos que apareceram nos autos. Se, por exemplo, o réu passou a ser do réu e este conseguiu demonstrar, posteriormente, que o autor é que possui mais facilidade para produzir a prova, nada impede que o juiz altere novamente o ônus probatório, devolvendo, no exemplo dado, para o autor, o ônus que era dele no começo. Tudo isso, desnecessário dizer, só é legítimo se houver fundamentação clara e a decisão não causar surpresas a ninguém. Por último, é interessante destacar que a redistribuição pode ser parcial. Embora isso talvez não seja comum, nada impede que o juiz, diante de determinadas circunstâncias, resolva distribuir apenas parte do ônus probatório, determinando que compita ao réu a realização de uma perícia técnica e deixando com o autor apenas a prova testemunhal. Para que isso ocorra, é preciso que o juiz deixe delimitado quais serão as consequências que cada uma das partes vai sofrer se não conseguir cumprir os ônus redistribuídos parcialmente. De fato, se houver uma redistribuição integral, será fácil descobrir quem será vitorioso caso as provas não sejam suficientes. No entanto, se a redistribuição for parcial, isso pode não ser tão simples se não houver uma definição clara de que fato (ou alegação de fato) compete a cada uma das partes provar" (BONIZZI, Marcelo José Magalhães. *Fundamentos da prova civil*. São Paulo: RT, 2017. p. 52-53).

[214] COSTA, Eduardo José da Fonseca. A presunção da inocência: algumas reflexões no contexto brasileiro. *Revista Brasileira de Direito Processual – RBDPro*, Belo Horizonte, v. 25, n. 100, p. 229-244, out.-dez. 2017. Para Artur Thompsen Carpes, a expressão "dinamização do ônus probatório" não sobrecarrega uma das partes, já que "[...] a transferência do ônus da prova, no mais das vezes, afeta apenas um dos enunciados fáticos cuja prova é necessária para a incidência da norma de direito material e não todas as demais. Por tal razão é que a expressão 'inversão do ônus da prova' não é a mais adequada para significar o fenômeno. A expressão 'dinamização do ônus da prova' não sugere a transferência integral do encargo de

Também é possível ao juiz entender pela complexidade da causa, mais precisamente pela complexidade fática, ou seja, os fatos narrados e desenvolvidos pelas partes não conseguem retratar com nitidez a pretensão inibitória, por exemplo.[215]

Diante desta complexidade fática, o Estado-juiz poderá optar pelo saneamento do procedimento com a efetiva participação das partes, o que significa lançar mão do saneamento compartilhado (artigo 357, §3º, CPC).

Nesse momento procedimental, o magistrado poderá conceder, de maneira fundamentada, a (re)distribuição do ônus probatório. É no saneamento que deverá ocorrer a inversão como consequência de uma necessária (re)distribuição.

Nessa fase procedimental, o Estado-juiz terá condições de compreender melhor os fatos e fundamentos desenhados pelas partes, estabelecer os pontos controvertidos e os meios probatórios necessários à democrática reconstrução fática.

Além disso, é possível afirmar e confirmar a possibilidade de o juiz conceder decisão provisória, via cognição sumária, no intuito de se debelar a ameaça de ato ilícito devidamente comprovada em audiência destinada ao saneamento procedimental.

Então, se, no início da lide, o Estado-juiz não conseguir visualizar a presença da ameaça necessária à concessão de uma efetiva inibição ao ato ilícito, poderá fazê-lo em momento posterior, em audiência destinada ao saneamento procedimental.

Importante esclarecer que o saneamento compartilhado é verdadeiro palco da oralidade e se faz concretizar por intermédio da cooperação em contraditório, no sentido de que não há falar em compartilhar informações esclarecedoras em silêncio, ou melhor, se há necessidade de se empreender saneamento compartilhado, é porque o Estado necessita de esclarecimentos acerca de pontos controvertidos existentes na demanda inibitória.

E mais, para que o saneamento compartilhado possa realmente cumprir o seu papel dentro de uma perspectiva constitucional, deverá proporcionar amplo e democrático debate entre as partes e o Estado-juiz,

---

uma parte para outra, o que impõe ao órgão judicial especificar, no bojo da sua decisão que determina a modificação, qual enunciado de fato é atingido e como isso ocorre" (CARPES, Artur Thompsen. *Ônus da prova no novo CPC*: do estático ao dinâmico. São Paulo: RT, 2017. p. 132).

[215] A "complexidade" poderá atingir os fatos e o direito; mas não é somente a complexidade da causa que permite a realização do saneamento compartilhado, sendo que qualquer causa poderá exigir a sua realização (ver Enunciado nº 298, FPPC).

o qual deverá estabelecer, de pronto, em audiência, quais os pontos controvertidos e os respectivos meios probatórios necessários à demonstração e reconstrução fáticas, sob pena de se criar mais um dentre tantos espaços mortos no procedimento.[216]

Estabelecidas as premissas inerentes ao saneamento procedimental, o Estado-juiz designará audiência de instrução e julgamento, a fim de otimizar a efetiva produção dos meios de prova já deferidos em saneamento, para que possam possibilitar a reconstrução fática diante das alegações pertinentes à ameaça de ato ilícito, isso tudo, conforme afirmado, em contraditório.

Cabem aqui as observações tecidas por Camilla Mattos Paolinelli, ainda sob a égide do CPC/1973, inclusive com citação ao entendimento de Ronaldo Brêtas, Carlos Henrique Soares e Aroldo Plínio Gonçalves:

> [...] Por tal razão, conforme advertem Ronaldo Brêtas e Carlos Henrique Soares, provar não pode ter relação com a verdade, já que *'Nas democracias, a prova não é parâmetro para a busca da verdade real'*. Ao contrário, a prova deve corresponder ao exercício de uma garantia do devido processo constitucional, diretamente relacionada ao contraditório, pois servirá de amparo à argumentação das partes. A *'busca da verdade dos fatos*

---

[216] Em análise crítica ao saneamento compartilhado (artigo 357, §3º, CPC): "[...] Observe que o legislador estabeleceu pesos e medidas diferentes para uma mesma finalidade, ainda sobre o saneamento do feito. Conforme parágrafo 3º (que versa sobre o saneamento compartilhado), sendo complexa a matéria de fato e de direito **haverá a designação de nova audiência** buscando que o saneamento seja feito em cooperação. Isso significa dizer atraso na razoável duração do processo que passaria a ter 3 (três) audiências, caso seja também necessária a de *instrução e julgamento*. [...] Ante tais possibilidades e considerando a premente preocupação com a *celeridade, duração razoável do processo e eficiência*, o modelo anterior talvez fosse 'menos' 'ineficiente'. Por isso pensamos que não evoluímos na caminhada processual, mormente nas varas abarrotadas de processos, esquecendo o princípio da razoável duração do processo na gaveta. E salvo ledo engano, não nos parece que as partes terão interesse em participar de mais uma audiência apenas de saneamento se da decisão que for produzida as partes só poderão pedir ajustes e esclarecimentos, fato que na atual conjuntura revela-se impertinente, observando-se que se a parte litiga com garantias constitucionais-processuais, não existe lógica e nem amparo na afirmativa de que as partes não poderão agravar da decisão saneatória" (GUTIER, Murillo; GUTIER, Santo. *Introdução ao direito processual civil*: parte geral e processo de conhecimento: abordagem didática e teórica esquematizada. Florianópolis, SC: Empório do Direito, 2018. p. 325). Grifos em negrito do original. Concorda-se com os autores, na medida em que da decisão poderão as partes interpor recurso de agravo de instrumento (artigo 1.015, XI, CPC), em especial se houver a redistribuição do ônus da prova (artigo 373, §1º, CPC), além do que, de qualquer decisão caberá recurso de embargos de declaração (artigo 1.022, CPC). Nesse mesmo sentido, ou seja, com relação à possibilidade de se interpor recursos da decisão de saneamento compartilhado: TUCCI, José Rogério Cruz e. *Comentários ao código de processo civil*: procedimento comum: disposições gerais até da audiência de instrução e julgamento. volume VII (arts. 318 a 368). Coord. José Roberto Ferreira Gouvêa, Luis Guilherme Aidar Bondioli, João Francisco Naves da Fonseca. São Paulo: Saraiva, 2016. p. 306-307.

não é responsabilidade do juiz, nem do processo e muito menos da prova', 'a reconstrução argumentativa da prova é o objetivo do processo de conhecimento'. Dessa forma, o órgão jurisdicional, ao analisar a prova, deve conter-se na valoração e valorização do resultado da reconstrução fática, independentemente de avaliação ética quanto ao seu grau de justiça ou bondade. Tal resultado é fruto da conjunção de meios argumentativos esteados no instrumento de prova produzido nos autos (conseqüência do exercício dinâmico de garantias processuais dentro do espaço cognitivo de discursividade). Somente nesta via, rompe-se com o padrão autoritário de decisão, concretizando uma das exigências do processo democrático. No sistema de processo democrático, a prova deve ser compreendida como instituto de demonstração e reconstrução dos fatos em contraditório. E como instituto de representação, o que a prova alcança é tão somente um grau de verossimilhança, como alto grau de probabilidade. Não é possível se gradar certeza, como se, para ser eficaz ou justa, a sentença obtida no processo jurisdicional tenha de ser mais ou menos verdadeira. A palavra verdade, assim, deve ser extirpada do processo civil, porque a ideia de verdade no processo perpetua a violência simbólica institucionalizada pelo discurso ético do justo.
O que se consegue, por meio do processo, desenvolvido afinadamente com o bloco constitucionalizado (democraticamente pré-decidido) de garantias fundamentais, é, no máximo, uma resposta 'acertada'. Isto é, uma decisão construída de acordo com a argumentação livremente desenvolvida pelas partes, num espaço-tempo procedimental adequado, em respeito ao contraditório, à isonomia e à imparcialidade. Uma decisão controlável pelas partes-destinatárias, na qual estas possam se reconhecer também construtoras. O controle da argumentação judicial, pela ampla e irrestrita fiscalidade das partes, permite o alcance de uma *verossimilhança racionalizada*, lúcida, legítima, lógica, no processo, porque a sentença é construída compartilhadamente.
A compreensão de que a prova produzida de acordo com as regras e princípios do processo democrático é capaz de alcançar tão apenas uma *verossimilhança racional*, afasta a compreensão maniqueísta de verdade, ditada solitariamente pelo juízo, como *resposta certa*.
[...]
Assim, o único fim que se pode cogitar no processo democrático, advém de sua própria instrumentalidade técnica. A finalidade do processo, numa concepção democrática deste como procedimento desenvolvido em contraditório entre as partes, nada mais é que a preparação participada do provimento de mérito, *'gerada na liberdade de participação das partes, pelo recíproco controle dos atos do processo.*[217]

---

[217] PAOLINELLI, Camilla Mattos. *O ônus da prova no processo democrático*. Rio de Janeiro: Lumen Juris, 2014. p. 232-233.

O que se pretende provar com a reconstrução dialogal dos fatos, ou seja, com a efetiva participação das partes (cooperação em contraditório) para a construção de um provimento final inibitório, nada mais é do que a proximidade da realidade do caso concreto,[218] e não uma verdade real a ser perseguida e definida pelo Estado-juiz.[219]

---

[218] MARINONI, Luiz Guilherme; ARENHART, Sérgio Cruz; MITIDIERO, Daniel. *Curso de processo civil*: tutela dos direitos mediante procedimento comum. 4. ed. São Paulo: RT, 2018. v. 2, p. 260: "[...] A partir daí, porém, pode-se imaginar que a realidade possa servir como um *ideal regulativo* da atividade processual. Nesse sentido, embora se reconheça que, muitas vezes, o processo seja incapaz de alcançar a verdade dos fatos, entende-se é objetivo último da cognição judicial *aproximar-se o mais possível dessa realidade*. Por outro lado, sob essa concepção, deve-se recusar qualquer construção probatória que redunde em situação manifestamente contrária à realidade verificada".

[219] Sobre o assunto: DIAS, Luciano Souto. *Poderes instrutórios do juiz na fase recursal do processo civil*: em busca da verdade. Salvador: JusPodivm, 2018. p. 74-84.

A ESTRUTURA[220] PROCEDIMENTAL DA TUTELA INIBITÓRIA

Até o momento, foi imprescindível analisar e revisitar alguns importantes institutos e temas inerentes à ciência processual, já que necessários ao entendimento e utilização de técnicas processuais aptas a estruturar democraticamente o procedimento, de modo que se possa atingir uma efetiva tutela dos direitos, e, no presente caso, a tutela inibitória contrária à ameaça de ato ilícito.

Neste capítulo, o objetivo é demonstrar a necessidade de se estruturar o procedimento, a fim de se atingir procedibilidade condizente com o uso da ação inibitória, evitando-se seu amesquinhamento, ou melhor, sua diminuta utilização somente em casos de tutelas provisórias.

Na verdade, defende-se a autonomia da ação inibitória com suas peculiaridades procedimentais, para se atingir ao provimento final-definitivo que possa permitir a efetiva proteção (prevenção)

---

[220] Com relação à ideia de "estrutura", Mateus Costa Pereira observa: "[...] Subjacente à concepção de ordenamento jurídico foi desenvolvida a ideia de *estrutura* — termo que entrou em voga com o neokantismo — diferenciando-se, aos poucos, da noção de forma. A expressão *estrutura* designa relações ("articulações") que se estabelecem entre o todo e as partes, tendo por termos afins, a ordem — ordenamento — a organização e o sistema. De um ponto de vista paradigmático é oportuno dizer que a noção de *estrutura* representa a superação do atomismo; embasada na física quântica, envolve a noção de movimento, no que difere dos termos afins/análogos supracitados. Sob essa óptica, o ordenamento não se constituiria no simples agregado de normas, senão se expressando por uma *estrutura*, na qual cada elemento do todo condiciona os demais a partir de relações de coordenação e subordinação; o ordenamento não é estático, sendo dotado de uma capacidade de autorregulação, sobressaindo um aspecto dialético comumente relegado" (PEREIRA, Mateus Costa. *Teoria geral do processo e seu tripé fundamental*: racionalismo, pensamento sistemático e conceitualismo. Florianópolis: Tirant Lo Blanch, 2018. p. 184-185).

de um direito ameaçado por ato ilícito futuro (aquele contrário ao ordenamento jurídico).[221]

Nesse mesmo sentido entendem Luiz Guilherme Marinoni, Sérgio Cruz Arenhart e Daniel Mitidiero:

> [...] Em vista de sua importância, a tutela inibitória é a que requer maior estudo.
> Se é imprescindível uma tutela dirigida unicamente contra a probabilidade da prática do ato contrário ao direito, é também necessária a construção de um procedimento autônomo e bastante para a prestação dessa modalidade de tutela.
> É preciso que se tenha, em outras palavras, um procedimento que culmine em uma sentença que ordene sob pena de multa ou de outro meio de indução ou sub-rogação e que admita uma antecipação da tutela da mesma natureza. Tal procedimento, como será mais bem explicado adiante, está delineado pelos arts. 139, IV, 497, 498, 536, 537 e 538 do CPC, e 84 do CDC.
> Além disso, como é necessário isolar uma tutela contra o ilícito (compreendido como ato contrário ao direito), requer-se a reconstrução do conceito de ilícito, que não pode mais ser compreendido como sinônimo de fato danoso.
> A tutela inibitória é essencialmente preventiva, pois é sempre voltada para o futuro, destinando-se a impedir a prática de um ilícito, sua repetição ou continuação.
> Trata-se de uma forma de tutela jurisdicional do direito imprescindível dentro da sociedade contemporânea, em que se multiplicam os exemplos de direitos que não podem ser adequadamente tutelados pela velha fórmula do equivalente pecuniário. A tutela inibitória, em outras palavras, é absolutamente necessária para a proteção dos chamados novos direitos.[222]

A ação inibitória, como qualquer outra modalidade de ação, pode ser decomposta em elementos integrativos de sua estrutura, quais sejam: (i) partes, (ii) causa de pedir e (iii) pedido. Estes elementos representam o que os autores definem como *tria eadem*.

As partes definem a parcela subjetiva da ação inibitória e se relacionam com a legitimidade *ad causam*.

---

[221] SPADONI, Joaquim Felipe. *Ação inibitória*: a ação preventiva prevista no art. 461 do CPC. São Paulo: RT, 2002. p. 78-83.

[222] ARENHART, Sérgio Cruz; MARINONI, Luiz Guilherme; MITIDIERO, Daniel. *Novo curso de processo civil*: tutela dos direitos mediante procedimento comum. São Paulo: RT, 2015. v. 2, p. 478-479.

As partes, como elemento subjetivo parcial da ação, podem ser pessoas físicas, pessoas jurídicas (dotadas de capacidade judicial) ou, ainda, entes despersonalizados dotados de capacidade judiciária.

Em sentido técnico, as partes da ação inibitória são o autor e o réu, os quais integram respectivamente a parte ativa e a parte passiva da demanda. O autor é o detentor do bem da vida ameaçado de sofrer a violação e o réu é quem ameaça a praticar, continuar ou repetir o ato ilícito contrário ao ordenamento jurídico e ao direito do autor.

Já a causa de pedir e o pedido compõem a parcela objetiva da ação inibitória.

A causa de pedir (*causa petendi*) pode ser próxima ou remota.[223] A próxima é representada pelos fatos necessários a configurar a ameaça do ato ilícito, ou seja, é a base fática elementar à configuração de um ato ilícito futuro. A remota, por sua vez, representa os fundamentos jurídicos a embasar o substrato fático componente do ilícito futuro.

O pedido da ação inibitória pode ser dividido em mediato e imediato.[224] O mediato seria o bem da vida pretendido pelo autor, ou seja, o seu direito ameaçado de sofrer violação. O imediato representa o próprio provimento jurisdicional, p. ex., a ordem, o mandamento apto a coibir a ameaça de ilícito futuro com a imposição de uma obrigação de fazer ou não fazer ou entregar coisa ao réu; e o mandamento poderá vir acompanhado de uma medida coercitiva (multa — astreinte).

Em relação à certa particularidade do pedido imediato da ação inibitória, Joaquim Felipe Spadoni, sob a vigência do CPC/1973, argumentou: "[...] No que concerne ao pedido *imediato* da ação inibitória, a prestação jurisdicional invocada pelo autor deve ser a expedição de uma ordem de conduta positiva ou negativa para que a tutela se efetue em sua forma específica. Neste ponto, devemos salientar uma peculiaridade assumida pelo pedido imediato da ação inibitória, decorrente das naturezas do provimento que a acolhe. O autor da demanda inibitória, quando invoca a atividade jurisdicional, requer a emanação de um provimento que tenha a potencialidade de inibir a prática do ato ilícito ameaçado, sendo este, basicamente, o pleito de emanação de ordem dirigida ao réu, para que cumpra o quanto estabelecido na decisão. Entretanto, este provimento, a rigor, possui duas eficácias, que podem atuar conjuntas ou de forma separada, de acordo com as

---

[223] SPADONI, Joaquim Felipe. *Ação inibitória*: a ação preventiva prevista no art. 461 do CPC. São Paulo: RT, 2002. p. 92-93.

[224] Com relação ao pedido da ação inibitória, ver: SPADONI, Joaquim Felipe. *Ação inibitória*: a ação preventiva prevista no art. 461 do CPC. São Paulo: RT, 2002. p. 92-93.

particularidades do caso concreto. O legislador da reforma do CPC de 1994, ao alterar a redação do artigo 461 do CPC, nele se fazendo incluir a ação para cumprimento de obrigação de fazer ou não fazer, da qual a inibitória é espécie, previu a conjugação de duas espécies de provimento em um só para viabilizar a efetividade da atividade jurisdicional desenvolvida com base neste dispositivo. A decisão de acolhimento da pretensão inibitória é, em um só tempo, um provimento mandamental e um provimento executivo *lato sensu*, por força do quanto dispõem os §§4º e 5º do artigo 461, que autorizam o magistrado, na efetivação da tutela inibitória, a utilizar-se, independentemente da instauração de um processo de execução ulterior, de medidas coercitivas que façam com que o devedor cumpra o quanto estabelecido na decisão, ou de medidas sub-rogatórias que obtenham resultado prático equivalente ao adimplemento. Assim, quando a parte ajuíza uma ação inibitória, em seu pedido imediato sempre está contido o requerimento de prolação de um provimento que lhe conceda o bem da vida almejado pela imposição de ordem ao réu, ou pela adoção de meios sub-rogatórios, ou de ambos conjuntamente. E para que assim seja, não é necessário que a parte requeira de forma expressa tanto a ordem, quanto a execução. Basta ao autor requerer a expedição de uma ordem judicial, a fim de que viabilize a tutela em forma específica de seu direito — a ser alcançada pela coerção ou pela sub-rogação — e seja a petição inicial considerada apta, preenchendo o requisito do artigo 282, IV, do CPC. Mesmo requerendo expressamente apenas a prolação de ordem ao réu para que faça ou deixe de fazer determinado ato, explicitando em seu *pedido imediato* apenas o pleito de provimento mandamental, o requerimento de adoção de medidas sub-rogatórias nele sempre estará contido. Ou seja, o pedido de provimento executivo *lato sensu*, embora não esteja formulado, nestes casos, de maneira expressa, estará presente como pedido implícito. Tais considerações também são válidas para a ação inibitória relativa às obrigações de entrega de coisa, por força do que dispõe o §3º do artigo 461-A do CPC. Frise-se: o pedido imediato na ação inibitória contém sempre, e por força legal, o requerimento de um provimento jurisdicional que é tanto mandamental, quanto executivo *lato sensu*. Mesmo que o autor, em sua petição, explicite apenas o primeiro, o segundo, embora omisso, deve ser considerado formulado por meio de um pedido implícito".[225]

---

[225] SPADONI, Joaquim Felipe. *Ação inibitória*: a ação preventiva prevista no art. 461 do CPC. São Paulo: RT, 2002. p. 94-96.

A ação inibitória é dotada de indiscutível autonomia, regida pelo procedimento comum, com finalidade preventiva, cuja estrutura procedimental é permeada de aspectos substanciais e processuais. Assim como o antigo artigo 461, CPC/1973, o atual artigo 497, CPC, traz em seu bojo tanto aspectos materiais como processuais. Nesse sentido, Joaquim Felipe Spadoni, com referência à doutrina de Nelson Nery Junior, ainda sob a égide do CPC/1973:

> [...] Bem esclarece Nelson Nery Junior que essa norma tem natureza mista, pois, apesar de constar do Código de Processo Civil, é regra tanto de direito processual, quanto de direito material. Ela não só estabelece o direito *substancial* ao cumprimento específico da obrigação de fazer ou não fazer, modificando o regime geral de direito privado até então vigente, como também estabelece a forma de efetivar tal direito por meio do processo.
> [...]
> Assim, em síntese, pode-se afirmar que o *fundamento substancial* da tutela inibitória genérica, no direito brasileiro, reside no direito ao cumprimento específico da obrigação de fazer, não fazer ou de entrega de coisa, que tem por consectário o direito à inibição do ilícito, estando consagrado no artigo 461 e 461-A do CPC, normas estas que são tanto de direito processual quanto de direito material.[226]

Os aspectos materiais (substanciais) relacionam-se com o direito material, ou melhor, com a obrigação de fazer ou de não fazer, de entregar coisa ou de pagar quantia; e os processuais[227] oriundos do texto constitucional são aqueles que garantem a efetiva proteção ao direito material do jurisdicionado diante de lesão ou ameaça a direito (artigo 5º, XXXV, Constituição Federal de 1988).

Na verdade, se houver ameaça (atual, concreta, real) ao inadimplemento de qualquer obrigação (violação da obrigação), o jurisdicionado poderá utilizar a técnica processual para inibir o ilícito futuro e obter o efetivo implemento processual de um evento relevante para o direito (= tutela jurisdicional).[228]

---

[226] SPADONI, Joaquim Felipe. *Ação inibitória*: a ação preventiva prevista no art. 461 do CPC. São Paulo: RT, 2002. p. 40-43.

[227] SPADONI, Joaquim Felipe. *Ação inibitória*: a ação preventiva prevista no art. 461 do CPC. São Paulo: RT, 2002. p. 43-44.

[228] Nesse sentido: GOUVEIA FILHO, Roberto P. Campos. *A dupla necessidade na distinção entre ato do procedimento e demais (f)atos processuais*. Disponível em: http://emporiododireito.com.br/leitura/abdpro-14-a-dupla-necessidade-na-distincao-entre-ato-do-procedimento-e-demais-fatos-processuais. Acesso em: 7 jun. 2018.

Joaquim Felipe Sapadoni afirma:

[...] Tal característica da tutela preventiva dependerá, basicamente, da espécie de obrigação que está sendo ameaçada de violação. Com efeito, os direitos vinculados às obrigações de não fazer são violados quando o devedor pratica o ato que estava proibido de praticar, quando faz o que não poderia ter feito. Já os direitos relacionados às obrigações de fazer e de entrega de coisa são, por sua vez, lesados quando o devedor não pratica o ato que deveria ter praticado.

Como o que pretende o autor da ação inibitória é impedir a futura ocorrência do ilícito, trazido pelo inadimplemento da obrigação — e não se duvida que este, visto sob o prisma da conduta lesiva, pode ser praticado mediante atos comissivos ou omissivos, dependendo da espécie de obrigação violada — ter-se-á, em princípio, uma inibitória negativa, determinando um não fazer, quando se estiver diante de ameaça de atos ilícitos comissivos, enquanto na presença da ameaça de um ilícito omissivo, ter-se-á uma inibitória positiva, determinando-se um fazer ou a entrega da coisa.[229]

A estrutura normativa do artigo 497, CPC, condensa aspectos materiais e processuais.

Além das obrigações de fazer ou não fazer, de entrega de coisa,[230] entende-se, também, a possibilidade de se utilizar a técnica inibitória para se atingir a tutela de um direito ameaçado por um ato ilícito, nas hipóteses de obrigações de pagar quantia.[231]

Para as obrigações de pagar, na verdade, o que se pretende é uma condenação antecipada (ao efetivo cumprimento da prestação) face à ameaça de violação da obrigação. Ou seja: ocorre a inibição para, por intermédio de uma ordem, condenar antecipadamente o réu a adimplir a obrigação pactuada; não se configura a própria condenação (o que se "satisfaz" é o direito à inibição).

---

[229] SPADONI, Joaquim Felipe. *Ação inibitória*: a ação preventiva prevista no art. 461 do CPC. São Paulo: RT, 2002. p. 70.

[230] MARINONI, Luiz Guilherme; ARENHART, Sérgio Cruz; MITIDIERO, Daniel. *Curso de processo civil*: tutela dos direitos mediante procedimento comum. 4. ed. São Paulo: RT, 2018. v. 2, p. 971: "[...] O modelo atual de efetivação de prestações pecuniárias, *fundadas em decisão judicial*, é tão aberto quanto aquele adotado para prestações de fazer, não fazer e entregar coisa. Em todos eles, deve o juiz optar sempre pela técnica mais adequada ao caso, podendo alterar a técnica sempre que verificar sua insuficiência ou inadequação".

[231] O objeto da obrigação é a prestação. Nesse caminho: NERY JUNIOR, Nelson; NERY, Rosa Maria de Andrade. *Instituições de direito civil*: direito das obrigações. São Paulo: RT, 2015. v. II, p. 167.

Clóvis do Couto e Silva, em relação à utilização da tutela preventiva (como condenação antecipada), há tempos, anotou:

[...] Observe-se a particularidade da *sentença condenatória antecipada* do §259 do ZPO germânico, segundo o qual a ação à prestação futura pode ser proposta, além dos casos previstos nos §§257 e 258, se, conforme as circunstâncias, justificar-se o receio de que o devedor não adimplirá, em seu tempo devido, a prestação que lhe corresponde. Nesse caso, o receio é o único elemento que se tem de provar. A sentença de condenação antecipada, julgando justificado receio, obriga o réu à prestação, que somente se efetivará em seu vencimento. Não tem, pois, execução imediata, nem declara que houve descumprimento antecipado da obrigação, isto é, de que tenha havido quebra positiva do contrato. Esta última figura pode dar ensejo ao exercício da tutela preventiva, embora isso dependa de determinadas colocações (23). Através dela quer-se configurar a situação de que por vezes pode haver uma *quebra antecipada (anticipatory breach of contract)* do contrato, ou seja, antes ainda da data do seu adimplemento, criou-se a certeza, mais, portanto, do que um simples receio, de que o contrato não vai ser cumprido. Não se chegou, ainda, à data em que se deveria realizar, por exemplo, a entrega do bem, objeto do contrato; sabe-se, entretanto, por ato ou mesmo por manifestações do outro contraente que ele não vai cumpri-lo. Dever-se-á esperar até o momento fixado para o cumprimento do contrato, ou desde logo poder-se-á ingressar com a ação adequada? Se é certo que o contrato não vai ser cumprido, parece que os direitos resultantes do descumprimento antecipado podem ser ajuizados, desde logo, antes ainda da data fixada para seu cumprimento. A ação poderia ser considerada como resultante da tutela repressiva, se imaginarmos que o descumprimento desses deveres prévios ao dever principal seja descumprimento do dever fundamental; ou ainda, considerar que, embora não tenha descumprido nenhum dever, já se sabe que o contrato não vai ser cumprido. Acresce que, nessa segunda hipótese, o conceito de tutela preventiva estaria adquirindo o significado de *tutela antecipada*. Não é simplesmente para prevenir o litígio que se propõe a ação; como se tem certeza que o litígio vai ocorrer, tomam-se, antecipadamente, as medidas que normalmente seriam dinamizadas após o momento em que a lesão viesse a ocorrer. É tutela antecipada que não se destina propriamente a prevenir a infringência, mas que está, a meu ver, dentro do conceito de tutela preventiva. O momento que separa as duas tutelas é o da lesão. Se a ação puder ser proposta antes da ocorrência da lesão, cuida-se do exercício da tutela preventiva, seja destinada a prevenir que a lesão ocorra, seja na modalidade de tutela antecipada. Permite-se que se proponham as ações que somente poderiam ser ajuizadas depois de ocorrida a lesão (tutela repressiva).[232]

Explica-se: X (credor) firmou contrato com Y (devedor) para o pagamento de quantia certa no valor de R$100.000,00, com prazo determinado. Se Y (devedor), por algum motivo injustificado e sério, ameaçar descumprir a obrigação de pagar a quantia pactuada, X (credor) poderá lançar mão de uma tutela inibitória, com a finalidade de inibir o ato violador da obrigação (do direito de recebimento).

Nesse caso, não existe condenação a pagar o valor de R$100.000,00, mas, sim, uma ordem para que o devedor (Y) se antecipe diante do ilícito futuro: (i) deixe de pagar a terceiro estranho (Z) ao negócio jurídico, diante da ameaça de ilícito violador da obrigação de pagar; ou (ii) cumpra a obrigação firmada e violada por ameaça de prática de ilícito, na data aprazada.

Para as obrigações de entrega de coisa, não é diferente, ou seja, há possibilidade de manejar a tutela inibitória, para se evitar a ameaça de violação da obrigação assumida.[233]

Eduardo Arruda Alvim complementa:

> [...] A tutela inibitória, que encontra sua raiz substancial na regra que assegura o cumprimento específico da obrigação de fazer ou de não fazer (*caput* do artigo 497, aplicável também às ações versando sobre entrega de coisa, segundo dispõe o §3º do artigo 538), constitui, ao lado da tutela de urgência e da evidência, modalidade de tutela preventiva.[234]

Para exemplificar a possibilidade de tutela inibitória no âmbito das obrigações de entrega de coisa, Roberto P. Campos Gouveia Filho argumenta:

> [...] Suponha-se que, por força de uma compra e venda, Marco deva entregar o cavalo X a Roberto. Este, por meio de testemunhas, toma ciência de que a entrega não será realizada na data aprazada, pois, inadvertidamente, Marco vendeu, numa data posterior, o mesmo animal a Eduardo. Diante disso, o que resta a Roberto? Seu direito a receber o animal está na iminência de ser lesado. Caso houvesse algum risco ao animal ou à obtenção da posse dele, poderia o comprador pleitear o

---

[232] SILVA, Clóvis do Couto e. Tutela preventiva. *Digesto de Processo*, v. 5. Prova/valor da causa. Rio de Janeiro: Forense, 1988. p. 298-299.
[233] SPADONI, Joaquim Felipe. *Ação inibitória*: a ação preventiva prevista no art. 461 do CPC. São Paulo: RT, 2002. p. 70-71.
[234] ARRUDA ALVIM, Eduardo. *Tutela provisória*. 2. ed. São Paulo: Saraiva, 2017. p. 391.

sequestro. Aqui, porém, o elemento risco de dano ao direito, referente às aludidas vicissitudes, teria de ser demonstrado. Não se trataria de uma tutela inibitória, portanto.

Caso, de outro modo, Roberto, por força da possibilidade do inadimplemento, viesse a pedir, desde logo, a condenação do vendedor por força do inadimplemento possível, algo que só se legitima diante de regras que, como as previstas no artigo 333, CC, estabeleçam o vencimento antecipado da dívida. Essa condenação nada teria a ver com uma tutela inibitória, sendo relativa à própria tutela referente à execução contratual. Se, porém, Roberto pleiteasse, de logo, não a condenação para a entrega da coisa, mas sim uma 'simples' emissão de uma ordem para que, no dia aprazado, a coisa seja a ele entregue, e não a Eduardo, estar-se-ia, dentro das possibilidades do caso, a fixar medida de natureza inibitória.[235]

Assim, a tutela inibitória (espécie de tutela preventiva) utilizada como condenação antecipada difere do que denominam de condenação para o futuro, eis que, de fato, na condenação para o futuro já se implementou a violação da obrigação, ao passo que na condenação antecipada, "o que se pretende é a efetiva inibição de um ato ilícito violador da obrigação, e não a própria obrigação" (cujo objeto é a prestação).[236]

Eduardo Talamini, ainda no CPC/1973, ao perceber a presença de uma linha tênue de preventividade na condenação para o futuro, destacou:

> [...] Não é correto qualificar a 'condenação para o futuro' como tutela essencialmente preventiva (como faziam, por exemplo, Chiovenda, L'azione nel sistema..., nota 68, p. 79, e Calamandrei, *Introducción*, n. 6, a, p. 41). Mas também não é possível afirmar que não há 'qualquer resquício ou vestígio de preventividade' na 'condenação para o futuro', como pretende Marinoni (*Tutela inibitória*, parte 1, n. 4.3, p. 213). Há, sim, *pequena* carga preventiva — maior, por exemplo, do que a contida na tutela declaratória anterior à transgressão. Tanto a eficácia declaratória contida na sentença de 'condenação para o futuro', que elimina a crise de 'incerteza', quanto a perspectiva de imediato início da execução em caso de 'inadimplemento' funcionam como mecanismos (*frágeis* — é verdade) de desincentivo à violação. O provimento condenatório para

---

[235] GOUVEIA FILHO, Roberto P. Campos. *A tutela inibitória é satisfativa?* Texto inédito gentilmente cedido pelo autor.
[236] Entendem existir diferenciação entre a tutela preventiva e a condenação para o futuro: MARINONI, Luiz Guilherme. *Tutela contra o ilícito*: inibitória e de remoção – artigo 497, parágrafo único, CPC/2015. São Paulo: RT, 2015. p. 48-52; SPADONI, Joaquim Felipe. *Ação inibitória*: a ação preventiva prevista no art. 461 do CPC. São Paulo: RT, 2002. p. 80-81.

o futuro, nesse sentido, tem algum caráter preventivo. Agora, *preventivo jamais será* — e aqui é de se concordar com Marinoni — *a execução de tal provimento*, eis que subordinada à ofensa do direito ('inadimplemento' — arts. 580 e 581).[237]

---

[237] TALAMINI, Eduardo. *Tutela relativa aos deveres de fazer e de não fazer*: e sua extensão aos deveres de entrega de coisa (CPC, arts. 461 e 461-A, CDC, art. 84). 2. ed. São Paulo: RT, 2003. p. 226.

TUTELAS PROVISÓRIAS E SUA APLICABILIDADE À TUTELA INIBITÓRIA ANTECIPADA

Com o advento do CPC, o legislador pretendeu unificar os regimes jurídicos inerentes às tutelas provisórias.

Percebe-se que a tentativa de se estabelecer uniformidade às tutelas provisórias foi pautada em aspectos eminentemente pragmáticos; tanto é verdade que os pressupostos para a concessão das tutelas provisórias, em especial àquelas com base na urgência, são os mesmos, pelo menos com relação à nomenclatura utilizada.

Nesse aspecto, discorda-se da opinião de importantes autores que influenciaram sobremaneira a pena do legislador quando da redação do texto legal.

Ora, de fácil percepção que as posições favoráveis à unificação foram centradas em questões processuais, aspectos somente temporais, olvidando-se, destarte, da efetiva tutela do direito material.

Nem se diga que seria prático (pragmático), portanto, desnecessária qualquer distinção,[238] já que não se misturam alhos com bugalhos; daí a necessidade de se estabelecerem, ainda, os traços distintivos relacionados à tutela cautelar e à tutela satisfativa.

Anselmo Prieto Alvarez, ao tratar das tutelas provisórias no CPC, observou a ausência de preocupação do legislador em delimitar suas digitais diferenciadoras:

---

[238] Pela unificação do regime jurídico das tutelas provisórias de urgência: RIBEIRO, Leonardo Ferres da Silva. *Tutela provisória*: tutela de urgência e tutela da evidência. Do CPC/1973 ao CPC/2015. São Paulo: RT, 2016. p. 93.

[...] Ocorre que, não obstante o NCPC de 2015 mencione a tutela antecipada e a tutela cautelar como espécies de tutela provisória, em nenhum momento o novo Codex preocupa-se em conceituar e distinguir uma das outra, muito embora tal distinção seja essencial, pois o jurisdicionado, ao fazer uso da tutela de urgência antecedente, deve utilizar um determinado instrumento quando for buscar tutela antecipada (arts. 303 e 304) ou manejar outro, totalmente distinto, caso seja cautelar (arts. 305 a 310).

Ante a lacuna legal de conceituação, caberá à doutrina distinguir o que vem a ser tutela antecipada e tutela cautelar; [...][239]

Ressalte-se, ainda, que o próprio legislador cometeu alguns deslizes pontuais textuais, demonstrando à saciedade a permanência da distinção entre as tutelas cautelar e satisfativa.

Ao perceber a distinção ainda presente no texto do CPC, Arlete Inês Aurelli observou:

[...] A necessidade de diferenciar tutelas antecipadas das cautelares ainda remanesce no sistema do novo CPC, principalmente porque não foi adotado um regime único para ambas, sendo que somente no caso das tutelas antecipadas há a previsão da estabilização quando se tratar de concessão de forma antecedente, que reste irrecorrida pelo réu. Imagine-se, assim, que a parte tenha requerido tutela cautelar antecedente e o juiz entenda tratar-se de tutela antecipada, concedendo-a dessa forma. O réu é citado e intimado e não recorre porque não vislumbra a estabilização, uma vez que consta que o pedido foi feito de forma cautelar pelo autor. Como não apresenta recurso, o juiz entende que a medida se estabilizou. Então, percebe-se que a diferenciação, entre ambas, ainda se revela essencial, principalmente quando se fala em estabilização.[240]

Aliás, o capítulo referente às tutelas provisórias é fruto de verdadeira confusão terminológica e, sobretudo, conceitual, sendo considerada, por muitos, uma das piores alterações, produções empreendidas pelo legislador, em total desprezo ao devido processo legislativo.[241]

---

[239] ALVAREZ, Anselmo Prieto. Uma visão geral da tutela provisória no NCPC. *Revista da Procuradoria Geral do Estado de São Paulo*, n. 82, p. 311-312, jul.-dez. 2015.

[240] Tutelas provisórias de urgência no novo CPC: remanesce a necessidade de distinção entre antecipadas e cautelares? *In*: BUENO, Cassio Scarpinella *et al.* (Coord.). *Tutela provisória no novo CPC*: dos 20 anos de vigência do artigo 273 do CPC/1973 ao CPC/2015. São Paulo: Saraiva, 2016. p. 57.

[241] Para uma crítica a respeito do tema: BUENO, Cassio Scarpinella. *Manual de direito processual civil*. São Paulo: Saraiva, 2016. v. único, p. 246-247; BUENO, Cassio Scarpinella. *Novo código de processo civil anotado*. São Paulo: Saraiva, 2015. p. 212-213; BUENO, Cassio Scarpinella.

As tutelas provisórias podem ser fundamentadas na urgência ou na evidência.

Quando fundamentadas na urgência, podem acautelar ou satisfazer; e, quando desprovidas da urgência, podem evidenciar o direito da parte.

As tutelas de urgência nada mais são do que espécies de tutelas preventivas com raiz constitucional (artigo 5º, XXXV). No CPC, concentram-se em capítulo nomeado de Tutelas Provisórias (artigos 294 a 311).

A tutela inibitória, espécie de tutela preventiva,[242] cuja nova *performance* está inserida no artigo 497, parágrafo único, CPC,[243] deveria ter sido melhor explorada e dimensionada no arcabouço procedimental civil.

Segundo o posicionamento de João Batista Lopes,

> [...] A tutela inibitória apresenta perfil próprio, inconfundível com as outras espécies de tutela jurisdicional porque visa a impedir o ilícito independentemente da demonstração de dano e culpa.
> O novo CPC, porém, não lhe deu tratamento adequado, uma vez que não a disciplinou ao lado da tutela cautelar e da antecipada, limitando-se a fazê-lo no artigo 497, como foi dito, o que nos levou a apresentar proposta de enunciado ao CEAPRO (Centro de Estudos Avançados de Processo), nos seguintes termos:
> *'Não obstante a ausência de alusão expressa, é admissível a tutela inibitória com fundamento no parágrafo único, do artigo 497, do novo CPC, tanto nas obrigações de fazer como nas de não fazer, seja para evitar a ocorrência do ilícito, seja para impedir sua continuação.*
> *Justificativa — Nas versões anteriormente divulgadas, o PNCPC silenciara a respeito da tutela inibitória, mas o novo CPC, após aludir, no caput do artigo 497, às obrigações de fazer e de não fazer, houve por bem contemplar, no parágrafo único, tal modalidade de tutela jurisdicional diferenciada, valendo-se de terminologia adotada por MARINONI.*
> *A orientação adotada pelo legislador não merece apenas elogios, porque o rigor sistêmico recomendava fosse a matéria disciplinada ao lado das demais formas de tutela diferenciada (cautelar, antecipada, de evidência, monitória).*

Projetos de novo código de processo civil comparados e anotados: Senado Federal (PLS n. 166/2010) e Câmara dos Deputados (PL n. 8.046/2010). São Paulo: Saraiva, 2014. p. 156-167.

[242] FONSECA, João Francisco Naves da. *Comentários ao código de processo civil* – volume IX (arts. 485-508). *In*: GOUVÊA, José Roberto Ferreira; BONDIOLI, Luis Guilherme Aidar; FONSECA, João Francisco Naves da (Coord.). São Paulo: Saraiva, 2017. p. 102.

[243] AMARAL, Guilherme Rizzo. *Alterações no novo CPC – o que mudou?* Comentários por artigos e precedentes jurisprudenciais. 3. ed. São Paulo: RT, 2018. p. 825.

> *De qualquer modo, modificou-se o panorama de contrastes apresentado pela doutrina, uma vez que se reconheceu a autonomia da tutela inibitória, tanto nas obrigações de fazer como nas de não fazer, já que, consoante regra de hermenêutica, as disposições dos parágrafos subordinam-se ao comando do caput. Assim, a medida é cabível seja para obstar a prática do ilícito, seja para impedir sua continuação, independentemente da prova de dano ou de culpa.*
>
> *Nem colhe o argumento de que lei se vale do verbo **inibir**, o que recomendaria interpretação restritiva do texto, ou seja, circunscrita às obrigações de não fazer, porquanto o caput do artigo, de modo claro e inequívoco, inclui ambas as espécies de obrigações.*
>
> *Alguns exemplos confirmam o acerto da posição adotada no novo Código: a) obrigações de fazer (decisão judicial ordenando a publicação de livro objeto de contrato de edição ou a inclusão de capítulo excluído pela editora); b) obrigações de não fazer: ordem para cessar o ruído em casa noturna; proibição de apresentação de programa de televisão que exponha crianças a situação humilhante etc.*[244]

Assim, para se otimizar o procedimento por intermédio da técnica processual antecipada inibitória, e, principalmente, para se implementar o princípio da duração razoável do processo, o conjunto de normas representativas das tutelas provisórias deverá ser utilizado para efetiva prevenção; para isso, necessária a compreensão dos elementos constitutivos essenciais à técnica processual inibitória, os quais partem do texto constitucional até o CPC e serão trabalhados adiante.

7.1 As tutelas provisórias e o Código de Processo Civil de 2015

As tutelas provisórias ganharam destaque com o CPC; além disso, o legislador tentou unificar o regime jurídico inerente às tutelas cautelar e satisfativa.

Segundo Anselmo Prieto Alvarez:

> [...] As tutelas provisórias desempenham papel importantíssimo para o afastamento dos nefastos efeitos causados pela morosidade temporal no desfecho da prestação jurisdicional por meio do processo, pois elas têm como objetivo conceder de imediato em situações específicas, e não somente após a finalização do devido processo legal, alguma providência, como, por exemplo, a realização de atos de constrição de bens (arresto); a própria tutela meritória pretendida por quem promoveu

---

[244] LOPES, João Batista. *Tutela antecipada no processo civil brasileiro* (de acordo com o novo CPC). 5. ed. São Paulo: Castro Lopes, 2016. p. 218-220. Grifos em negrito e itálico do original.

o acesso à Justiça, ou, ainda, quaisquer de seus efeitos, evitando assim que as delongas processuais gerem aos lesados danos irreparáveis ou de difícil ou incerta reparação.

As tutelas provisórias são espécies de concessão de jurisdição que visam dar efetividade à tutela definitiva. Ora, a preocupação da tutela provisória, portanto, é assegurar que a tutela principal que se persegue durante o transcorrer do processo não caia no vazio, antes de se culminar na prolação da sentença definitiva. Dessa forma, é possível afirmar que a tutela provisória é tão ou mais importante do que a tutela definitiva, pois, sem ela, o direito à prestação jurisdicional seria totalmente ilusório e irreal, que sequer valeria a pena dar início ao processo de conhecimento ou de execução, já que não seria efetivo para dar uma resposta ao direito violado, objeto do acesso à Justiça por parte do lesado ou ameaçado.[245]

A nomenclatura adotada, ao final do processo legislativo, demonstra a utilização distorcida[246] de uma técnica processual legislativa desgarrada do devido processo,[247] criando-se fórmulas em prol de uma

---

[245] ALVAREZ, Anselmo Prieto. Uma visão geral da tutela provisória no NCPC. *Revista da Procuradoria Geral do Estado de São Paulo*, n. 82, p. 308-309, jul.-dez. 2015.

[246] Roberto P. Campos Gouveia Filho e Marco Paulo Denucci Di Spirito também criticam a nomenclatura adotada pelo legislador: "[...] O rótulo 'tutela provisória' é equivocado e inadequado. [...] O estabelecimento da provisoriedade como qualificação geral é equivocado por não abarcar todo o fenômeno. Tenha-se o exemplo da tutela cautelar. Desde pelo menos Alfredo de Araújo Lopes da Costa (que, na década de 50 do século passado, publicou o clássico Medidas Preventivas), passando por Ovídio Baptista da Silva, Daniel Mitidiero, Fredie Didier Jr. e chegando, finalmente, a Eduardo José da Fonseca Costa, se defende que a tutela cautelar, em si, não tem provisoriedade. É que o termo provisoriedade denota a qualidade daquilo que está posto para vir a ser substituído. No futebol, por exemplo, um técnico interino está no comando para ser substituído. A tutela cautelar, por outro lado, tem por função proteger um direito (ou, até mesmo, uma situação de fato tutelável, como a posse) de um risco de dano. Não está para ser substituída por algo. O arresto — talvez a mais emblemática de todas as cautelares — não existe para vir a ser substituído por outra medida, como a penhora. Esta sequer pode vir a ocorrer, como se verifica quando o devedor paga após o arresto. No caso em tela, o arresto exaure sua função de proteger o crédito pecuniário até deixar de ter necessidade e isso não se dá com a simples certificação judicial do crédito, via uma sentença condenatória, por exemplo. Ela dura pelo período necessário, motivo pelo qual é temporária. Mas, frise-se, como não é de sua essência ser substituída por uma decisão definitiva, o que se verifica é uma extensão no tempo e não o fenômeno da provisoriedade. Correlacionar a tutela cautelar à provisoriedade também incorre no mau vezo de enquadrar o fenômeno sob a bitola da judicialização, o que não é correto face a existência de um direito substancial de cautela, do âmbito material, realizável independentemente da atuação do Poder Judiciário" (DI SPIRITO, Marco Paulo Denucci; GOUVEIA FILHO, Roberto P. Campos. Comentários ao art. 294. *In*: RIBEIRO, Sérgio Luiz de Almeida *et al.* (Coord.). *Novo código de processo civil comentado.* t. I – arts. 1º a 317. São Paulo: Lualri, 2017. p. 453-454).

[247] Muitos autores denominam de "justo" processo, por exemplo, Luigi Paolo Comoglio, ao apontar, a seu juízo, algumas alternativas (COMOGLIO, Luigi Paolo. *La garantía constitucional de la acción y el proceso civil.* Prólogo de Corrado Ferri y Traducción de César E. Moreno More. Primera edición. Lima, Perú: Raguel, 2016. p. 627-629). Em crítica ao termo "justo"

técnica pouco efetiva (se mal utilizada) diante do direito material a ser protegido (tutelado); e, claro, para se obter uma eficiente proteção do direito material deve-se respeitar o próprio texto legal (*rectius*: o ordenamento jurídico);[248] já que uma determinada lei só conseguirá atingir sua concreta finalidade (promover a proteção dos direitos materiais), se respeitado for o devido processo legislativo.

O que se percebe é que deixaram de lado relevantes contribuições doutrinárias (*v.g.*, Clóvis do Couto e Silva, Alfredo de Araújo Lopes da Costa, Ovídio Araújo Baptista da Silva), para edificar, de maneira nebulosa, texto de lei voltado às tutelas provisórias com resquícios evidentes de equívocos cometidos ao tomarem por base lições do direito italiano.

É claro que, ao burlar o devido processo legislativo, ocorrerá evidente déficit de preventividade, o que trará vultosos prejuízos à proteção dos direitos do jurisdicionado, inclusive, para os casos de

---

utilizado pela doutrina, Antônio Carvalho Filho, Diego Crevelin de Sousa e Mateus Costa Pereira afirmam: "[...] (*a*) a expressão '*processo justo*' não consta do texto constitucional e trata-se de criação exclusiva da doutrina partidária da instrumentalidade do processo e do empoderamento judicial, que toma para si o processo como ferramenta para a realização de fins imaginários e não previstos em lei (em sentido amplo). Atuam, portanto, no afã de realizar a pseudocorreção do direito por critérios subjetivos e metajurídicos, como se os juízes fossem jungidos por poderes de cognição privilegiada e sobre-humanos; (*b*) o processo deve ser visto não mais como um instrumento nas mãos do Estado para a realização de supostos fins, mas como instituição de garantia de liberdade das partes contra a própria atuação estatal. Essa é a essência substancial do processo, inserta na cláusula do devido processo legal, prevista no art. 5º, LIV, da CF. Ela representa a matéria-prima constitucional que deve ser procedimentalizada pelo legislador, ou seja, extrair da Constituição e, portanto, do processo, a ossatura ao redor da qual a lei moldará as musculaturas procedimentais (tendo em vista que a Constituição é *prius* e o procedimento *posterius*). A instância originária-originante do fenômeno é a *Constituição* (que é a morada do processo), não a lei (que é a morada do procedimento); (*c*) a submissão do juiz à constituição e à lei (em sentido *lato*) impede que o juiz realize valorações políticas, econômicas, morais, religiosas ou metajurídicas de qualquer ordem. Assim, a atuação do juiz no procedimento deve ser '*devida*' e correspondente à previsão legal. Esse agir conforme a lei, marca o 'modo-de-ser' do processo, não podendo o julgador fugir desse limite expressamente previsto na Constituição, sob pena de vulnerar a garantia do processo. É dizer, o processo se desenvolve '*always under law*'; (*d*) quando se fala em '*devido processo legal*' está se nominando 'o' processo em si e não apenas um princípio a ele ligado. Sua substância imputa ao juiz — processo na jurisdição — obrigações de comportamento e postura pela garantia ora analisada" (CARVALHO FILHO, Antônio; SOUSA, Diego Crevelin de; PEREIRA, Mateus Costa. *Requiém às medidas judiciais atípicas nas execuções pecuniárias* – art. 139, IV, CPC. Londrina: Thoth, 2020. p. 70-71).

[248] Para um conceito de "ordenamento jurídico", a posição de Francisco Balaguer Callejón (CALLEJÓN, Francisco Balaguer. *A projeção da Constituição no ordenamento jurídico*. Tradução de Paulo Roberto Barbosa Ramos. São Paulo: Saraiva, 2014. p. 31-34).

uma tutela inibitória, vez que preventiva de um direito ameaçado por ilícito futuro.[249]

7.1.1 A urgência e a evidência

A urgência e a evidência são fenômenos inerentes aos atos-fatos jurídicos, portanto, podem ser elementos integrantes do fundamento necessário à caracterização de determinada tutela provisória.

A urgência está atrelada à satisfatividade e à cautelaridade.

O CPC traz em seu arcabouço legislativo a urgência relacionada à tutela satisfativa (antecipada) e à tutela cautelar — artigo 294, parágrafo único.

Nem sempre o que é urgente satisfaz. Basta verificar a tutela cautelar (não que inexista certa dose de "satisfatividade" na pretensão à segurança).[250] E mais, a urgência não corrompe a ordinariedade, mas traz, de certa forma, eficiência à estrutura procedimental.

Ambas, tanto a urgência como a evidência, são pautadas na atuação do Poder Judiciário. A tutela baseada na evidência, na verdade, estaria amparada em um direito evidente da parte capaz de distribuir o tempo de forma racional e democrática no procedimento; e a maneira racional e democrática de se distribuir o tempo no procedimento é respeitando-se o devido processo constitucional.

A urgência e a evidência ressaltam-se, a princípio, dentro de uma visão crítica, uma quebra da ordinariedade em prol da efetividade da tutela dos direitos, porém, não se devem perder de vista os direitos e garantias fundamentais, sob pena de ultrajar a própria democracia.

Francisco Rabelo Dourado de Andrade, ao dissertar acerca do direito evidente, pontua:

---

[249] A respeito do "devido processo legislativo", ver: DEL NEGRI, André. *Controle de constitucionalidade no processo legislativo*. 3. ed. Belo Horizonte: D'Plácido, 2017. p. 115-116. Ao prefaciar a obra de André Del Negri, assim manifestou Rosemiro Pereira Leal: "[...] Nesta obra, percebe-se que, na democracia, o ato de julgar tem o seu início legitimamente no juízo processual constituinte do direito e não nas sentenças, nos atos jurisdicionais imperativos ou acórdãos resolutivos de conflitos como lamentavelmente ainda supõem os operadores tardios da modernidade" (DEL NEGRI, André. *Controle de constitucionalidade no processo legislativo*. 3. ed. Belo Horizonte: D'Plácido, 2017. p. 12).

[250] Para as temáticas cautelaridade, definitividade e satisfatividade, verificar o posicionamento de Eduardo José da Fonseca Costa. (Comentários ao artigo 305. *In*: STRECK, Lenio Luiz; NUNES, Dierle, CUNHA, Leonardo Carneiro da (Org.); FREIRE, Alexandre (Coord. executivo). *Comentários ao código de processo civil*. São Paulo: Saraiva, 2016. p. 436-437).

[...] A tutela de evidência apresenta-se como desdobramento da tutela antecipada até então situada no artigo 273 do CPC/1973 e com novos contornos na quadra das tutelas provisórias no CPC/2015, mas sem o estabelecimento dos pressupostos já estudados anteriormente. Diferentemente, buscou o legislador já estabelecer como direito evidente as hipóteses do artigo 311 que, independentemente de demonstração do perigo de dano ou risco ao resultado útil do processo (requisito de urgência), serão concedidas pelo juiz quando demonstradas de plano pela parte requerente.

Acontece que nesse cenário fica oculta a teoria da ação como direito concreto à sentença favorável preconizada por Wach, tornando o processo um mero instrumento de tutela do direito existente (pressuposto) que, em sendo violado, legitima a propositura de ação *contra* o adversário visando à sua confirmação (declaração) pelo juiz e ulterior execução.

Embora o CPC/2015 tenha delineado nos incisos do artigo 311 as hipóteses do que seria 'direito evidente', conferindo uma suposta e enganosa democraticidade dos conteúdos da lei a limitar a atividade do juiz na tutela de evidência, percebe-se que esta modalidade procedimental de radicalização da tutela antecipada não apenas assegura, como eleva a carga de autocracia interpretativa do juiz (personalismo hermenêutico) em total descompasso com o *devido processo* como base principiológica da criação, atuação, modificação e extinção de direitos.

Com efeito, estabelecer novo instituto que nega a ordinariedade procedimental processualizada e não acolhe a teoria da prova lastreada no direito democrático é entregar ao juiz, propositadamente, a livre escolha dos sentidos ou a atribuição de significados daquilo que o próprio *texto* atribui a respeito do que vem a ser *direito evidente*.[251]

Evidentemente pode ser analisada sob aspectos linguístico-filosóficos, jurídicos, e epistemológicos, conforme lembrado por Francisco Rabelo Dourado de Andrade, ao citar o posicionamento de Fernando Gil.[252]

7.1.2 A provisoriedade (temporariedade)

A maioria dos juristas traz coincidência entre o que é provisório e temporário; o próprio legislador, quando da elaboração do CPC,

---

[251] ANDRADE, Francisco Rabelo Dourado de. *Tutela de evidência, teoria da cognição e processualidade democrática*. Belo Horizonte: Fórum, 2017. p. 185.

[252] ANDRADE, Francisco Rabelo Dourado de. *Tutela de evidência, teoria da cognição e processualidade democrática*. Belo Horizonte: Fórum, 2017. p. 103.

deixou de trazer aspectos distintivos relacionados à provisoriedade e temporariedade.

A distinção entre uma e outra foi notada com perspicácia por Ovídio Araújo Baptista da Silva ao desenvolver estudo sobre a tutela cautelar.

Araken de Assis também identifica a necessidade de distinção e, com base na lição de Ovídio Araújo Baptista da Silva e exemplo colhido de Alfredo de Araújo Lopes da Costa,[253] esclarece:

> [...] Nenhuma medida cautelar se mostra provisória. Intensamente divulgada, a noção de provisoriedade assenta na errônea premissa de a tutela cautelar visar à defesa da atividade jurisdicional. A distinção entre o provisório e o temporário constitui encruzilhada fundamental nessa matéria. É necessário tomar o caminho que, sem pejo da heterogeneidade da litisregulação, fixa a finalidade precípua das providências cautelares como proteção ao direito da parte. Essa diretriz tem consequência: a medida cautelar é e só pode ser, sob pena de descaracterizar-se como tal, temporária.
> Segundo o estudo que influenciou decisivamente o ponto, a medida provisória não dura para sempre, mas pressupõe evento sucessivo que a torna desnecessária, que consistiria no provimento definitivo, formulando a regra jurídica concreta para os litigantes. Temporário é o que não dura sempre, sem que se pressuponha a ocorrência de outro evento subsequente que o substitua. Persuasiva metáfora explica a diferença: 'Os andaimes da construção são temporários. Ficam apenas até que se acabe o trabalho no exterior do prédio. São, porém, definitivos, no sentido de que nada virá substituí-los. Já, entretanto, a barraca onde o desbravador dos sertões acampa, até melhor habitação, não é apenas temporária, é provisória também. O provisório é sempre trocado por um definitivo'. Pois bem: a medida cautelar é temporária. E, porque providência temporária, não comporta câmbio pelo provimento definitivo, ou seja, pela regra jurídica concreta. Ela é garantia da satisfação futura da parte.[254]

---

[253] LOPES DA COSTA, Alfredo de Araújo: "'Temporário', em verdade, é o que dura determinado tempo. 'Provisório', porém, é o que, 'por algum tempo, serve até que venha o 'definitivo'. O temporário se define em absoluto, apenas em face do tempo; 'provisório', além do tempo, exige a previsão de outra cousa em que se sub-rogue" (*Medidas preventivas*: medidas preparatórias – medidas de conservação. 2. ed. Belo Horizonte: Livraria Bernardo Álvares Editôra, 1958. p. 16).

[254] ASSIS, Araken de. Espécies de medidas de urgência. *In*: MACEDO, Elaine Harzheim; HIDALGO, Daniela Boito Maurmann (Org.). *Jurisdição, direito material e processo*: os pilares da obra ovidiana e seus reflexos na aplicação do Direito. Porto Alegre: Livraria do Advogado, 2015. p. 276-277.

Eduardo José da Fonseca Costa também traz a necessária distinção entre provisoriedade e temporariedade:

> [...] O Livro V não poderia haver recebido nome pior: 'Da tutela provisória'. Afinal, ele não delimita o objeto de que trata. Nele se estabelecem as regras sobre a tutela de urgência cautelar, a tutela de urgência satisfativa e a tutela de evidência (pura). Entretanto, nem todas elas são provisórias. Não se pode confundir 'provisório' com 'temporário'. *Temporário* é a providência que não é concedida para ser substituída por sentença definitiva (p. ex., caução de dano infecto); em contraposição, *provisória* é a providência que há de ser substituída por sentença definitiva (p. ex., tutela de urgência satisfativa) (cf. SILVA, Ovídio Araújo Baptista da. *Da sentença liminar à nulidade da sentença*. Rio de Janeiro: Forense, 2011, p. 73). As tutelas satisfativas de urgência e de evidência são *provisórias*, porquanto a partir delas a relação processual civil continua e elas tendem a ser sucedidas por uma sentença definitiva. Contudo, como se verá melhor adiante, a tutela de urgência cautelar é *temporária*, já que, em razão de sua autonomia, é eficaz enquanto útil.[255]

Portanto, o que é provisório substitui-se pelo provimento definitivo (por exemplo, a tutela satisfativa) e o temporário, apesar de definitivo para a sua funcionalidade cautelar (portanto, "satisfazer"), não se substitui por provimento definitivo.[256]

---

[255] COSTA, Eduardo José da Fonseca. Comentários ao artigo 294. *In*: STRECK, Lenio Luiz; NUNES, Dierle, CUNHA, Leonardo Carneiro da (Org.); FREIRE, Alexandre (Coord. Executivo). *Comentários ao código de processo civil*. São Paulo: Saraiva, 2016. p. 398.

[256] Reconhecendo a distinção entre "provisoriedade" e "temporariedade", mas com notas de sutileza explicativa, assim manifestam Roberto P. Campos Gouveia Filho e Marco Paulo Denucci Di Spirito: "[...] Como visto, o termo provisoriedade denota a qualidade daquilo que está posto a vir a ser substituído. Essa é uma característica típica da tutela satisfativa antecipada, já que consiste na produção antecipada de alguns dos efeitos da sentença final: produz-se antecipadamente os efeitos para, ao final, confirmá-los. Por outro lado, a tutela preventiva (que abrange a cautelar, espécie) é caracterizada pela temporariedade, e não pela provisoriedade, porque 'deve durar enquanto dure a situação de perigo a que esteja exposto o interesse tutelado'. Ou seja, 'sua duração está atrelada à permanência de seus requisitos autorizadores, e não ao resultado de qualquer ação 'principal'.' A noção de provisoriedade assenta na errônea premissa de que a tutela preventiva objetiva 'a defesa da atividade jurisdicional (o 'resultado útil do processo', mencionado no artigo 305, *caput*, parte final).' O artigo 296, *caput*, quanto à tutela preventiva, incorre neste erro, ao prever que ela 'conserva sua eficácia na pendência do processo'. Como elucida Eduardo José da Fonseca Costa, 'pode ser que o tempo do proveito cautelar coincida com o tempo de pendência de um processo. Mas isso nem sempre acontece. A eficácia da caução de dano infecto durará enquanto a natureza dos trabalhos ou o estado da obra oferecerem perigo ao vizinho. A posse em nome de nascituro será eficaz enquanto durar o estado de gravidez. O arresto cautelar será eficaz enquanto a diminuição patrimonial do devedor gerar risco à satisfação do crédito ainda inexigível, ou enquanto ainda não se puder promover a penhora após o trânsito em julgado da sentença condenatória." [...] Não obstante a distinção demonstrada

Segundo Jaqueline Mielke Silva, os dispositivos do CPC que tratam das tutelas provisórias mantiveram as ideias de Piero Calamandrei em relação à estrutura normativa representativa da tutela cautelar, eis que vincula a lide cautelar à lide principal amesquinhando-se, com isso, a autonomia da lide cautelar em relação à lide principal, conforme sustentado por Ovídio Araújo Baptista da Silva.[257]

Na realidade, o correto teria sido o legislador manter a nomenclatura inicial, ou seja, tutela antecipada para as tutelas cautelar, satisfativa e de evidência, ao invés de tutela provisória.

Daí ter-se-ia tutela antecipada cautelar, tutela antecipada satisfativa e tutela antecipada de evidência — assim, a expressão "antecipada" melhor se insere no contexto conceitual, eis que a expressão "provisória" ressuscita entendimento da doutrina italiana (por exemplo, de Piero Calamandrei), de que a cautelar poderia exercer a função satisfativa, portanto, detentora da característica da provisoriedade; e, nesse aspecto, se a cautelar for rotulada de provisória (no sentido de se fazer substituir por provimento definitivo), poderia satisfazer o direito; é claro que toda tutela satisfaz (no sentido de realizar) o direito, em determinado momento — p. ex., assegurando o direito ante um perigo de dano (cautelar); protegendo (com a efetiva inibição) o direito de um perigo de ilícito (inibitória).

7.2 As tutelas provisórias de urgência[258]

As tutelas provisórias de urgência, segundo posicionamento dominante adotado pelo novo CPC, dividem-se em: (i) tutelas satisfativas

---

no item anterior, o termo provisoriedade apresenta outro sentido digno de nota, já adiantado quando se enfrentou o problema da nomenclatura do instituto 'tutela provisória'. Ele serve para designar, também, aquilo que tem por característica ser instável, ou seja, que pode ser, sem maiores 'amarras' cognitivas, revogado ou modificado. O problema, aqui, não é de 'estar para ser substituído', mas sim de 'poder ser desfeito ou revisto'. Apenas neste sentido é que a tutela preventiva e, por consequência, a tutela cautelar pode ser tida como provisória, uma vez que, seja no sistema do CPC/1973 (artigo 807), seja no sistema do CPC atual (artigo 296), ela pode ser, a qualquer tempo, revogada (desfeita) ou modificada (revista). Aqui, a provisoriedade é da decisão. É como se dissesse: 'a decisão foi dada a título provisório, já que é precária, podendo ser revogada ou modificada'. Por isso, e nesse enfoque, não é incorreto dizer ser provisória a cautelaridade" (Comentários ao artigo 296. *In*: RIBEIRO, Sérgio Luiz de Almeida *et al.* (Coord.). *Novo código de processo civil comentado*. t. I. arts. 1º a 317. São Paulo; Lualri, 2017. p. 464).

[257] SILVA, Jaqueline Mielke. *A tutela provisória no novo código de processo civil*. 3. ed. Porto Alegre: Verbo Jurídico, 2017. p. 25, 28-29.

[258] O presente capítulo foi baseado nos seguintes recortes doutrinários: MARINONI, Luiz Guilherme. *Tutela de urgência e tutela da evidência*: soluções processuais diante do tempo

e (ii) tutelas cautelares (que em verdade são temporárias, e não provisórias).

Todas possuem traços substanciais, verdadeiras digitais a ensejar a peculiar função de distingui-las dentro da sistemática processual, cuja técnica procura estruturar o procedimento para se atingir ao provimento final, à efetividade, ou melhor, à duração razoável do processo. Por isso, antecipam-se no tempo os efeitos caracterizadores de cada tipo de proteção pretendida.

7.2.1 A satisfatividade (satisfação)

O primeiro dos traços substanciais é aquele relacionado à satisfatividade (satisfação) que não se confunde com a definitividade.

Araken de Assis, igualmente, aparta a satisfatividade da definitividade:

> [...] Um dos mais graves problemas na identificação da natureza dessas medidas de urgência reponta no entendimento de 'satisfação'. Também aqui há uma encruzilhada que deve ser superada com o rumo correto. Em geral, diz-se que a satisfação se verifica 'quando o juiz declara o direito da parte com foros de definitividade'. Não é a perspectiva aqui adotada. Entende-se por satisfação a realização prática do direito da parte, a entrega do bem da vida, proveito, vantagem ou utilidade almejada, e, não, resolução judicial dando razão a uma das partes.[259]

---

da justiça. São Paulo: RT, 2017. p. 73-107; MITIDIERO, Daniel. *Antecipação da tutela*: da tutela cautelar à técnica antecipatória. 3. ed. São Paulo: RT, 2017. p. 129-134; DI SPIRITO, Marco Paulo Denucci; GOUVEIA FILHO, Roberto P. Campos. Comentários ao artigo 294. *In*: RIBEIRO, Sérgio Luiz de Almeida *et al.* (Coord.). *Novo código de processo civil comentado*. t. I – arts. 1º a 317. São Paulo: Lualri, 2017. p. 453-464; SILVA, Jaqueline Mielke. *A tutela provisória no novo código de processo civil*. 3. ed. Porto Alegre: Verbo Jurídico, 2017. p. 25-44; COSTA, Eduardo José da Fonseca. Comentários aos artigos 294 a 311. *In*: STRECK, Lenio Luiz; NUNES, Dierle; CUNHA, Leonardo Carneiro da (Org.); FREIRE, Alexandre (Coord. executivo). *Comentários ao código de processo civil*. São Paulo: Saraiva, 2016. p. 436-438; RAATZ, Igor. *Tutelas provisórias no processo civil brasileiro*. Porto Alegre: Livraria do Advogado, 2018. p. 77-131.

[259] Espécies de medidas de urgência. *In*: MACEDO, Elaine Harzheim; HIDALGO, Daniela Boito Maurmann (Org.). *Jurisdição, direito material e processo*: os pilares da obra ovidiana e seus reflexos na aplicação do Direito. Porto Alegre: Livraria do Advogado, 2015. p. 280. Nesse aspecto, a lição de Eduardo José da Fonseca Costa: COSTA, Eduardo José da Fonseca. Comentários aos artigos 294 a 311. *In*: STRECK, Lenio Luiz; NUNES, Dierle, CUNHA, Leonardo Carneiro da (Org.); FREIRE, Alexandre (Coord. executivo). *Comentários ao código de processo civil*. São Paulo: Saraiva, 2016. p. 398.

A satisfatividade (traço característico de quaisquer tutelas, dependendo do momento a ser analisado), segundo Roberto P. Campos Gouveia Filho e Marco Denucci Di Spirito, afigura-se "[...] quando o direito posto em discussão judicial é, devidamente, realizado".[260] E mais, a "[...] tutela satisfativa, obviamente, não se dá apenas de modo provisório (= lastreada em cognição sumária), porquanto, é notório, exista a satisfação definitiva (= ancorada em cognição exauriente)".[261]

7.2.2 A cautelaridade (asseguração)

O fenômeno da cautelaridade foi por muito tempo explicitado como aquele próprio das tutelas cautelares, e, portanto, distante da provisoriedade.

A cautelaridade possui traços de efemeridade, eis que perdura enquanto houver necessidade de proteger (assegurar) o direito de um perigo de dano. Já a efemeridade[262] é exatamente a condição de existência da tutela cautelar; daí por que falar em temporariedade, e não provisoriedade, como quis o legislador com o CPC.

O legislador, ao desenhar o arcabouço normativo para as tutelas provisórias, certamente deixou-se influenciar pela doutrina italiana, em especial as ideias de Piero Calamandrei, permitindo que os fantasmas daquele posicionamento estrangeiro continuassem a assombrar a nossa produção científica; trouxe, com isso, mais dúvidas do que soluções. Perdeu-se, portanto, a oportunidade de se dissipar por completo a confusão propagada por Calamandrei acerca das tutelas cautelares, vez que ao designá-las de provisórias abriu caminho à noção deturpada, diga-se, de satisfatividade — daí as tão criticadas cautelares satisfativas.

Segundo Jaqueline Mielke Silva:

> [...] A distinção entre provisoriedade e temporariedade também se revela essencial para Ovídio Araújo BAPTISTA DA SILVA. A partir do momento em que concebermos a tutela cautelar como temporária e não provisória, podemos nos livrar da confusão existente no âmbito da doutrina e da

---

[260] Observar a interessante e relevante proposta classificatória apresentada pelos autores, inclusive com o que designaram de *tutela realizatória* (seria o gênero — o que se concorda) (Comentários ao artigo 294. *In*: RIBEIRO, Sérgio Luiz de Almeida *et al*. (Coord.). *Novo código de processo civil comentado*. t. I. arts.1º a 317. São Paulo; Lualri, 2017. p. 457-458).

[261] Comentários ao artigo 294. *In*: RIBEIRO, Sérgio Luiz de Almeida *et al*. (Coord.). *Novo código de processo civil comentado*. t. I. arts.1º a 317. São Paulo; Lualri, 2017. p. 458.

[262] No sentido de pouco duradouro, transitório e que não se faz substituir por outro, portanto, característica do que é temporário.

jurisprudência entre tutela cautelar e tutela antecipatória. O NCPC mantém 'viva' essa confusão. Ao que parece, o legislador reformador continua não atentando para a distinção entre esses dois tipos de tutela.[263]

7.2.3 A referibilidade (instrumentalidade)

O CPC, com a norma inserida no artigo 305, nos dá pistas de que a tutela cautelar protegerá o direito material, e não o processo; entretanto, de forma inusitada, traz a ideia de Piero Calamandrei ao vincular a tutela de urgência ao pressuposto do risco ao resultado útil do processo, o que ressuscita invariavelmente a noção da doutrina italiana de que a tutela cautelar seria um instrumento do instrumento (artigo 300, CPC).

De acordo com Luiz Guilherme Marinoni,

> [...] A tutela cautelar é caracterizada pela instrumentalidade, mas em um sentido bastante diferente daquele que lhe foi atribuído pela doutrina clássica. A tutela cautelar não é um instrumento do instrumento, ou seja, um instrumento do processo.
> A tutela cautelar é um instrumento vocacionado a dar segurança à tutela do direito que se pretende ou que pode vir a ser ambicionada.
> Contudo, não é porque a tutela cautelar é instrumento da tutela do direito que não pode existir situação em que, ainda que a tutela cautelar apareça como instrumento da tutela do direito, a ação cautelar *seja autônoma*, como ocorre na hipótese de ação cautelar de caução de dano infecto.
> [...]
> A tutela cautelar sempre será referida a uma provável tutela já requerida ou que poderá vir a ser solicitada. Por isto mesmo, como já demonstrado, a tutela cautelar é 'não satisfativa'; destina-se apenas a *assegurar* a tutela jurisdicional do direito, não sendo capaz de prestá-la ou de satisfazer ou realizar o direito. Na tutela cautelar há sempre referibilidade a uma tutela ou situação substancial acautelada. Inexistindo referibilidade, não há direito acautelado, mas sim tutela satisfativa.
> [...] Porém, mesmo nas raras hipóteses que dispensam a ação principal ou o 'pedido principal' (artigo 308, CPC), como na caução de dano infecto, está presente a nota da referibilidade. Ao contrário do que sustenta Watanabe, não há tutela cautelar que possa deixar de fazer referência a uma situação substancial tutelável.
> [...]

---

[263] SILVA, Jaqueline Mielke. *A tutela provisória no novo código de processo civil*. 3. ed. Porto Alegre: Verbo Jurídico, 2017. p. 36.

De modo que a dispensabilidade do pedido principal, ao contrário do que se poderia pensar, não é uma consequência da ausência de referibilidade. Como também não é, conforme se viu no item antecedente, consequência da falta de instrumentalidade, uma vez que essa diz respeito à tutela do direito e não ao processo.[264]

A referibilidade aqui adotada não deve ser entendida como aquela que vincula a tutela cautelar ao processo, o que poderá prejudicar sua instrumentalidade[265] diante da técnica processual utilizada.

Segundo o posicionamento de Igor Raatz:

> [...] Atualmente, o Código de Processo Civil brasileiro, ao prescrever que o autor, para obter uma tutela cautelar, deverá expor sumariamente *o direito que se objetiva assegurar* (artigo 305, CPC) parece ter se inclinado favoravelmente à tese de que a tutela cautelar visa a proteger o direito, e não o processo. Paradoxalmente, porém, o mesmo Código contém previsão no sentido de que a tutela de urgência será concedida quando houver risco ao resultado útil do processo (artigo 300, CPC).[266]

A tutela inibitória possui certa referibilidade, eis que a referência (alusão) se dirige a um direito ameaçado por um ato ilícito praticado por alguém que transgride uma norma (protetiva) já predefinida pelo ordenamento jurídico; portanto, se se pensar por esse ângulo, a referibilidade não seria capaz de neutralizar a função preventiva da tutela inibitória; aliás, a referência é exatamente aquela inerente ao direito ameaçado.[267]

Assim, se uma determinada norma contém uma proibição para determinado ato contrário ao direito (ato ilícito), então, é possível dizer

---

[264] MARINONI, Luiz Guilherme. *Tutela de urgência e tutela da evidência*: soluções processuais diante do tempo da justiça. São Paulo: RT, 2017. p. 88-89.

[265] O termo instrumentalidade utilizado não significa colocar o processo como instrumento (a serviço) da jurisdição, mas como garantia limitadora do poder estatal.

[266] RAATZ, Igor. *Tutelas provisórias no processo civil brasileiro*. Porto Alegre: Livraria do Advogado, 2018. p. 87.

[267] Em sentido contrário, Luiz Guilherme Marinoni: "[...] tutela preventiva ou inibitória não é marcada pela *referibilidade ou pela instrumentalidade*, uma vez que basta por si só ou dá tutela *satisfativa* ao direito. A tutela inibitória ou preventiva é tão satisfativa quanto a tutela ressarcitória, não obstante a lamentável confusão que a doutrina costuma fazer entre tutela preventiva e tutela cautelar" (MARINONI, Luiz Guilherme. *Tutela de urgência e tutela da evidência*: soluções processuais diante do tempo da justiça. São Paulo: RT, 2017. p. 88-89). O aspecto da "referibilidade", como afirmado, não é suficiente para afastar a preventividade, que, dentro de uma perspectiva constitucional, adquire uma instrumentalidade capaz de garantir a técnica processual adequada à estrutura procedimental "ótima" ao provimento judicial necessário a entregar o bem da vida pretendido pelo jurisdicionado.

que a tutela inibitória será apta a debelar, exatamente, o perigo desse ato ilícito (contrário ao que se encontra inserido na referida norma proibitiva) — previne um direito ameaçado por um ilícito futuro capaz de transgredir a referida norma; daí a sua incontestável referibilidade.

Aqui, é possível exemplificar o raciocínio (numa perspectiva pragmática), a partir das seguintes hipóteses: (i) o autor é ameaçado em sua honra por um ilícito futuro — o réu ameaça (verbal, escrita, via *e-mail*) propagar uma falsa notícia que irá atingir a honra do autor — portanto, a tutela inibitória aqui será voltada a debelar a ameaça, protegendo, destarte, o direito à honra do autor — o direito à honra é direito fundamental previsto no texto constitucional e em textos infraconstitucionais; (ii) o autor é ameaçado em sua posse por um ilícito futuro — o réu ameaça (verbal, escrita, via *e-mail*) esbulhar ou turbar a posse do autor — nesse caso, a tutela inibitória servirá para proteger o direito à posse do autor em face de um ilícito futuro (esbulho ou turbação) — o direito à posse e propriedade é direito fundamental com previsão constitucional e em textos infraconstitucionais.

Em ambos os exemplos, a tutela inibitória possui referibilidade a um determinado direito (p. ex., direito à honra, direito à posse) ameaçado por um ato ilícito futuro — ocorrerá, então, efetiva inibição do ilícito futuro e, por conseguinte, a prevenção do direito do jurisdicionado.

7.3 As tutelas provisórias de evidência

As tutelas de evidência[268] são espécies do gênero tutelas provisórias, entretanto, não pertencem à classe das tutelas de urgência.

Como já afirmado, as tutelas provisórias possuem por fundamento a urgência ou a evidência (artigo 294, CPC). As tutelas provisórias de urgência já foram analisadas. O legislador trouxe a estrutura normativa procedimental da tutela de evidência no artigo 311, CPC.

Percebe-se, a partir de uma rápida análise do texto normativo, que a estrutura procedimental da tutela de evidência em comparação com as demais tutelas provisórias, em especial a satisfativa e a cautelar (que é temporária), é frágil e despida de efetiva sistematização; assim, para evitar prejuízo à sua funcionalidade, adota-se a estrutura procedimental

---

[268] Sobre a temática da "tutela de evidência", verificar os estudos desenvolvidos por Luiz Fux, nos idos de 1996, retratados na obra *Tutela de segurança e tutela da evidência*: fundamentos da tutela antecipada. São Paulo: Saraiva, 1996. Para aprofundamento da referida temática: DOTTI, Rogéria. *Tutela da evidência*: probabilidade, defesa frágil e o dever de antecipar a tempo. São Paulo: RT, 2020.

desenhada para as tutelas provisórias de urgência, com as devidas ressalvas e adequações (p. ex., não se admite a estabilização dos efeitos da tutela de evidência, apesar de se qualificar como "satisfativa").

Já as tutelas provisórias de evidência são aquelas pautadas na proteção de um direito evidente da parte diante de uma violação demonstrada, e se destinam a distribuir racionalmente o ônus do tempo do processo.[269]

Segundo Luiz Guilherme Marinoni,

> [...] Como é óbvio, a tutela de evidência não pode ser confundida com a tutela cautelar ou com a tutela antecipatória que se funda no perigo. O artigo 311 diz expressamente que a tutela da evidência independe 'da demonstração de perigo de dano ou de risco ao resultado útil do processo'. O Código de 2015, na linha do artigo 273, II, do código de 1973, instituiu uma técnica processual destinada a viabilizar a tutela do direito do autor quando os fatos constitutivos do direito são incontroversos ou evidentes e a defesa é infundada, e, portanto, quando o exercício da defesa pode ser visto como um abuso.
> Bem vistas as coisas, tal técnica de tutela jurisdicional destina-se a viabilizar a distribuição do ônus do tempo do processo. Para tanto, a técnica não poderia realmente fugir dos critérios da evidência do direito e da fragilidade da defesa, aptos a permitir que a tutela do direito se dê no curso do processo sem que seja pago o preço do direito de defesa.
> Note-se que esta espécie de técnica de tutela dos direitos é o resultado da admissão de que: i) o tempo do processo não pode ser jogado nas costas do autor, como se esse fosse o culpado pela demora inerente à investigação dos fatos; ii) portanto, o tempo do processo deve ser visto como um ônus; iii) o tempo deve ser distribuído entre os litigantes em nome da necessidade de o processo tratá-los de forma isonômica.[270]

Para as tutelas de evidência, basta a alta probabilidade do direito da parte, independentemente do *periculum in mora* (artigo 311, CPC).

Luiz Rodrigues Wambier e Eduardo Talamini, ao dissertarem acerca da tutela de evidência, admitem a possibilidade de sua estabilização, de forma negociada entre as partes:

---

[269] Jean Carlos Dias afirma: "[...] O que caracteriza, portanto, a tutela de evidência, é o reconhecimento judicial imediato e sumário de um direito a ser protegido frente à violação demonstrada" (DIAS, Jean Carlos. *Tutelas provisórias no novo CPC*: tutelas de urgência e tutela de evidência. Salvador: JusPodivm, 2017. p. 134).

[270] MARINONI, Luiz Guilherme. *Tutela de urgência e tutela da evidência*: soluções processuais diante do tempo da justiça. São Paulo: RT, 2017. p. 276-277.

[...] A tutela de evidência pode ser requerida apenas incidentalmente. Não foi prevista na modalidade antecedente. Também por isso, não é apta a estabilizar-se. No entanto, as partes podem celebrar negócio processual (artigo 190 do CPC/2015 – vol. 1, cap. 27) que preveja a estabilização da tutela da evidência.[271]

As hipóteses de cabimento das tutelas de evidência estão catalogadas, em rol não taxativo,[272] nos incisos do artigo 311, CPC. Tanto o autor (em seu pedido) como o réu (em reconvenção ou pedido contraposto) poderão utilizar-se dela.[273]

Veja-se: numa das hipóteses de cabimento, p. ex., o autor não consegue demonstrar o seu direito evidente por intermédio de uma prova documental, e o réu, ao contestar (artigos 335 a 342, CPC), apresenta reconvenção (artigo 343, CPC), alega e demonstra por meio de documentos (cujos conteúdos representam "novação da obrigação" por parte do autor) que o seu direito é que se afigura carregado de evidência.

Aqui, também, a tutela inibitória depende de pedido, não sendo possível o seu deferimento *ex officio*, sob pena de se ultrajar o princípio dispositivo (artigo 2º, CPC).[274]

---

[271] WAMBIER, Luiz Rodrigues; TALAMINI, Eduardo. *Curso avançado de processo civil*: cognição jurisdicional (processo comum de conhecimento e tutela provisória). 17. ed. São Paulo: RT, 2018. v. 2, p. 925. Já José Miguel Garcia Medina admite a possibilidade de aplicação do disposto nos artigos 303 e 304 à tutela de evidência. Ver: MEDINA, José Miguel Garcia. *Curso de direito processual civil moderno*. 3. ed. São Paulo: RT, 2017. p. 495-496.

[272] LOPES, João Batista. Tutela da evidência. *In*: ASSIS, Carlos Augusto de; LOPES, João Batista. *Tutela provisória*: tutela antecipada; tutela cautelar; tutela da evidência; tutela inibitória antecipada. Brasília: Gazeta Jurídica, 2018. p. 169: "[...] numerosas são as situações de evidência dos fatos, razão por que seria impossível prevê-las em *numerus clausus*". Por uma atipicidade da tutela de evidência: "[...] O Código de Processo Civil de 2015 consagra a generalização da tutela de evidência, isto é, seu cabimento em procedimentos gerais de cognição, ampliando-a em relação ao regime anterior, ao prever em seu art. 311 outras hipóteses típicas de cabimento, para além do abuso no exercício do direito de defesa e manifesto propósito protelatório já previsto no art. 273, II, do Código de Processo Civil de 1973. Impende examinar a extensão desta ampliação, notadamente se ela é hábil a alçar o patamar de atipicidade, que, acredita-se, é mais consentâneo à realização da potencialidade da tutela de evidência. [...] O que se defende na presente obra, vale reafirmar, transcende as opções aprioristicas feitas pelo legislador para específicos direitos materiais. O que se busca é que em qualquer direito material, em qualquer espécie procedimental, seja cabível a concessão da tutela de evidência, competindo ao magistrado julgar pelo seu cabimento no caso concreto, exigindo para tal apenas o requisito da probabilidade do direito" (REZENDE, Ester Camila Gomes Norato. *Tutela de evidência*: combate ao dano marginal do processo. Belo Horizonte: Del Rey, 2017. p. 167 e 175).

[273] BODART, Bruno V. da Rós. *Tutela de evidência*: teoria da cognição, análise econômica do direito processual e comentários sobre o novo CPC. 2. ed. São Paulo: RT, 2015. p. 153-154.

[274] Segundo João Batista Lopes: "[...] Cuidando-se, porém, de tutela da evidência, que não exige o *periculum in mora*, não se justifica a concessão de ofício da providência. Vale ressaltar, ao propósito, que, sem embargo da tendência atual de fortalecimento dos poderes do juiz, o

Existem autores que rotulam a tutela de evidência de verdadeiro "procedimento desprocessualizado".[275]

O que mais desperta atenção dos autores é a norma constante do parágrafo único do artigo 311, CPC. Nela há previsão de concessão da tutela de evidência liminarmente, nas hipóteses dos incisos II e III; portanto, além de se observarem os fundamentos (pressupostos) das hipóteses, para a concessão da liminar *inaudita altera parte*, deverá o autor demonstrar o alto grau de probabilidade de seu direito evidente (artigo 300, primeira parte do *caput*, CPC).[276]

Existem também autores que consideram a referida concessão *inaudita altera parte* inconstitucional (p. ex., Luiz Guilherme Marinoni,[277] Lenio Luiz Streck, Lúcio Delfino e Diego Crevelin de Sousa,[278] cada qual com suas particularidades conceituais).

João Batista Lopes considera possível conceder a tutela de evidência liminarmente (*inaudita altera parte*), em situações excepcionais, e assim justifica seu posicionamento:

> [...] Assinale-se, de início, que, salvo situações especiais, a concessão da tutela jurisdicional deve ser precedida de audiência do réu.

---

princípio dispositivo não foi descartado pelo legislador" (Tutela da evidência. *In*: ASSIS, Carlos Augusto de; LOPES, João Batista. *Tutela provisória*: tutela antecipada; tutela cautelar; tutela da evidência; tutela inibitória antecipada. Brasília: Gazeta Jurídica, 2018. p. 174). Pela possibilidade de se conceder a tutela de evidência *ex officio*, embasado na doutrina de Luiz Guilherme Marinoni: TESSER, Adré Luiz Bäuml. A tutela provisória da evidência no código de processo civil de 2015 e a concepção de Marinoni como chave e sua compreensão teórica. *In*: ARENHART, Sérgio Cruz; MITIDIERO, Daniel (Coord.); DOTTI, Rogéria (Org.). *Processo civil entre a técnica processual e a tutela dos direitos*: estudos em homenagem a Luiz Guilherme Marinoni. São Paulo: RT, 2017. p. 411.

[275] Ver: ANDRADE, Francisco Rabelo Dourado de. *Tutela de evidência, teoria da cognição e processualidade democrática*. Belo Horizonte: Fórum, 2017. p. 208-210.

[276] De acordo com Eduardo Lamy: "[...] Ao contrário do que dispõe o parágrafo único do artigo 311, ao permitir a análise da tutela evidente *inaudita altera parte*, a complexidade dos próprios incisos II e III do dispositivo já indica o acerto no respeito ao contraditório para melhor enquadramento do precedente e o amadurecimento das alegações, fatos inerentes ao contrato de depósito. Não faz sentido concluir-se pela evidência sem respeitar o contraditório, portanto" (LAMY, Eduardo. *Tutela provisória*. São Paulo: Atlas, 2018. p. 25-26). Pela constitucionalidade do referido dispositivo: WAMBIER, Luiz Rodrigues. A tutela de evidência e a garantia do contraditório: considerações acerca da constitucionalidade dos arts. 311, parágrafo único, e 9º parágrafo único, II, do CPC/2015. *In*: PEGINI, Adriana Regina Barcellos *et al.* (Org.). *Processo e liberdade*: estudos em homenagem a Eduardo José da Fonseca Costa. Londrina: Thoth, 2019. p. 603-607.

[277] MARINONI, Luiz Guilherme. *Tutela de urgência e tutela da evidência*: soluções processuais diante do tempo da justiça. São Paulo: RT, 2017. p. 338-340.

[278] SOUSA, Diego Crevelin de; STRECK, Lenio Luiz; DELFINO, Lúcio. *Tutela provisória e contraditório*: uma evidente inconstitucionalidade. Disponível em: https://www.conjur.com.br/2017-mai-15/tutela-provisoria-contraditorio-evidente-inconstitucionalidade. Acesso em: 15 jun. 2018.

A doutrina contemporânea esmera-se em delinear o perfil do princípio do contraditório assinalando que se traduz no trinômio informação-reação-diálogo com participação.

A admissibilidade do denominado contraditório diferido é excepcional, só se justificando quando houver risco de dano irreparável ou de difícil reparação ou, ainda quando a audiência do réu puder frustrar a eficácia da medida pretendida.

De modo geral, cuidando-se de tutela da evidência, não se fazem presentes tais requisitos.

Contudo, é possível imaginar situações muito particulares em que se mostre recomendável a concessão da tutela da evidência antes mesmo da audiência do réu. Por exemplo, na hipótese de acidente de trânsito provocado por motorista embriagado, a vítima poderá necessitar imediata assistência médica e internação hospitalar, o que justifica a concessão imediata da tutela pretendida, ou seja, sem audiência prévia do réu.[279]

7.3.1 A tutela inibitória de evidência

A tutela inibitória de evidência é aquela voltada contra a ameaça de um ilícito ao direito evidente da parte.

Se o direito evidente estiver ameaçado por um ato ilícito (contrário ao ordenamento jurídico), o jurisdicionado poderá utilizar a técnica inibitória para coibir o ilícito futuro.

Por exemplo, para a hipótese do artigo 311, II, CPC, se houver uma ameaça de um ilícito contrário ao direito previsto em tese firmada em julgamento de casos repetitivos (IRDR[280] ou RE e REsp repetitivos[281] — artigo 928, CPC) ou em súmula vinculante e às alegações provadas documentalmente, aquele que se sentir ameaçado poderá manejar uma tutela inibitória de evidência.

Ressalte-se que o direito evidente (com alto grau de probabilidade) do jurisdicionado é aquele com a aplicação conjunta dos fundamentos da hipótese acima delineada, ou seja, prova das alegações em documentos mais tese firmada em julgamento de casos repetitivos ou em súmula vinculante.

---

[279] Tutela da evidência. In: ASSIS, Carlos Augusto de; LOPES, João Batista. *Tutela provisória*: tutela antecipada; tutela cautelar; tutela da evidência; tutela inibitória antecipada. Brasília: Gazeta Jurídica, 2018. p. 178.

[280] Incidente de Resolução de Demandas Repetitivas (IRDR), artigos 976 a 987, CPC.

[281] Recurso Extraordinário (RE) e Recurso Especial (REsp) repetitivos, artigos 1.036 a 1.041, CPC.

Em artigo escrito conjuntamente com Vinícius Caldas da Gama e Abreu, afirmou-se:

> [...] Na hipótese do inciso II há a disposição de que a tutela da evidência será concedida quando "as alegações de fato puderem ser comprovadas apenas documentalmente e houver tese firmada em julgamento de casos repetitivos ou em súmula vinculante". Nas demandas onde há pedido de tutela inibitória esse pressuposto se revela como uma espécie de *fumus boni iuris* qualificado. A primeira parte do inciso é restritiva, já a prova do fato deve ser realizada apenas documentalmente e deve ser sólida o suficiente para tornar desnecessária a produção de qualquer outra prova pelo autor. A intenção de praticar o ato ilícito deve estar documentada, seja através de um contrato, de e-mail, de uma correspondência, de um anúncio ou qualquer outra do gênero produzidos ou veiculados pelo agente que supostamente o praticará. Entretanto, a ilicitude deve ter sido objeto de tese firmada em julgamento de casos repetitivos ou em súmula vinculante. A violação da constituição ou de lei que ainda não foram sujeitas à interpretação dos Tribunais Superiores através do julgamento de casos repetitivos ou da edição de súmula vinculante não autoriza o deferimento da tutela da evidência, no caso do inciso II. O deferimento da tutela da evidência, nesse caso, poderá ser realizado nos termos do inciso IV (ausência de produção de prova capaz de gerar dúvida razoável), mas demandará a análise da defesa produzida pelo réu, que deverá ser débil a ponto de demandar a produção de prova ou genérica a ponto de a impugnação dos fatos realizada não merecer qualquer credibilidade.
>
> A decisão judicial concessiva da tutela da evidência em demanda que busca tutela inibitória deve, dessa forma, analisar a prova documental produzida pelo autor, esclarecendo as razões pelas quais ela comprova que o ilícito será efetivamente praticado e os motivos pelos quais é desnecessária a produção de outro tipo de prova pelo autor e que a ilicitude do ato já foi objeto de análise através de julgamento de casos repetitivos ou de edição de súmula vinculante, no caso do deferimento pelo inciso II, ou as razões pelas quais a defesa do réu sejam incapazes de gerar dúvida razoável, seja porque apenas nega o fato já comprovado pelo autor e sequer requer a produção de prova ou apenas apresenta defesa de mérito indireta sem o requerimento da produção de prova outra razão similar, na situação do inciso IV.[282]

---

[282] SILVA, Bruno Campos; ABREU, Vinícius Caldas da Gama e. Apontamentos acerca do processo decisório nos pedidos de tutela provisória inibitória: da probabilidade do direito ao perigo qualificado da ocorrência do ilícito. Artigo já aprovado para publicação na *Revista Brasileira de Direito Processual* (RBDPro), 2018 (no prelo).

7.4 As principais diferenças entre tutela cautelar e tutela satisfativa e suas implicações no âmbito da tutela inibitória

Alguns traços distintivos podem ser realçados entre as tutelas cautelar e satisfativa, especialmente após o que já se desenvolveu nesta pesquisa.

A tutela cautelar (assecuratória) é destinada a garantir a realização de um direito acautelatório, no sentido de se prevenir o direito da ocorrência de um dano; aqui, fala-se em perigo de dano.

A prevenção, na cautelar, é relacional, ou seja, previne-se da ocorrência ou da perpetuação do dano; daí a possibilidade de se emprestar tal característica à tutela cautelar, mesmo que atrelada ao dano; nesse sentido se posicionaram Roberto P. Campos Gouveia Filho e Marco Paulo Denucci Di Spirito.[283]

O direito material assegurado na tutela cautelar é aquele acometido por um risco iminente de dano (*res in iudicium deducta*), diferentemente do *periculum in mora* relacionado ao

> suporte fático do fato jurídico processual que gera a pretensão da parte contra o Estado-juiz (pretensão componente da eficácia da relação processual, portanto) a exigir deste o provimento jurisdicional antecipado, independentemente da natureza da tutela, se satisfativa ou preventiva, e, neste caso, se inibitória, preventiva pura ou cautelar.[284]

---

[283] "[...] Todavia, é necessário compreender a preventividade por uma noção relacional, em que algo é preventivo de outro. No caso da cautelar, a prevenção é da ocorrência ou da continuidade do dano, independentemente de ser este produto ou não de um evento contrário a direito. Como noção relacional, a preventividade na cautelar liga-se a uma coisa e, na inibitória, a outra. Pode-se dizer, pois, ser a tutela cautelar a preventiva da ocorrência ou da perpetuação do dano. A tutela cautelar distingue-se da preventiva pura pelo fato de que, na primeira, o perigo de dano precisa ser manifesto, a parte tem o ônus de alegá-lo e, nalgum dos módulos probatórios possíveis, prová-lo, e o Estado-juiz o dever de justificá-lo na decisão concessiva da medida. Já na segunda, a possibilidade de dano é de toda irrelevante, há, como visto, uma presunção de sua ocorrência. É preciso dizer que o perigo de dano impulsionador da tutela cautelar difere do chamado *periculum in mora*. O primeiro é elemento de suporte fático do chamado direito à cautela (e seus consectários, pretensão à segurança e ação cautelar). Está, pois, no direito material (*res in iudicium deducta*). Já o segundo é elemento do suporte fático do fato jurídico processual que gera a pretensão da parte contra o Estado-Juiz (pretensão componente da eficácia da relação processual, portanto) a exigir deste o provimento jurisdicional antecipado, independentemente da natureza da tutela, se satisfativa ou preventiva, e, neste caso, se inibitória, preventiva pura ou cautelar" (Comentários ao artigo 294. In: RIBEIRO, Sérgio Luiz de Almeida et al. (Coord.). *Novo código de processo civil comentado*. t. I. arts. 1º a 317. São Paulo: Lualri, 2017. p. 456).

[284] GOUVEIA FILHO, Roberto P. Campos; DI SPIRITO, Marco Paulo Denucci. Comentários ao artigo 294. In: RIBEIRO, Sérgio Luiz de Almeida et al. (Coord.). *Novo código de processo civil comentado*. t. I. arts. 1º a 317. São Paulo: Lualri, 2017. p. 456.

A tutela cautelar é temporária e preventiva; ao passo que a tutela antecipada é provisória e satisfativa, caracterizando-se pela realização de um direito posto em juízo.

Nesse aspecto, pode-se concluir, então, que a tutela inibitória, espécie de tutela preventiva, contrária à ameaça de um ato ilícito (aquele ato contrário ao ordenamento jurídico), afigura-se temporária com traços de urgência ou evidência.[285]

Disso, observa-se que a tutela inibitória não guarda relação com a tutela cautelar, em especial por essa última ser direcionada a debelar um perigo de dano[286] (direito à cautela — direito material), enquanto que na inibitória o dano é apenas acidental (eventual), bastando, para tanto, a ameaça de um ato ilícito; pode-se falar aqui em perigo de ilícito.[287]

---

[285] Sobre a tutela inibitória antecipada, ainda sob a égide do CPC/1973: ARENHART, Sérgio Cruz; MARINONI, Luiz Guilherme; MITIDIERO, Daniel. *Perfis da tutela inibitória coletiva*. São Paulo: RT, 2003. p. 292. Verificar: SILVA, Bruno Campos. *Algumas breves reflexões acerca da tutela inibitória*. https://emporiododireito.com.br/leitura/abdpro-43-algumas-breves-reflexoes-acerca-da-tutela-inibitoria. Acesso em: 27 jan. 2020.

[286] "[...] Desse modo, arresto é uma medida cautelar que visa a resguardar de um perigo de dano o direito à tutela ressarcitória. Sequestro é uma medida cautelar que visa a proteger de um perigo de dano a tutela do direito à coisa. Arrolamento de bens é uma medida cautelar que visa a descrever, apreender e depositar determinada universalidade de bens exposta a um risco de dano. Protesto contra alienação de bens é uma medida cautelar que visa assegurar a frutuosidade da tutela do direito à reparação ou ao ressarcimento diante de um perigo de dano. Serão cabíveis arrestos, sequestros, arrolamentos de bens, protestos contra alienação de bens e quaisquer outras medidas idôneas para asseguração dos direitos quando houver *perigo de infrutuosidade* da tutela do direito à reparação ou ao ressarcimento. Vale dizer: perigo de dano irreparável ou de difícil reparação" (MARINONI, Luiz Guilherme; ARENHART, Sérgio Cruz; MITIDIERO, Daniel. *Curso de processo civil*: tutela dos direitos mediante procedimento comum. 4. ed. v. 2. São Paulo: RT, 2018. p. 214). O rol das medidas cautelares (art. 301, CPC) não é taxativo, mas meramente exemplificativo.

[287] Como exemplo, Roberto P. Campos Gouveia Filho e Marco Paulo Denucci Di Spirito: "[...] Num exemplo, se um determinado laboratório está na iminência de distribuir no mercado um medicamento não aprovado pelos órgãos competentes (como a ANVISA), é irrelevante saber se alguém que, adquirindo-o, vier a ingeri-lo tenha um dano à saúde: o que releva é o fato de não se poder ofertar no mercado medicamento que contraria as regras de controle, que apresenta nocividade ou periculosidade à saúde ou segurança das pessoas (*e.g.*, artigo 10, Lei 8.078/1990)" (DI SPIRITO, Marco Paulo Denucci; GOUVEIA FILHO, Roberto P. Campos. Comentários ao art. 294. *In*: RIBEIRO, Sérgio Luiz de Almeida *et al.* (Coord.). *Novo código de processo civil comentado*. t. I – arts. 1º a 317. São Paulo: Lualri, 2017. p. 455). Para Mateus Costa Pereira: "[...] Como vimos no primeiro item, a tutela cautelar previne o dano, ao passo que a tutela inibitória previne o ilícito; conquanto ambas sejam preventivas, a primeira é acautelatória, ao passo que a segunda é satisfativa. Assim, não 'há dúvida em que, ao acautelar, se previne, pois se acautela; mas a separação do dote... previne sem ser medida cautelar'. Em outras palavras, a execução-para-segurança — aceleração do procedimento por meio de uma execução urgente (provisória) — também tem escopo preventivo, porém, no particular, a preventividade é inerente à própria satisfação antecipada do direito" (PEREIRA, Mateus Costa. Tutela provisória de urgência: premissas doutrinárias questionáveis + negligência da historicidade = equívocos legislativos. *In*: COSTA, Eduardo José da Fonseca; PEREIRA, Mateus Costa; GOUVEIA FILHO, Roberto P. Campos (Coord.);

Também, de certa maneira, a tutela inibitória apresenta a característica da referibilidade, no sentido de que se refere a um direito do jurisdicionado ameaçado por um ato ilícito, cuja conduta ilícita de quem o pratica (réu) encontra-se prevista numa determinada norma; portanto, nesse caso, seria a referibilidade apenas relacional, não que a tutela inibitória seja direcionada a prevenir outro processo (não que a lide preventiva seja dependente de uma lide principal, se assim se pode afirmar).[288]

Ou seja, a tutela inibitória, por possuir característica preventiva, detém referibilidade a um direito material ameaçado. Basta, para tanto, a seguinte indagação: o que se pretende com a tutela inibitória? Na verdade, previne-se (com a efetiva inibição — protege-se) um direito de uma ameaça de ato ilícito.

Nem mesmo na tutela cautelar é possível afirmar a dependência pretendida por alguns autores, já que rotular a cautelaridade de mero instrumento do instrumento (como assim o fez Piero Calamandrei)[289] é consentir com o amesquinhamento de sua funcionalidade dentro do sistema processual.[290]

DIDIER JR., Fredie (Coord. geral). *Coleção grandes temas do novo CPC. Tutela provisória.* Salvador: JusPodivm, 2016. v. 6, p. 264).

[288] Com relação à "referibilidade" da tutela inibitória, entretanto, pela sua "não satisfatividade" (já que contrária ao ato ilícito), o posicionamento de Roberto P. Campos Gouveia Filho e Marco Paulo Denucci Di Spirito: "[...] Entendemos, contudo, que a tutela inibitória, como em qualquer tutela preventiva, apresenta a função de proteção de alguma situação tutelável pelo sistema e, por isso, é caracterizada pela referibilidade. Como a tutela inibitória não é um fim em si própria, não pode ser classificável como tutela satisfativa. O verdadeiro alvo da tutela inibitória é o ilícito, o ato contrário ao direito" (DI SPIRITO, Marco Paulo Denucci; GOUVEIA FILHO, Roberto P. Campos. Comentários ao art. 294. *In*: RIBEIRO, Sérgio Luiz de Almeida *et al.* (Coord.). *Novo código de processo civil comentado.* t. I – arts. 1º a 317. São Paulo: Lualri, 2017. p. 455).

[289] CALAMANDREI, Piero. *Introdução ao estudo sistemático dos procedimentos cautelares.* Traduzido da edição italiana de 1936 por Carla Roberta Andreasi Bassi. Campinas: Servanda, 2000. p. 42.

[290] Para uma definição de "sistema processual", João Batista Lopes: "[...] Na área jurídica, e particularmente no campo do processo civil, entende-se por *sistema processual* o conjunto orgânico de normas (princípios e regras) e a interpretação que lhe dão a doutrina e a jurisprudência. Portanto, é reducionista a identificação do sistema processual com o Código de Processo Civil, não obstante seja este a coluna vertebral daquele. Importa pôr em relevo que, sobretudo a partir de 1988, garantias processuais que antes eram previstas na legislação infraconstitucional, ganharam *status* constitucional e, em consequência, plasmou-se o chamado *modelo constitucional de processo civil*. O sistema processual, portanto, não pode afastar-se do modelo constitucional de processo civil. A Constituição é o ponto de partida e de chegada no estudo de nossa disciplina. É o que a doutrina denomina *constitucionalização do processo civil*. [...] Contudo, é necessário advertir para os riscos da superestimação do modelo constitucional. O processo civil não está todo contido na Constituição. Não é possível resolver todos os problemas processuais com a aplicação direta da Carta Magna. Por exemplo, a garantia da *ampla defesa* não significa *defesa ilimitada*, pois compete ao legislador

Na tutela inibitória, então, não há falar em prevenção da prevenção = instrumento do instrumento, mas tão somente a certa referibilidade acerca de sua função preventiva — referência a um direito ameaçado.

Além disso, na verdade, a característica da instrumentalidade, já afirmada, não se presta a diluir a funcionalidade de uma tutela, qualquer que seja a sua natureza, vez que se identifica com a técnica processual apta a otimizar a estrutura procedimental.

7.5 A tutela inibitória antecipada

A tutela inibitória, espécie de tutela preventiva, como já constatado, diante do caso concreto, poderá ter seus efeitos antecipados no tempo, em virtude de um *periculum in mora*. Isto implica dizer que a inibição à ameaça de ato contrário ao ordenamento jurídico poderá ser antecipada e, com isso, satisfazer o direito resguardado pela proteção inibitória.[291]

Nesse caso, entende-se ser aplicável o regramento das tutelas provisórias estabelecido pelo legislador (artigos 294 a 311, CPC), para o caso da antecipação dos efeitos da tutela inibitória, inclusive com

---

ordinário disciplinar seu exercício e, e, certas hipóteses, estabelecer limites (por exemplo, na desapropriação, na ação renovatória etc.). Outro exemplo: não é possível resolver todas as lides com a só inovação do princípio da dignidade humana ou com a norma que dispõe sobre a erradicação da pobreza. De outra parte, porém, a disciplina da ampla defesa pelo legislador processual não pode chegar ao ponto de embaraçá-la ou proibi-la. Não se sustenta, por exemplo, legislação que, *sic et simpliciter*, elimine a tutela de urgência. A Constituição contém as linhas mestras do modelo processual civil brasileiro, que se completa com o Código de Processo Civil, as leis extravagantes, a doutrina e a jurisprudência. A técnica processual e o modo de atuar do processo (procedimento), como é curial, não são disciplinados pela Constituição, mas sim por normas infraconstitucionais (Código de Processo Civil, leis extravagantes, regimentos dos tribunais etc.). [...] Com efeito, o sistema processual brasileiro é muito mais amplo que o CPC, sendo este um de seus elementos. Há que considerar, porém, outros elementos do sistema processual: a) a Constituição, que consagra garantias processuais, formando o que se convencionou chamar (*modelo constitucional de processo*); b) leis extravagantes (v.g., lei de alimentos, lei de desapropriações, lei da ação civil pública, normas processuais do CDC etc.); c) os precedentes judiciários (súmulas vinculantes ou não); d) a doutrina. [...] Observar as garantias constitucionais não significa *garantismo*. Assumir a direção do processo e atuar dinamicamente não significa *ativismo*. O *garantismo* pode levar à sacralização de alguns princípios como o contraditório; o *ativismo* pode conduzir à arbitrariedade" (Sistema. Sistema processual. O CPC como um dos elementos do sistema processual. *In*: ASSIS, Carlos Augusto de; LOPES, João Batista. *Tutela provisória*: tutela antecipada; tutela cautelar; tutela da evidência; tutela inibitória antecipada. Brasília: Gazeta Jurídica, 2018. p. 4-6).

[291] De acordo com Ricardo Alessandro Castagna: "[...] Trata-se de tutela de urgência satisfativa interinal a ações condenatórias (de conhecimento, portanto) que tenham por objeto obrigação de fazer e de não fazer. Destina-se a impedir, de forma imediata e definitiva, a violação de um direito, compreendendo a ação inibitória positiva (obrigação de fazer) ou negativa (obrigação de não fazer), com eficácia mandamental" (CASTAGNA, Ricardo Alessandro. *Tutela de urgência*: análise teórica e dogmática. São Paulo: RT, 2008. p. 267).

a possibilidade de se pleitear a proteção, via cognição sumária, por intermédio de uma medida liminar, conforme o artigo 300, §2º, CPC.

Segundo o posicionamento de João Batista Lopes:

> [...] Também se impõe melhor tratamento legal para tutela inibitória antecipada, que deveria figurar ao lado das demais espécies de tutela jurisdicional diferenciada, mas que, no novo CPC, é disciplinada de modo pouco explícito no artigo 497, parágrafo único. Como vimos no item 7.3 da primeira parte, com apoio na doutrina de ALDO FRIGNANI e CRISTINA RAPISARDA, a tutela inibitória extrema-se das demais espécies de tutela na medida em que prescinde do dano e da culpa e, visando ao futuro, é regida por um princípio geral de prevenção. Em razão disso, para se atender ao rigor sistêmico, deve ser disciplinada ao lado das demais espécies de tutela jurisdicional diferenciada.[292]

Isso porque, apesar da nova *performance* ditada pelo legislador a partir do artigo 497, parágrafo único, CPC, faltaram, ainda, aspectos inerentes à estruturação da tutela inibitória, para, com isso, garantir sua autonomia dentro da sistemática processual civil.

A efetiva conjugação dos elementos do artigo 497, parágrafo único, e do artigo 300, ambos do CPC, determina um eficiente aparato a possibilitar a proteção do direito face a uma ameaça de ato contrário ao ordenamento jurídico (ato ilícito), que possa, de certa forma, propagar-se no tempo sem a percepção imediata daquele que venha a ser prejudicado pelo seu efeito jurídico.

Na verdade, o que se antecipa[293] são os efeitos da tutela inibitória (p. ex., "efeitos mandamentais") aptos a atuar no plano prático naquele determinado momento de urgência; não se antecipa propriamente a tutela jurisdicional final.

---

[292] LOPES, João Batista. *Tutela antecipada no processo civil brasileiro* (de acordo com o novo CPC). 5. ed. São Paulo: Castro Lopes, 2016. p. 258.

[293] O termo "antecipa" utilizado no trabalho exprime "antecipação" no tempo dos efeitos da eficácia do provimento judicial, ou, nos dizeres de Daniel Mitidiero, "técnicas antecipatórias" (MITIDIERO, Daniel. *Antecipação da tutela*: da tutela cautelar à técnica antecipatória. 3. ed. São Paulo: RT, 2017. p. 153 e seguintes) manejadas para obtenção da efetiva tutela do direito. Aqui, "antecipação" tem a ver com o aspecto temporal relacionado a certa situação fática jurídica processual, e não com o direito material propriamente dito. Então, quando se utiliza a expressão "antecipação", pode-se compreender como aceleração na produção de efeitos oriundos da eficácia de determinado ato processual decisório (sentença ou decisão interlocutória); e tais técnicas são utilizadas por intermédio das medidas "liminares".

7.5.1 Pressupostos essenciais e o CPC

Dessa efetiva conjugação, é possível extrair os pressupostos essenciais, de caráter material e processual, desenhados no novo CPC, além de possuir evidentemente "raiz constitucional" (artigo 5º, XXXV).[294]

Os pressupostos, se assim podemos designar, constantes no artigo 497, CPC, podem ser enumerados da seguinte maneira: (i) imposição de prestação de obrigação de fazer *facere* e/ou prestação de obrigação de não fazer *non facere*;[295] (ii) ameaça — objetiva, concreta, real, atual de (prática, continuação ou repetição) de ato ilícito (contrário ao ordenamento jurídico); (iii) não há necessidade de se apontar o dano — que é meramente acidental, eventual, circunstancial; (iv) desnecessidade de se perquirir o elemento subjetivo da conduta (volitiva — dolo ou culpa) — vez que não há falar em dano.[296]

Segundo Aldo Frignani,[297] a tutela inibitória seria apta a coibir (impedir) a prática, a continuação e a repetição (reiteração) de uma conduta ilícita, podendo, ainda, ser final e provisória. A ameaça ou perigo de um ato antijurídico no futuro é o pressuposto para a efetiva concessão de uma tutela inibitória.[298]

João Batista Lopes, ao desenvolver alguns aspectos da doutrina italiana inerentes à temática abordada, anota:

---

[294] Sobre o tema: RAATZ, Igor. *Tutelas provisórias no processo civil brasileiro*. Porto Alegre: Livraria do Advogado, 2018. p. 146.

[295] Aqui, também, para as obrigações de entrega de coisa (certa e incerta) e de pagar quantia, como já defendido. Verificar, sob a égide do CPC/1973, o entendimento de Sergio Muritiba: "[...] O dever jurídico, em primeiro lugar, pode ser comissivo ou omissivo. O primeiro pode ter como objeto uma prestação de fazer ou de dar; o segundo, uma prestação de não fazer. Na prestação de fazer, o ato exigido consubstancia-se na realização de um serviço, mediante o qual o titular do direito obtenha um certo bem; na de dar, na entrega ou restituição de uma coisa certa ou incerta; e, finalmente, na de não fazer, na abstenção de um certo ato por meio do qual se possibilite uma situação de vantagem ao titular do direito. Conforme o dever jurídico seja comissivo ou omissivo, temos a tutela inibitória positiva ou negativa. Esta assume importância na medida em que evista a prática, a repetição ou a continuação de uma conduta comissiva. Já a positiva, na medida em que impede que uma conduta devida seja omitida" (MURITIBA, Sergio. *Ação executiva lato sensu e ação mandamental*. São Paulo: RT, 2006. p. 130-133).

[296] Verificar: MACHADO, Antônio Cláudio da Costa. *Tutela provisória*: interpretação artigo por artigo, parágrafo por parágrafo, do Livro V, da Parte Geral, e dos dispositivos esparsos do CPC em vigor que versam sobre a tutela provisória. São Paulo: Malheiros, 2017. p. 155-157. Também: MEDINA, José Miguel Garcia. *Novo código de processo civil comentado*: com remissões e notas comparativas ao CPC/1973. São Paulo: RT, 2015. p. 760.

[297] FRIGNANI, Aldo. *Enciclopedia del Diritto*. Giuffrè Editore, 1971. v. XXI, p. 562-564.

[298] FRIGNANI, Aldo. *Azione in cessazione*. Novissimo digesto italiano. Torino: Utet, 1979. p. 653-655.

[...] a inibitória provisória consiste em ordem para fazer cessar imediatamente uma determinada atividade (ou comportamento) após um exame sumário dos fatos e destinada a operar até o momento da sentença executiva. Nessa hipótese, não é necessário o acertamento do ilícito. Embora a legislação não aluda à inibitória final, essa espécie decorre da análise do sistema. A inibitória provisória visa a congelar uma situação para evitar que as consequências do ilícito se agravem a ponto de se tornar irreparáveis.[299]

Já os pressupostos do artigo 300, CPC, são (i) a probabilidade do direito; e (ii) o perigo de dano ou o risco ao resultado útil do processo.

Na verdade, a ameaça de ilícito pode não ser de fácil apuração (e não o é) e, ainda, necessitar da utilização de técnicas antecipatórias aptas a combater o decurso do tempo, antes que o ilícito se consuma e espraie os seus efeitos que poderão gerar danos futuros.

Para a tutela inibitória antecipada, faz-se presente o perigo de ilícito, como requisito (*rectius*: pressuposto) integrativo do mérito; e não perigo de dano ou o risco ao resultado útil do processo.

André Luiz Bäuml Tesser sublinha:

> [...] Ainda, é de se ressaltar, em especial a partir dos referenciais teóricos ora apontados, que a situação de perigo a justificar a concessão de uma tutela cautelar é de *perigo de dano*, em oposição inclusive ao que poderia assinalar como um *perigo de ilícito*, que é objeto de proteção de outra forma de tutela jurisdicional, a chamada *tutela inibitória*.
> Com efeito, aliás, a doutrina em geral tem enormes dificuldades em compreender a diferença entre estas categorias por vezes entrelaçadas, mas, ao mesmo tempo, rigorosamente distintas: o *dano* e o *ilícito*. Isto porque, durante muito tempo, a compreensão de que se tratava de duas categorias distintas, em verdade para a doutrina clássica, não fazia sentido, uma vez que havia a suposição de que, para que o ilícito tivesse relevância no âmbito civil, deveria produzir dano, como bem asseveram Luiz Guilherme Marinoni e Sérgio Cruz Arenhart.
> Naturalmente, portanto, ilícito e dano não podem ser confundidos, ainda que, para algumas circunstâncias — e na teoria da responsabilidade civil, especialmente — o ato lesivo somente devesse gerar o dever de indenizar quando derivado de um ato contrário ao direito. Mas, de nenhuma forma, estas duas categorias podem ser confundidas.

---

[299] LOPES, João Batista. Tutela inibitória. *In*: ASSIS, Carlos Augusto de; LOPES, João Batista. *Tutela provisória*: tutela antecipada; tutela cautelar; tutela da evidência; tutela inibitória antecipada. Brasília, 2018. p. 88.

A distinção entre ilícito e dano deve ser logicamente estabelecida e compreendida como medida, inclusive, de admissão daquilo que se pode chamar de tutela de prevenção do ilícito, que o inibe (ou tutela inibitória) e que tem *status* constitucional, *a partir da própria dicção do artigo 5º, da Constituição da República brasileira, que garantiu a inafastabilidade da tutela jurisdicional contra lesão ou ameaça de lesão a direito.*[300]

A sugestão que se propõe é, ao invés de se ler perigo de dano, leia-se perigo de ilícito para a tutela inibitória; e, nesse caso, para a concessão da tutela inibitória antecipada, o *periculum in mora* seria qualificado pelo perigo da ocorrência de violação ao ordenamento jurídico.[301]

Roberto P. Campos Gouveia Filho e Marco Paulo Denucci Di Spirito alertam para um problema de analiticidade do CPC em se tratando de tutela inibitória, justamente em relação ao disposto no artigo 300; todavia, propõem que o perigo de ilícito passe a integrar o perigo de dano ou o risco ao resultado útil do processo, ou, se irrelevante o dano, passe a integrar a probabilidade do direito.[302]

Com razão Daniel Mitidiero ao desenvolver explicação acerca do perigo na demora da prestação da tutela jurisdicional e crítica à redação do artigo 300, CPC, já que o legislador restringiu a aplicação de técnicas a serem utilizadas para debelar a infrutuosidade da tutela do direito aos casos de perigo de dano e risco ao resultado útil do processo.[303]

O que se tem é uma inadequada utilização de conceitos que, evidentemente, acabam desnaturando a estrutura procedimental apta a resguardar a tutela do direito ameaçado por ato ilícito, tal qual na tutela inibitória.

Assim, afirma Mitidiero:

[...] A técnica antecipatória é uma resposta à *impossibilidade prática de supressão do tempo* que o processo normalmente consome para prestação

---

[300] TESSER, André Luiz Bäuml. *Tutela cautelar e antecipação de tutela*: perigo de dano e perigo de demora. São Paulo: RT, 2014. p. 94-95.

[301] Nesse mesmo sentido, em artigo escrito em conjunto com Vinícius Caldas da Gama Abreu, intitulado "Apontamentos acerca do processo decisório nos pedidos de tutela provisória inibitória: da probabilidade do direito ao perigo qualificado da ocorrência do ilícito". Trabalho já aprovado para publicação na *Revista Brasileira de Direito Processual* (RBDPro), 2018 (no prelo).

[302] DI SPIRITO, Marco Paulo Denucci; GOUVEIA FILHO, Roberto P. Campos. Comentários ao artigo 294. In: RIBEIRO, Sérgio Luiz de Almeida *et al.* (Coord.). *Novo código de processo civil comentado.* t. I – arts. 1º a 317. São Paulo: Lualri, 2017. p. 455-456.

[303] MITIDIERO, Daniel. *Antecipação da tutela*: da tutela cautelar à técnica antecipatória. 3. ed. São Paulo: RT, 2017. p. 156.

da tutela jurisdicional final. Como nesse meio tempo o direito alegado pela parte pode sofrer um *perigo capaz de inviabilizar a sua realização futura*, a ordem jurídica disponibiliza à parte a possibilidade de *acautelá-lo para realização futura* ou de *realizá-lo de maneira imediata*. Diante disso, é fácil perceber que o pressuposto para *antecipação* é tão somente o *perigo na tardança* da tutela jurisdicional, vale dizer, o *periculum in mora*. Antecipa-se diante da *impossibilidade de espera*, dado o *perigo* a ela inerente. Nessa linha, o perigo na demora constitui o *pressuposto processual* que concerne à utilização da *técnica processual*. Dito claramente, o perigo na demora consubstancia-se em *conceito estritamente processual*, que se articula a partir de uma *situação somente verificável no processo*.

O conceito de perigo de infrutuosidade não está no mesmo plano do conceito de perigo de tardança. Enquanto o perigo na demora concerne à *estruturação do processo*, o *perigo de infrutuosidade* diz respeito à *tutela do direito*. O perigo de infrutuosidade concerne à possibilidade de obtenção de *tutela específica* e, portanto, diz respeito à *integridade da tutela do direito*. A infrutuosidade é conceito ligado diretamente ao plano do direito material. O direito só é útil se dele se pode fruir, isto é, se pode ser exercido. O direito ameaçado por um ilícito é um direito cuja frutuosidade é ameaçada. O direito atacado por um ato ilícito é um direito que não se pode fruir. O fato danoso é, em geral, resultado eventual de um ato ilícito, cuja reparação ou ressarcimento pressupõe a adoção de comportamentos ou a existência de bens que sirvam à frutuosidade do direito à tutela contra o dano. E, nessa linha, é possível combater a *situação de infrutuosidade do direito* tanto mediante *tutela conservativa*, visando à realização futura, como mediante *tutela satisfativa*, que desde logo viabilize a concreta fruição do direito.

A parte que sofre com o perigo de infrutuosidade pode evitá-lo mediante *asseguração para realização futura* ou mediante sua *pronta realização*. Em qualquer caso, o processo poderá fazê-lo mediante a prolação de um *provimento final* ou mediante a prolação de um *provimento antecipado*. Para obtenção de antecipação da tutela, tem a parte o ônus de demonstrar que a *integralidade do direito* é incompatível com o tempo que o processo naturalmente consome para o amadurecimento da decisão final. *Daí que o perigo na tardança é um conceito processual que visa a viabilizar proteção imediata contra o perigo de infrutuosidade ligado ao plano do direito material e, portanto, à tutela do direito*. Assim como existe uma relação de meio e fim entre processo e direito material, existe igualmente uma relação de meio e fim entre *perigo na demora* e *infrutuosidade da tutela do direito*.[304]

---

[304] MITIDIERO, Daniel. *Antecipação da tutela*: da tutela cautelar à técnica antecipatória. 3. ed. São Paulo: RT, 2017. p. 154-155.

Aqui, também, o perigo na demora deve ser objetivo, real, concreto, contemporâneo; portanto, há uma dupla significância para a situação de perigo relacionada à tutela inibitória.

Assim, sobressaem dois aspectos advindos dessa dupla significância inerentes ao perigo. O primeiro relaciona-se ao direito material (a ameaça de ato ilícito — contrário ao ordenamento jurídico — perigo de ilícito — perigo à "frutuosidade da tutela do direito") e o segundo com aspectos fáticos referentes ao direito processual (a relação jurídica processual — "perigo na demora da 'realização' de um direito").

O segundo aspecto é que possibilita a antecipação dos efeitos da tutela, seja para assegurar a tutela de um direito (direito à cautela), seja para satisfazer um direito alegado em juízo (toda tutela é satisfativa — depende do momento analisado — e aqui, também, a tutela inibitória).[305]

Portanto, para a tutela inibitória, não há falar em dano (no caso, meramente acidental — eventual), mas de ato ilícito futuro contrário ao ordenamento jurídico.

De acordo com Igor Raatz, ao corroborar o entendimento, para a concessão da tutela inibitória antecipada bastaria o ilícito, já que o dano seria eventual:

> [...] Nessa linha, é preciso ainda advertir que o perigo autorizador da concessão da tutela antecipada não precisa ser, necessariamente, um perigo de dano. Também o ilícito (que poderá *eventualmente* causar dano), deve ser neutralizado diante do problema do tempo do processo. Há muito, a doutrina brasileira, seguindo as pistas de autores italianos como Cristina Rapisarda, vem defendendo a existência de tutelas (no plano do direito material) vocacionadas a atuar contra o ilícito. Desse modo, pode-se dizer que o ordenamento jurídico não oferece apenas mecanismos de proteção para posições jurídicas ativas diante da ocorrência de um dano (tutela reparatória), mas, também, ocupa-se de conferir proteção ao titular de um direito diante da possibilidade de que venha a ocorrer um ato ilícito (tutela inibitória) ou da continuação de um ilícito já praticado (tutela de remoção do ilícito). O que está por detrás disso é a compreensão de que o dano é somente uma consequência eventual,

---

[305] Em relação ao perigo na demora, Daniel Mitidiero: "[...] Para que o perigo na demora seja capaz de determinar a antecipação de tutela, esse tem de ser objetivo, concreto, atual e grave. O perigo é *objetivo* quando não decorre de *simples temor subjetivo* da parte. Vale dizer: quando está apoiado em elementos da realidade. É *concreto* quando não é *meramente aleatório*, de ocorrência *hipotética*. É *atual* quando a infrutuosidade da tutela do direito é *iminente*. É *grave* quando capaz de colocar em risco a frutuosidade do direito. Fora daí a antecipação da tutela fundada no perigo não é *necessária*, representando a sua eventual concessão *indevida restrição* da esfera jurídica da parte contrária" (MITIDIERO, Daniel. *Antecipação da tutela*: da tutela cautelar à técnica antecipatória. 3. ed. São Paulo: RT, 2017. p. 157).

portanto, não necessária, do ilícito, e que, desse modo, é necessário proteger o titular de um direito também diante e exclusivamente do ilícito. Tal entendimento, inclusive, foi bem agasalhado pelo atual Código de Processo Civil brasileiro, que estabelece, em seu artigo 497, parágrafo único, que 'para a concessão da tutela específica destinada a inibir a prática, a reiteração ou a continuação de um ilícito, ou a sua remoção, é irrelevante a demonstração da ocorrência de dano ou da existência de culpa ou dolo'.[306]

Assim, preenchidos os pressupostos essenciais, a tutela inibitória antecipada deverá ser concedida pelo Estado-juiz, via cognição sumária, por intermédio de uma medida liminar (artigo 300, §2°, CPC); nesse caso, o contraditório será postergado, diferido para momento ulterior (concessão da inibição *inaudita altera parte* — sem ouvir a parte contrária), sem que isso implique em desprezo ao devido processo constitucional.

Na verdade, o que se tem, ao certo, é a tensão entre princípios que coexistem no ordenamento jurídico, portanto, se houver efetiva tensão (denominada por autores de colisão) entre princípios existirá a necessidade de se afastar um deles (sem a sua retirada do sistema), de forma fundamentada, para permitir a aplicação do outro.[307] Esta

---

[306] RAATZ, Igor. *Tutelas provisórias no processo civil brasileiro*. Porto Alegre: Livraria do Advogado, 2018. p. 145.

[307] Nesse aspecto, o entendimento de Humberto Ávila ao propugnar pela aplicação da ponderação: ÁVILA, Humberto. *Teoria dos princípios*: da definição à aplicação dos princípios jurídicos. 16. ed. São Paulo: Malheiros, 2015. p. 148-149. Em crítica incisiva à aplicação da ponderação, Lenio Luiz Streck: "[...] É evidente — e compreensível — que qualquer teoria que esteja refém do esquema sujeito-objeto acreditará em metodologias que introduzam discursos adjudicadores no direito (Alexy é um típico caso). Isso explica também por que a *ponderação* represtina a velha discricionariedade positivista. E fica claro também por que Alexy e seus seguidores *não abrem mão da discricionariedade*. Com efeito, a teoria da argumentação não conseguiu fugir do velho problema engendrado pelo subjetivismo: a discricionariedade, *circunstância, aliás, que é reconhecida pelo próprio Alexy...*" (STRECK, Lenio Luiz. *O que é isto* — decido conforme a minha consciência? 4. ed. Porto Alegre: Livraria do Advogado, 2013. p. 94). Também, em tom crítico, escreve Eros Roberto Grau: "[...] Explicitando: juízes decidem (= devem decidir) não *subjetivamente*, de acordo com seu senso de justiça, mas aplicando *o direito* (a Constituição e as leis). [...] Aí a destruição da positividade do direito moderno pelos valores. Os juízes despedaçam a segurança jurídica quando abusam do uso de 'princípios' e praticam — fazem-no cotidianamente! — os controles da proporcionalidade e da razoabilidade das leis. Insisto neste ponto: juízes não podem decidir subjetivamente, de acordo com seu senso de justiça. Estão vinculados pelo dever de aplicar o direito (a Constituição e as leis). Enquanto a jurisprudência do STF estiver fundada na *ponderação* entre princípios — isto é, na *arbitrária formulação de juízos de valor — a segurança jurídica estará sendo despedaçada!*" (GRAU, Eros Roberto. *Por que tenho medo dos juízes*: a interpretação/aplicação do direito e os princípios. 6. ed. refundida do ensaio e discurso sobre a interpretação/aplicação do direito. São Paulo: Malheiros, 2013. p. 19-22).

hipótese encontra respaldo no próprio texto constitucional (artigo 5º, XXXV), como também no artigo 9º, parágrafo único, I, CPC.

Em relação à colisão de princípios,[308] André Del Negri, que prefere denominar de tensão entre princípios, adverte: "[...] Em tudo isso, no *plano principiológico*, não se deve esquecer, que no caso de 'colisão' entre dois princípios constitucionais (preferimos falar em 'tensão' entre princípios), não se pode resolver o caso simplesmente afastando um deles e pronto, alegando que prevalece o de 'maior peso' ou de 'maior valor' (qual? Não é dito). Critica-se, a esse respeito, que, na busca de um 'maior valor', passe-se por cima de outra garantia fundamental. Se se trata de um ou de outro, isto não depende do *gosto* do juiz ou das partes, muito menos resgatar os desgastados 'cânones do direito' para sair da 'antinomia' (*lex posterioris* que derroga a *lex anterioris* e norma superior/inferior). No Estado Democrático de Direito não dá para colocar 'peso' no discurso sobre normas jurídicas, é dizer, que não dá para falar que a dignidade de um é mais importante do que a dignidade do outro. Por isto, para nós, fica difícil trabalhar a chamada 'teoria', 'máxima' ou 'lógica' da 'proporcionalidade'. O que se percebe, comumente na prática do foro, é que, quando o juiz percebe que há uma 'colisão' entre princípios, e as três orientações de resolução de *cânones do direito* são insuficientes, porque os dois princípios no caso em análise foram produzidos (legislados) ao mesmo tempo, em Assembleia Constituinte Originária, e, portanto, possuem a mesma posição num sistema jurídico com escalonamento normativo (normas constitucionais), põe-se em estado de angústia e acaba decidindo o caso conforme o seu *senso particular de justiça*, o que a bem dizer é uma arbitrariedade, uma violência institucional. Ainda, é preciso dizer, que o juiz que decide segundo sua *consciência*, dentro ou fora da lei, atua como um 'justiceiro', um 'criador' do direito, com esteio em valores representativos da imagem (decisões praticadas no registro do *imaginário*)".[309]

---

[308] Ver Beclaute Oliveira Silva, ao abordar a fundamentação da decisão judicial e colisão entre normas: SILVA, Beclaute Oliveira. Comentários ao artigo 489. *In*: RIBEIRO, Sérgio Luiz de Almeida *et al*. (Coord.). *Novo código de processo civil comentado*. t. II. arts. 318 a 770. São Paulo; Lualri, 2017. p. 256-257. Para uma crítica à ponderação utilizada pelos tribunais: BARBA, Rafael Giorgio Dalla. *Direitos fundamentais e teoria discursiva*: dos pressupostos teóricos às limitações práticas. Salvador: JusPodivm, 2018. p. 124-127. E, ainda, para entender a proporcionalidade (por uma reconstrução dogmática): LAURENTIIS, Lucas Catib De. *A proporcionalidade no direito constitucional*: origem, modelos e reconstrução dogmática. São Paulo: Malheiros, 2017. p. 178-250.

[309] NEGRI, André Del. *Direito constitucional e teoria da Constituição*. 3. ed. Belo Horizonte: D'Plácido, 2017. p. 378.

Igor Raatz pronuncia-se favorável à possibilidade de concessão da tutela provisória *inaudita altera parte*, citando, inclusive Lenio Streck, Lúcio Delfino e Diego Crevelin.[310]

7.5.2 A tutela inibitória antecipada em caráter antecedente

Como já destacado, a tutela inibitória poderá ser antecipada, ou melhor, ter seus efeitos práticos antecipados no tempo, a fim de se evitarem maiores prejuízos ao direito do jurisdicionado, direito material ameaçado por ato ilícito.

Nesse aspecto, concorda-se com a utilização da estrutura procedimental inerente à "tutela provisória satisfativa requerida em caráter antecedente" (artigo 303, CPC), já que, dependendo da urgência, e mais, do rarefeito conjunto probatório da ameaça de ato ilícito, o autor poderá lançar mão de uma tutela inibitória antecipada em caráter antecedente, cuja emergência seja contemporânea à propositura da ação inibitória.[311]

Isso, de maneira alguma, induz ao raciocínio de que a tutela inibitória passaria a depender de um processo principal (*rectius*: pedido principal), pelo contrário, confirma a necessidade de se realizar, de maneira célere, "urgência extremada naquele momento",[312] o direito a ser protegido diante de uma ameaça de ato ilícito.

---

[310] RAATZ, Igor. *Tutelas provisórias no processo civil brasileiro*. Porto Alegre: Livraria do Advogado, 2018. p. 152-153. Em sentido coincidente: BONÍCIO, Marcelo José Magalhães. *Princípios do processo no novo CPC*. São Paulo: Saraiva, 2016. p. 134.

[311] De acordo com posicionamento de Igor Raatz: "[...] A possibilidade de requerer a concessão da tutela antecipada em caráter antecedente é uma mera faculdade atribuída ao autor. Nada impede que o autor formule o seu pedido de tutela antecipada de modo incidental, conforme entender conveniente. Trata-se de uma questão de estratégia processual, a ser considerada pelo advogado quando da formulação do pedido de tutela antecipada. Com efeito, caso não esteja diante das três situações aventadas no tópico anterior, quais sejam: (i) a falta de elementos para a confecção definitiva da petição inicial, (ii) o desinteresse no prosseguimento da ação na hipótese de indeferimento da tutela provisória, ou (iii) o interesse na obtenção de provimento jurisdicional destinado somente a atuar no plano prático sem a formação de coisa julgada material (*jurisdição sem finalidade cognitiva*), contentando-se com a estabilização da tutela antecipada, é bem provável que o autor venha a formular o pedido de tutela antecipada em caráter incidental, no bojo, portanto, da petição inicial definitiva. Diante das três hipóteses anteriores, porém, é facultado ao autor valer-se da previsão do artigo 303, *caput*, do CPC. Desse modo, sendo a urgência contemporânea à propositura da ação, a petição inicial ficará limitada ao *requerimento de tutela antecipada* e à *indicação do pedido de tutela final*, com a *exposição da lide*, do *direito que se busca realizar* e do *perigo de dano ou do risco ao resultado útil do processo*" (RAATZ, Igor. *Tutelas provisórias no processo civil brasileiro*. Porto Alegre: Livraria do Advogado, 2018. p. 166).

[312] O termo *"extremada"* foi utilizado por Eduardo José da Fonseca Costa (COSTA, Eduardo José da Fonseca. *O "direito vivo" das liminares*. São Paulo: Saraiva, 2011).

Luiz Guilherme Marinoni defende que a tutela inibitória deve guardar autonomia própria, portanto, é contrário à utilização da estrutura procedimental referente à tutela cautelar antecedente (artigo 305, CPC).[313]

De certa forma, concorda-se com o jurista, mas apenas para não se misturar a funcionalidade da tutela cautelar com a da tutela inibitória, já que o direito material em jogo não deverá permanecer refém de formalismos desnecessários, os quais prejudicam a técnica processual adequada.

Assim, ao invés de manejar a técnica processual do artigo 305, CPC, o autor poderá se pautar naquela prevista nos artigos 303 e 304, CPC, apesar da péssima redação desenhada desprovida de tecnicidade, nítida falha no devido processo legislativo pelo legislador nestes procedimentos.

Portanto, naquelas hipóteses em que o autor se deparar com a urgência, e, se a ameaça for de difícil comprovação imediata (em especial se for a primeira vez), poderá apresentar argumentos pautados em fortes indícios apontados numa petição mais simples; a estrutura procedimental prevista no artigo 303, CPC, poderá ser utilizada, então, para os casos de tutela inibitória antecipada.

Não se pode afirmar que, com a admissão da possibilidade de se requerer a tutela inibitória antecipada em caráter antecedente, estar-se-á desnaturando a sua funcionalidade para inibir. Pelo contrário, eis que a estrutura procedimental desenhada pelo legislador no artigo 303, CPC, permite sua efetiva operacionalidade diante de uma probabilidade do direito ameaçado com base em acervo probatório ainda não tanto sedimentado.

Explica-se: se o autor se vê diante de uma ameaça a direito, cuja base fática foi construída em prova oral — nesse caso, a probabilidade do direito encontra-se em suas alegações constantes da petição inicial, vez que a certeza da ameaça (primeira que tenha ocorrido) é de difícil demonstração no módulo probatório inicial.

Para o caso de o autor utilizar a tutela inibitória antecipada em caráter antecedente, considera-se o grau de aferibilidade constante na probabilidade do direito; portanto, quanto mais qualificada for a probabilidade do direito do autor, ou melhor, quanto (mais intensa) for a ameaça apta a qualificar a probabilidade naquele momento

---

[313] MARINONI, Luiz Guilherme. *Tutela de urgência e tutela da evidência*: soluções processuais diante do tempo da justiça. São Paulo: RT, 2017. p. 106-107.

antecedente, mais condições se farão presentes à concessão da tutela inibitória antecipada pretendida.

Nessas circunstâncias, em respeito à estrutura procedimental, ao ser concedida a tutela antecipada (antecipação dos efeitos da tutela inibitória diante do "perigo de ilícito" qualificador da "probabilidade do direito"), o autor deverá aditar sua petição, complementando-a com argumentos, novos documentos e confirmação da tutela final almejada; isso, em 15 dias ou em prazo maior a ser fixado pelo Estado-juiz (artigo 303, §1°, I, CPC).

Mas aditar antes de o réu recorrer = resistir à decisão? Sim.

Ressalte-se que, logo na petição inicial apresentada com base no artigo 303, CPC, o autor deverá delimitar: (i) a urgência de seu pedido; (ii) o requerimento de antecipação da tutela inibitória com a indicação do pedido de tutela final pretendida (artigo 319, IV, CPC); (iii) a exposição da lide; (iv) o direito que se busca realizar; e (v) o perigo de ilícito (nesse caso, basta a probabilidade do direito qualificada pela ameaça).

Ao que parece, as estruturas procedimentais desenhadas pelo legislador, nos artigos 303 e 304, CPC, por mais que possam ser úteis à persecução do direito material, ocasionarão verdadeira confusão e prejuízos ao jurisdicionado, e, com isso, ao processo democrático avesso a estruturas frágeis desprovidas de garantias ao cidadão que pretende utilizá-las para atingir o seu bem da vida.

O ideal seria uma estrutura procedimental única que pudesse atender a todas as tutelas requeridas em caráter antecedente, tendo em vista as peculiares características de cada uma delas (p. ex., cautelar, antecipada, inibitória).

7.5.3 A possibilidade de estabilização dos efeitos do conteúdo da decisão mandamental (decisão interlocutória mandamental)

O legislador, ao desenhar a estrutura procedimental das tutelas provisórias no CPC, sem adentrar aqui às polêmicas alterações empreendidas, destacou a possibilidade de se operar a estabilização dos efeitos da decisão interlocutória[314] proferida em sede de tutela provisória de

---

[314] Para Carlos Henrique Soares: "[...] O termo estável, não é o melhor termo para as decisões interlocutórias provisórias. O artigo 304 do CPC quer indicar que as decisões proferidas em tutelas de urgência podem se estabilizar, nos casos em que ocorrer a preclusão" (SOARES, Carlos Henrique. *Curso de teoria geral do processo civil*. Belo Horizonte: D'Plácido, 2019. p. 394).

urgência antecipada (satisfativa) requerida em caráter antecedente (artigo 304, CPC). Em se tratando de tutela inibitória, o que se estabiliza, na verdade, são os efeitos da tutela mandamental.

Em princípio, cabe afirmar, ou melhor, refletir se o fenômeno da estabilização se estende à tutela provisória cautelar requerida em caráter antecedente (artigo 305, CPC). E, nesse aspecto, a resposta deverá ser negativa, eis que a situação cautelanda só perdura enquanto houver o perigo de dano; daí a sua característica temporária e não provisória, decorrente do fenômeno da preventividade.

Agora, em relação à tutela inibitória antecipada requerida em caráter antecedente, apesar de preventiva, e diversa da cautelar, não há qualquer óbice à estabilização dos efeitos mandamentais antecipados, até mesmo porque necessária à segurança jurídica do jurisdicionado e, sobretudo, do ordenamento jurídico ameaçado por ato ilícito, aplicando-se, destarte, a norma do artigo 304, CPC.

Luiz Guilherme Marinoni, sobre a estabilização dos efeitos da tutela antecipada contra o ilícito, afirma:

> [...] O Código de Processo Civil de 2015 instituiu a possibilidade da estabilização da tutela antecipada. Diz o artigo 304 que 'a tutela antecipada, concedida nos termos do artigo 303, torna-se estável se da decisão que a conceder não for interposto o respectivo recurso'. Não interposto agravo de instrumento, assim, o processo é extinto (artigo 303, §1º, do CPC), mas a tutela antecipada conserva os seus efeitos (artigo 303, §3º, do CPC), embora não produza coisa julgada material (artigo 303, §6º, do CPC), restando o demandado com a possibilidade de propor ação, no prazo de dois anos contados da ciência da decisão de extinção do processo (artigo 303, §5º, do CPC), para 'rever, reformar ou invalidar a tutela antecipada (artigo 303, §2º, do CPC).
> Como a ação inibitória é proposta em face de uma conduta apenas provável, o demandado, em tese, pode negar que praticaria o ato temido e obstado pela tutela antecipada inibitória. Ora, a resposta de quem não vai praticar o ato, apesar da propositura da ação e da concessão da tutela antecipada inibitória, é a não interposição do agravo de instrumento. Desse modo, conferindo-se ao autor a tutela contra o ato temido, evita-se que o processo se desenvolva sem necessidade, mas não é excluída a possibilidade de se discutir a ilicitude em ação inversa posterior, desde que proposta no prazo de dois anos.[315]

---

[315] MARINONI, Luiz Guilherme. *Tutela contra o ilícito*: inibitória e de remoção – artigo 497, parágrafo único, CPC/2015. São Paulo: RT, 2015. p. 135.

A estabilização garante a segurança jurídica ao jurisdicionado, mas não corresponde à coisa julgada material.[316]

Segundo Rennan Thamay:

> [...] Não nos parece existir coisa julgada, porque não há declaração de direito. O chamado direito à cautela tem natureza processual, e a provisoriedade está presente em casos como o do arresto, que é substituído pela penhora. Mais, porém, do que qualquer argumento doutrinário, fala o artigo 296 que permite a revogação da medida, a qualquer tempo. Para revogar a medida, não se exige fato superveniente. Basta que o juiz se convença de que examinou mal a prova ou que aplicou mal o Direito. Importante destacar que, na tutela provisória, seja cautelar ou antecipatória, a cognição é sumária, portanto não exauriente, não permitido, por consectário, o contraditório pleno e efetivo, além de que certamente se poderia ter o risco de formação de coisa julgada sem a estrutura do processo justo, ou seja, melhor dizendo, do processo em plena obediência ao devido processo legal.
> [...]
> Pensamos que, realmente, não há estrutura teórico-normativa para a formação da coisa julgada na tutela provisória, pois planejada para ter estabilidade da decisão, quer, por vezes, por meio da preclusão, quer por trânsito em julgado, em outras situações, mas não por meio de coisa julgada, que, para a sua constituição, como imutabilidade e, consequentemente, indiscutibilidade da decisão de mérito, precisaria ser em estrutura de processo justo, com devido processo legal, e também a ponto de, em cognição exauriente, ofertar o contraditório pleno e

---

[316] Para um estudo sobre a coisa julgada e decisões interlocutórias, ainda sob a égide do CPC/1973: MOURÃO, Luiz Eduardo Ribeiro. *Coisa julgada*. Belo Horizonte: Fórum, 2008. p. 275-283. Segundo Ronaldo Brêtas de Carvalho Dias: "[...] A decisão que conceder a tutela de urgência não fará coisa julgada, mas a estabilidade dos respectivos efeitos só será afastada por decisão que a revisar, reformar ou invalidar, proferida em processo originado de ação de conhecimento, pelo procedimento comum, ajuizada pela parte interessada. Assim, concedida em caráter antecedente, a tutela de urgência conservará seus efeitos enquanto não revisada, reformada ou invalidada por decisão de mérito proferida no processo originado pela ação própria ajuizada a tanto. Nos termos do §5º, do artigo 304, o direito de rever ou revisar, reformar ou invalidar a tutela de urgência de natureza antecipatória extingue-se após dois anos, contados da ciência da decisão que extinguiu o processo. Ressalte-se que não se trata de procedimento gerado pelo ajuizamento de ação rescisória (artigo 966), mas sim, de uma ação fundada na pretensão de revisar, reformar ou invalidar a decisão concessiva da tutela de urgência, pelo procedimento comum, cujo julgamento será realizado pelo juízo competente, qual seja, o mesmo que deferiu a tutela antecipatória de mérito" (DIAS, Ronaldo Brêtas de Carvalho. *Fundamentos e inovações do código de processo civil*. Belo Horizonte; São Paulo: D'Plácido, 2020. p. 88).

efetivo, o que nas tutelas provisórias parece não ocorrer nos moldes aqui afirmados.[317]

Além disso, imprescindível destacar interessante aspecto que, na prática, há de se observar e sobre o qual a doutrina já se debruçou a respeito. É a possibilidade de estabilização dos efeitos de uma tutela advindos de uma decisão interlocutória proferida sobre parcela do mérito ("tutela antecipada parcial").[318]

Nessa quadra, é possível se operar a estabilização dos efeitos da tutela decorrentes de uma decisão parcial sobre o mérito ("não abrange a totalidade do mérito" — tutela antecipada parcial antecedente), inclusive em se tratando de uma demanda inibitória; aqui, poder-se-ia falar

---

[317] THAMAY, Rennan. *Coisa julgada*. São Paulo: RT, 2018. p. 434-435. O entendimento do autor coincide com o raciocínio desenvolvido acerca da "não incidência da coisa julgada"; entretanto, até porque deve-se manter a linha adotada no presente estudo, não se concorda com o aspecto relacionado à provisoriedade da tutela cautelar, eis que, como afirmado, a cautelaridade afirma-se pela efemeridade (temporariedade), ou seja, enquanto perdurar o "perigo de dano" mantêm-se os "efeitos" da cautela, não sendo substituído por outras medidas. Para o caso do arresto, a penhora, na verdade, remove os efeitos da necessária "situação cautelanda", não a substituindo, mas fazendo com que deixe de existir, já que desnecessária, tendo em vista o efetivo desaparecimento do "perigo de dano". Nesse sentido, o posicionamento de Igor Raatz: "[...] a tutela cautelar deixará de existir, na medida em que se tornou desnecessária. Porém, nem o pagamento, nem o incremento monetário no patrimônio do devedor têm aptidão para substituir a cautelar. Tanto a sentença que reconhece o direito de crédito quanto a prática dos atos expropriatórios capazes de satisfazer o direito do credor não possuem a mesma natureza do arresto, que é medida genuinamente cautelar. Do mesmo modo, a entrega da coisa ao autor não substitui sequestro concedido anteriormente, pois se tratam de medidas de naturezas distintas. [...] Nessa linha, o que importa para assegurar a *temporariedade* da tutela cautelar é que seus efeitos possam ser removidos tanto que desapareça a necessidade de proteção cautelar com o desaparecimento da situação perigosa é a possibilidade de que seus efeitos fáticos não sejam irreversíveis. [...] Fica, com isso, evidente que o conceito de temporário, importante para a tutela cautelar, está ligado aos seus efeitos, os quais, ao invés de serem trocados por outros efeitos de igual natureza, porém definitivos, deverão, na verdade, perdurar enquanto existir uma situação de perigo a que está submetida a situação cautelanda. Eles poderão, portanto, ser removidos — e não trocados — caso desapareça a referida situação perigosa" (RAATZ, Igor. *Tutelas provisórias no processo civil brasileiro*. Porto Alegre: Livraria do Advogado, 2018. p. 89-90).

[318] Em sentido contrário, o entendimento de Jaqueline Mielke Silva: "[...] A decisão concessiva da tutela antecipada deve ser em caráter antecedente. Trata-se do terceiro pressuposto. Apenas a decisão concessiva pode tornar-se estável. É de se indagar: a concessão parcial da tutela antecipada tem aptidão para a estabilização? Entendemos que não, alterando posicionamento declinado na primeira edição da presente obra, pois, o propósito do legislador foi a extinção do processo, com a estabilização da tutela antecipada. Neste caso, se o autor não quiser correr o risco da estabilização, deverá se valer da tutela antecipada incidente" (SILVA, Jaqueline Mielke. *A tutela provisória no novo código de processo civil*. 3. ed. Porto Alegre: Verbo Jurídico, 2017. p. 122). No mesmo sentido, pela estabilização parcial: DIDIER JR., Fredie; BRAGA, Paula Sarno; OLIVEIRA, Rafael Alexandria de. *Curso de direito processual civil*: teoria da prova, direito probatório, decisão, precedente, coisa julgada e tutela provisória. 10. ed. Salvador: JusPodivm, 2015. v. 2, p. 608.

em antecipação parcial dos efeitos mandamentais da tutela inibitória antecedente.

No sentido de se admitir a estabilização dos efeitos da tutela sobre parcela do mérito, a argumentação de Luiz Guilherme Marinoni:

> [...] O §1º do artigo 304 afirma que, no caso de estabilização da tutela requerida na forma antecedente, 'o processo será extinto'. Porém, como a tutela antecipada concedida liminarmente na ação que pede tutela do direito também pode se estabilizar, nesta hipótese igualmente há extinção do processo.
> Mas o problema da extinção do processo em virtude da estabilização da tutela não é tão simples. É possível pensar, em primeiro lugar, na hipótese em que o juiz concede a tutela antecipada em parte. Estabilizada parcela da tutela antecipada, o processo não pode ser julgado (totalmente) extinto pelo simples fato de que a integralidade da tutela solicitada não foi satisfeita. O autor tem o direito de ver o processo prosseguir para que, aprofundada a cognição, possa o juiz prestar a parcela da tutela que inicialmente não foi deferida. Nesse caso, a falta de reação do demandado, suficiente para a estabilização da tutela, obviamente não basta. Para que o processo não tivesse necessidade de continuar, seria necessária uma posição ativa do réu, ou melhor, o reconhecimento jurídico do pedido. [...]
> É importante perceber que a tutela deferida e estabilizada, não obstante a não extinção *total* do processo, desde logo produz efeitos para além do processo. A tutela deixa de depender do processo e nele não pode mais ser discutida ou revogada. A única alternativa é propor ação 'com o intuito de rever, reformar ou invalidar a tutela antecipada estabilizada', nos termos do §2º do artigo 304.[319]

Não se pode olvidar, também, a circunstância que permite, ou melhor, autoriza a estabilização dos efeitos da tutela antecipada requerida em caráter antecedente ("antecipação dos efeitos contidos no conteúdo da decisão interlocutória mandamental" — no caso, de uma "ação inibitória pura"), qual seja, a ausência de fundada resistência do réu, que, ao deixar de impugnar a decisão interlocutória concessiva da tutela antecipada, na verdade, renuncia à cognição plena e exauriente,[320] em concordância com a cognição sumária empreendida pelo Estado-juiz.[321]

---

[319] MARINONI, Luiz Guilherme. *Tutela de urgência e tutela da evidência*: soluções processuais diante do tempo da justiça. São Paulo: RT, 2017. p. 236-237.

[320] Em relação à "cognição plena e exauriente": WATANABE, Kazuo. *Cognição no processo civil*. 4. ed. São Paulo: Saraiva, 2012. p. 120.

Ronaldo Brêtas de Carvalho Dias, ao manifestar sobre o que chamou de "decisão estabilizada", parece adotar posicionamento restritivo em relação à interpretação do termo "recurso", já que "melhor seria cogitar-se de uma *decisão estabilizada*. E, havendo decisão *estabilizada*, o processo será extinto. O artigo 304 parece indicar que decisões proferidas em sede de tutelas de urgência podem estabilizar-se, nos casos em que ocorrer a preclusão. Assim, ocorre a preclusão pela ausência de interposição de recurso, tanto da decisão interlocutória (agravo de instrumento), quanto da sentença (recurso de apelação) que confirmar a tutela de urgência requerida (artigos 1.009 e 1.015, inciso I)".[322]

Em outra oportunidade, já se manifestou acerca da resistência do réu não ensejadora da estabilização prevista no artigo 304, CPC;[323] e lá externou-se, no sentido de que não se adequa à pretensão do legislador somente a previsão da interposição do recurso de agravo de instrumento apto a obstar a estabilização e os seus respectivos

---

[321] Eduardo Lamy manifestou-se acerca do aspecto estrutural que trata da estabilização da antecipação da tutela antecipada antecedente: "[...] O aspecto estrutural que merece nossa crítica, entretanto, é aquele que trata da estabilização da antecipação da tutela antecipada concedida em caso de pedido antecedente (CPC, artigo 304), cuja literalidade do texto se afigura inconstitucional ao limitar o direito à ampla defesa e confundir o que mereceria ser apenas um efeito da revelia — a estabilização — com verdadeira 'obrigatoriedade' de recorrer da estabilização — impossibilidade de discussão daquela liminar antecedente deferida no mesmo processo — não retira inteiramente os méritos estruturais do CPC de 2015, mas no mínimo assusta e confunde o operador desavisado. Ao invés de diminuir o número de agravos de instrumento, certamente o aumenta" (LAMY, Eduardo. *Tutela provisória*. São Paulo: Atlas, p. 162).

[322] DIAS, Ronaldo Brêtas de Carvalho. *Fundamentos e inovações do código de processo civil*. Belo Horizonte; São Paulo: D'Plácido, 2020. p. 86-87.

[323] "[...] O réu poderá estancar a estabilização, caso se insurja contrariamente à tutela inibitória antecipada requerida em caráter antecedente e concedida (artigo 304, *caput*, CPC); e, em sede de recurso de agravo de instrumento (previsão legal – artigo 1.015, I, CPC), por exemplo, alegue a ausência da alegada ameaça de ilícito. Não apresentando o réu, qualquer medida apta a contrariar a tutela inibitória antecipada requerida em caráter antecedente (*não somente mediante recurso*, como previsto no novo CPC – artigo 304, *caput*) e a petição inicial não for aditada pelo autor (artigo 303, §1º, I, CPC), a tutela satisfativa concedida *estabilizar-se-á*, e o processo será extinto sem resolução do mérito" (SILVA, Bruno Campos. A tutela inibitória antecipada e o novo CPC. In: COSTA, Eduardo José da Fonseca; PEREIRA, Mateus Costa; GOUVEIA FILHO, Roberto P. Campos (Coord.); DIDIER JR., Fredie (Coord. geral). *Coleção grandes temas do novo CPC*. Tutela provisória. 3. ed. v. 6. Salvador: JusPodivm, 2020, no prelo). Carlos Augusto de Assis defende a possibilidade de o réu se insurgir contra a estabilização por intermédio de "simples manifestação" (ASSIS, Carlos Augusto de; LOPES, João Batista. A estabilização da tutela antecipada e seus problemas revelados na prática. In: MARCATO, Ana Cândida Menezes *et al*. (Coord.). *Reflexões sobre o código de processo civil de 2015*: uma contribuição dos membros do Centro de Estudos Avançados de Processo – Ceapro. São Paulo: Verbatim, 2018. p. 159.). Carlos Henrique Soares, também, simpatiza com a possibilidade de se ampliarem as formas de resistência do réu em relação à estabilização dos efeitos da decisão: SOARES, Carlos Henrique. *Curso de teoria geral do processo civil*. Belo Horizonte: D'Plácido, 2019. p. 394-395.

efeitos, mas, igualmente, qualquer efetiva resistência do réu, como, por exemplo, a apresentação de simples pedido de reconsideração da decisão proferida.[324]

Por uma visão ampliativa relacionada aos meios de impugnação do réu contra a decisão proferida em sede de tutela antecipada antecedente, com a finalidade de se obstar a estabilização de seus efeitos, assim se pronunciou Cassio Scarpinella Bueno: "[...] A melhor resposta é a de aceitar interpretação *ampliativa* do texto do *caput* do art. 304. Qualquer manifestação expressa do réu em sentido contrário à tutela provisória antecipada em seu desfavor deve ser compreendida no sentido de inviabilizar a incidência do art. 304, indo além, evidentemente, do rol, mera sugestão, do parágrafo anterior. [...] A hipótese, importa esclarecer, não tem o condão de infirmar a tutela antecipada já concedida. Ela, apenas, evita a sua estabilização".[325]

Ainda, com relação às atitudes do réu visando evitar a estabilização dos efeitos da tutela inibitória antecipada requerida em caráter antecedente, Eduardo José da Fonseca Costa explica:

> [...] De qualquer forma, é certo que: 1) se o réu recorrer e se o autor aditar a inicial, a tutela antecipada não se estabilizará e o processo continuará; 2) se o réu não recorrer e se o autor aditar a inicial, a tutela antecipada não se estabilizará e o processo continuará; 3) se o réu recorrer e se o autor não aditar a inicial, a tutela antecipada não se estabilizará e o processo será extinto sem resolução do mérito; 4) se o réu não recorrer e se o autor não aditar a inicial, a tutela antecipada se estabilizará e o processo será extinto sem resolução do mérito. Poder-se-ia indagar que, se o prazo do recurso for maior que o prazo do aditamento, a estabilização jamais acontecerá; afinal, se o autor não aditar, o réu provavelmente recorrerá. Nesse caso, porém, basta ao juiz fixar um prazo de aditamento maior que o prazo do recurso (o que lhe é permitido pelo artigo 303, §1º, I:

---

[324] SILVA, Jaqueline Mielke. *A tutela provisória no novo código de processo civil*. 3. ed. Porto Alegre: Verbo Jurídico, 2017. p. 122-123). Nesse mesmo sentido: ARENHART, Sérgio Cruz; MARINONI, Luiz Guilherme; MITIDIERO, Daniel. *Novo curso de processo civil*: tutela dos direitos mediante procedimento comum. São Paulo: RT, 2015. v. 2, p. 216; COSTA, Eduardo José da Fonseca. Comentários ao artigo 304. *In*: STRECK, Lenio Luiz; NUNES, Dierle; CUNHA, Leonardo Carneiro da (Org.); FREIRE, Alexandre (Coord. executivo). *Comentários ao código de processo civil*. São Paulo: Saraiva, 2016. p. 427. Em sentido mais restritivo, ou seja, somente a *não interposição do recurso* pelo réu (agravo de instrumento) seria apta a obstar a estabilização dos efeitos da tutela antecipada antecedente: RAATZ, Igor. *Tutelas provisórias no processo civil brasileiro*. Porto Alegre: Livraria do Advogado, 2018. p. 173; GOMES, Frederico Augusto. *A estabilização da tutela antecipada*. São Paulo: RT, 2019. p. 72-78.

[325] BUENO, Cassio Scarpinella. *Curso sistematizado de direito processual civil*: teoria geral do direito processual civil: parte geral do código de processo civil. 9. ed. São Paulo: Saraiva Educação, 2018. v. 1, p. 708. Grifos em itálico do original.

'o autor deverá aditar a petição inicial [...] em 15 (quinze) dias, ou em outro prazo maior que o juiz fixar'). De todo modo, nada impede que o autor adite *sob condição resolutiva*, ou seja, que ele requeira ao juiz que desconsidere o aditamento caso o réu não recorra.[326]

O Superior Tribunal de Justiça (STJ), em recentes decisões, proferidas por diferentes turmas, oscila o seu entendimento. Num primeiro momento, decidiu-se por uma interpretação mais ampla do referido dispositivo legal, ou seja, não apenas a interposição de recurso de agravo de instrumento seria apta a estancar a estabilização, mas outras formas de resistência do réu, como, por exemplo, a contestação (STJ, REsp n° 1760966/SP, Terceira Turma, rel. Min. Marco Aurélio Bellizze, julgado em 04.12.2018, *DJe*, 07 dez. 2018).[327] Noutro momento, optou-se por uma interpretação mais restritiva, rente à redação do texto legal, ou melhor, apenas e tão somente a interposição do recurso de agravo de instrumento afigura-se capaz de obstar a estabilização dos efeitos pretendidos (STJ, REsp n° 1797365/RS, Primeira Turma, rel. Min. Sérgio Kukina, rel. p/ acórdão Min. Regina Helena Costa, julgado em 03.10.2019, *DJe*, 22 out. 2019).[328]

A explícita divergência entre as decisões tomadas pelo STJ, por certo, traz total insegurança jurídica, vez que traduz inconcebível mácula

---

[326] COSTA, Eduardo José da Fonseca. Comentários ao art. 304. *In*: STRECK, Lenio Luiz; NUNES, Dierle; CUNHA, Leonardo Carneiro da (Org.); FREIRE, Alexandre (Coord. executivo). *Comentários ao código de processo civil*. São Paulo: Saraiva, 2016. p. 426.

[327] Eis a ementa do referido acórdão: "RECURSO ESPECIAL. PEDIDO DE TUTELA ANTECIPADA REQUERIDA EM CARÁTER ANTECEDENTE. ARTS. 303 E 304 DO CÓDIGO DE PROCESSO CIVIL DE 2015. JUÍZO DE PRIMEIRO GRAU QUE REVOGOU A DECISÃO CONCESSIVA DA TUTELA, APÓS A APRESENTAÇÃO DA CONTESTAÇÃO PELO RÉU, A DESPEITO DA AUSÊNCIA DE INTERPOSIÇÃO DE AGRAVO DE INSTRUMENTO. PRETENDIDA ESTABILIZAÇÃO DA TUTELA ANTECIPADA. IMPOSSIBILIDADE. EFETIVA IMPUGNAÇÃO DO RÉU. NECESSIDADE DE PROSSEGUIMENTO DO FEITO. RECURSO ESPECIAL DESPROVIDO". Em crítica à referida decisão do STJ: DELFINO, Lúcio; SOUSA, Diego Crevelin de. *A (não)estabilização da tutela antecipada*: ajuste no conceito de recurso ou surgimento de um novo efeito recursal?. Disponível em: https://emporiododireito.com.br/leitura/2-a-nao-estabilizacao-da-tutela-antecipada-ajuste-no-conceito-de-recurso-ou-surgimento-de-um-novo-efeito-recursal. Acesso em: 25 jan. 2020. Para os referidos autores, o novo efeito recursal seria "obstativo à estabilização" = "efeito obstativo à estabilização da tutela antecipada".

[328] Eis a ementa do mencionado acórdão: "PROCESSUAL CIVIL. ESTABILIZAÇÃO DA TUTELA ANTECIPADA CONCEDIDA EM CARÁTER ANTECEDENTE. ARTS. 303 E 304 DO CÓDIGO DE PROCESSO CIVIL DE 2015. NÃO INTERPOSIÇÃO DE AGRAVO DE INSTRUMENTO. PRECLUSÃO. APRESENTAÇÃO DE CONTESTAÇÃO. IRRELEVÂNCIA". Nesse sentido, ao reafirmar a sua visão restritiva (interpretação restritiva): RAATZ, Igor. *STJ acerta ao reinterpretar o instituto da estabilização da tutela antecipada*. Disponível em: https://conjur.com.br/2019-dez-07/diario-classe-stj-acerta-reinterpretar-instituto-estabilizacao-tutela-antecipada. Acesso em: 25 jan. 2020.

aos deveres de coerência e integridade, e, com isso, a desestabilização do sistema.

Assim, possível a estabilização dos efeitos do conteúdo mandamental de uma decisão interlocutória proferida em sede de tutela inibitória antecipada requerida em caráter antecedente, sem que isso possa implicar em coisa julgada material.

Segundo Luiz Guilherme Marinoni, essa estabilização nada mais seria do que o prolongamento dos efeitos *in concreto* da tutela do direito no tempo:

> [...] O que interessa, nesse momento, é compreender o significado de 'estabilidade dos efeitos' da tutela. Quando se pensa em tutela antecipada, como é evidente, considera-se a própria tutela *de direito* solicitada, mas concedida mediante cognição sumária. Assim, por exemplo, a tutela inibitória ou a tutela ressarcitória na forma específica, pouco importando a sentença — a técnica processual — escolhida para prestá-la.
> São os efeitos da tutela de direito material que prosseguem no tempo. Os efeitos da tutela inibitória etc. Note-se que se o juiz, por exemplo, determina a demolição de um muro que representa ato contrário ao direito (remoção do ilícito), a não reação do demandado torna a tutela de remoção do ilícito — a demolição — estabilizada atemporalmente. O mesmo ocorre quando o juiz ordena o ressarcimento na forma específica etc.
> Na hipótese em que a tutela depende de um comportamento futuro *imprevisível* do demandado, como é o caso da tutela inibitória que ordena um não fazer, o problema não está na tutela antecipada que se estabilizou. Esse é um problema que atinge os casos em que a tutela inibitória é concedida por sentença transitada em julgado.
> Isso não quer dizer que apenas a tutela já exaurida na dimensão física se estabiliza. Uma tutela que depende de prestações periódicas, como a tutela antecipada que impõe o pagamento de soma, também pode se estabilizar. Nesse caso, a tutela antecipada mantém seus efeitos para o futuro, embora seja dependente do uso de meios de execução para a hipótese de eventual inadimplemento.
> Vale dizer que, nesta última situação, a parte pode ter necessidade de requerer a aplicação dos meios executivos ao juiz do processo que se extinguiu em virtude da estabilização ou mesmo ao juiz do processo que prosseguiu em razão da tutela antecipada não ter exaurido a pretensão do autor. Na segunda hipótese, o juiz pode determinar a autuação em apenso da execução da tutela estabilizada.
> Deixe-se claro, enfim, que não é o conteúdo da decisão que se torna imutável e indiscutível. A decisão não produz coisa julgada, como anuncia o §6º do artigo 304. É a tutela do direito que se prolonga no

tempo ou, mais claramente, são os seus efeitos concretos — fisicamente exauridos ou não — que perduram.[329]

7.6 A possibilidade de aplicação da fungibilidade entre tutelas preventivas

A fungibilidade entre as tutelas preventivas, na verdade, prestigia o princípio da primazia do julgamento do mérito (artigo 4º, CPC),[330] além da efetividade processual.[331]

José Carlos Barbosa Moreira, ao tratar da efetividade do processo e da técnica processual, assim ponderou:

> [...] Efetividade, noção abrangente, comporta dose inevitável de fluidez. Em trabalho que já conta mais de dez anos, mas em cuja substância, no particular, não nos pareceria necessário introduzir hoje alterações de monta, procuramos sintetizar em cinco itens algo que, sem excessiva pretensão de rigor, se poderia considerar como uma espécie de 'programa básico' da campanha em prol da efetividade. Escrevíamos então:
> a) o processo deve dispor de instrumentos de tutela adequados, na medida do possível, a todos os direitos (e outras posições jurídicas de vantagem) contemplados no ordenamento, quer resultem de expressa previsão normativa, quer se possam inferir do sistema;

---

[329] MARINONI, Luiz Guilherme. *Tutela de urgência e tutela da evidência*: soluções processuais diante do tempo da justiça. São Paulo: RT, 2017. p. 238.

[330] Aqui também há de se observar a aplicação de outros princípios (constitucionais e processuais), segundo o entendimento de Rita de Cássia Corrêa de Vasconcelos, quais sejam, o princípio da legalidade, o princípio da inafastabilidade do controle jurisdicional, o princípio do devido processo legal, o princípio da proporcionalidade, o princípio da economia processual, o princípio da instrumentalidade das formas; dentre outros previstos em normas fundamentais do novo Código de Processo Civil, como o princípio da cooperação (se assim pode ser chamado, ou melhor, se se trata de verdadeiro princípio), o princípio da boa-fé processual objetiva (VASCONCELOS, Rita de Cássia Corrêa de. *Princípio da fungibilidade*: hipóteses de incidência no processo civil brasileiro contemporâneo. São Paulo: RT, 2007. p. 29-61).

[331] Adota-se, no presente estudo, a "efetividade do processo" em sintonia com o princípio da duração razoável do processo, cuja celeridade qualitativa deverá superar a quantitativa, e não ser considerada a qualquer custo a exigir uma prestação jurisdicional rápida e precária. João Batista Lopes: "[...] Largamente utilizado pelos juristas e operadores do Direito, o termo *efetividade* é de origem latina (o verbo *efficere* significa realizar, tornar concreto, fazer). Muitas vezes impropriamente associado à ideia de *celeridade processual*, o conceito de *efetividade do processo* é indeterminado ou vago e, por isso, requer maior reflexão para ser conceituado. Em primeiro lugar, é necessário dizer, com MARCACINI, que, para se conceituar *efetividade*, é necessário saber, antes de tudo, o que se espera obter do processo, ou seja, quais os fins por ele colimados" (LOPES, João Batista. *Tutela antecipada no processo civil brasileiro* (de acordo com o novo CPC). 5. ed. São Paulo: Castro Lopes, 2016. p. 74).

b) esses instrumentos devem ser praticamente utilizáveis, ao menos em princípio, sejam quais forem os supostos titulares dos direitos (e das outras posições jurídicas de vantagem) de cuja preservação ou reintegração se cogita, inclusive quando indeterminado ou indeterminável o círculo dos eventuais sujeitos;

c) impende assegurar condições propícias à exata e completa reconstituição dos fatos relevantes, a fim de que o convencimento do julgador corresponda, tanto quanto puder, à realidade;

d) em toda a extensão da possibilidade prática, o resultado do processo há de ser tal que assegure à parte vitoriosa o gozo pleno da específica utilidade a que faz jus segundo o ordenamento;

e) cumpre que se possa atingir semelhante resultado com o mínimo dispêndio de tempo e energias.

[...]

Um dos mais primorosos escritores de nossos dias, o espanhol CAMILO JOSÉ CELA, afirmou que a técnica é o melhor sucedâneo para o talento. Não creio que a frase pretenda estigmatizar a técnica como algo a que só os pouco talentosos precisassem recorrer. Dou-lhe outro sentido: ainda quem não possua grande talento pode exercitar de maneira satisfatória o seu ofício, desde que se disponha a uma preparação técnica séria. Não basta força de vontade para adquirir talento; mas pode bastar para adquirir o 'melhor sucedâneo' — e, quem sabe, para aprender a usá-lo de forma tal que venha a concorrer para tornar, como urge, mais efetivo o processo.[332]

Com relação, ainda, à efetividade do processo, Rosemiro Pereira Leal critica de maneira contundente e afirma que, "[...] No direito democrático, a *efetividade* do processo não se faz em juízos de sensibilidade, conveniência ou eqüidade do decididor, tão próprios ao *Welfare State* e ao *judge made law*, em que o político e o social se realizam por um estado cerebrino de *'mudança de mentalidade'* do processualista e do juiz e pela adoção de um método peculiar inaudito (panacéia vigorosa) de rompimento com 'velhas posturas introspectivas do sistema e abrindo os olhos para a *realidade da vida que passa fora do processo*' (sic). Compreende-se equivocadamente a *efetividade do processo* como um bem de consumo a ser oferecido numa *decisão* judicial (prestação jurisdicional?!) apoiada em essências de valores colhidos num mundo político e social fora do processo pelo afastamento judicativo de abomináveis *'mazelas do direito positivo'* e dos *'casuísmos legislativos'*. Põe-se, erroneamente, o *processo*

---

[332] MOREIRA, José Carlos Barbosa. Efetividade do processo e técnica processual. *In*: MOREIRA, José Carlos Barbosa. *Temas de direito processual*. Sexta Série. São Paulo: Saraiva, 1997. p. 17-29.

como instrumento de uma jurisdição judicial portadora e garantista de um sentimento de Constituição e de Justiça que seria o '*único sentimento capaz de adequadamente assegurar solidez à ordem jurídica de um Estado Democrático de Direito*'".[333]

Trazendo essas considerações críticas à efetividade do processo, relevante destacar que a fungibilidade também guarda sintonia com a instrumentalidade das formas, no sentido de se evitarem prejuízos irremediáveis àqueles que se utilizam de uma técnica processual (inapropriada — insuficiente), a qual poderá ser transmudada em outra, se houver espaço nebuloso no próprio ordenamento jurídico ou se os entendimentos doutrinário e jurisprudencial sinalizarem à direção de outra técnica processual com base no mencionado espaço nebuloso (zonas cinzentas);[334] portanto, se ausente o chamado erro grosseiro e entendimentos favoráveis (doutrina e jurisprudência) à operacionalidade da fungibilidade, não há qualquer óbice para sua imediata e necessária aplicação.

Em relação à fungibilidade (ou "princípio da fungibilidade"), leciona Teresa Arruda Alvim:

> [...] A fungibilidade de meios é um tema que nos vem preocupado acentuadamente nos últimos anos. O princípio da fungibilidade é descendente direto do princípio da instrumentalidade das formas, que é mais genérico, e significa que, preenchidas determinadas condições, tanto um meio, quanto outro, podem ser empregados (= podem ser considerados adequados) para se chegar a determinado resultado.
> A razão de ser deste princípio é, a toda evidência, a de que a parte não sofra prejuízos decorrentes, muito comumente, da falta de clareza da lei, que se reflete na falta de unanimidade da doutrina e na jurisprudência quanto a qual seria o recurso correto para impugnar tal decisão. Ora, evidentemente, a mesma razão comparece em muitos outros casos em

---

[333] LEAL, Rosemiro Pereira. *Teoria processual da decisão jurídica*. Belo Horizonte: D'Plácido, 2016. p. 109.

[334] Segundo Teresa Arruda Alvim: "[...] O Código passou por um profundo processo de reforma, cujas feições definitivas ainda nem chegaram a se completar, até porque não houve tempo para que a doutrina e a jurisprudência 'amadurecessem' certos aspectos das novidades e problemas por estas criados. Portanto, as 'zonas de penumbra' eram incontáveis e multiplicavam-se na exata proporção da *quantidade* e da *velocidade* das alterações que iam-se introduzindo no texto da lei. Quase o mesmo se pode dizer, *cum granu solis*, do CPC de 2015. Como é sabido, foi elaborado num sistema político democrático, o que se refletiu de modo intenso e evidente nos métodos usados para que fosse concebido: inúmeros processualistas participaram de sua redação. Em face deste quadro penamos que pode ser absolutamente desastrosa a insistência em manter o raciocínio orientado exclusivamente pelo método clássico de pensar" (ARRUDA ALVIM, Teresa. *Nulidades do processo e da sentença*. 8. ed. São Paulo: RT, 2017. p. 416).

que à parte são oferecidos diversos caminhos (na verdade, basta que sejam dois...) para se chegar a um mesmo lugar.[335]

Nesta pesquisa, adota-se a fungibilidade num sentido mais amplo, lógico, desde que respeitadas e preenchidas algumas condições, para se permitir ao jurisdicionado uma utilização mais eficiente da técnica processual em prol de uma estrutura procedimental apta a resguardar o provimento jurisdicional que realmente atenda e, sobretudo, respeite o texto constitucional, e, assim, possa, em consequência, realizar o direito material lesado ou ameaçado das partes.

Dentro dessa perspectiva, a fungibilidade possui algumas *nuances* na sistemática processual, cuja incidência não se resume à matéria recursal,[336] mas a outras de suma importância, tais quais, por exemplo, as tutelas provisórias, em especial as tutelas preventivas.[337]

A fungibilidade, *grosso modo*, significa dizer: (i) trocar (substituir) uma tutela por outra (um meio por outro) — entretanto, não se coaduna com a adaptabilidade (há diferenças entre a simples substituição e a necessidade de adaptação); (ii) ausência de erro grosseiro — presença de zonas cinzentas no ordenamento jurídico corroborada pela doutrina e pela jurisprudência, e que poderá ocasionar prejuízos aos jurisdicionados.

No item (i) é possível constatar simples fungibilidade (substituição), não adaptabilidade; entretanto, para se atingir a proteção pretendida, no mais das vezes, é necessário empreender a adaptação procedimental.

---

[335] ARRUDA ALVIM, Teresa. *Nulidades do processo e da sentença*. 8. ed. São Paulo: RT, 2017. p. 415-416.

[336] Em matéria recursal, o novo Código de Processo Civil traz duas expressas hipóteses de incidência da "fungibilidade", a do artigo 1.024, §3º, CPC (entre embargos de declaração e agravo interno) e a dos arts. 1.032 e 1.033, CPC (entre recursos de estrito direito — recursos especial e extraordinário). Alguns setores da doutrina, em sede de tutelas provisórias, rotulam, na verdade, de hipóteses de "adaptabilidade" ou "convertibilidade", já que necessária a inconteste adaptação procedimental para a "efetiva" substituição do meio (CÂMARA, Alexandre Freitas. *O novo processo civil brasileiro*. 2. ed. São Paulo: Atlas, 2016. p. 165-166). Para outros autores, a exigência de adaptação procedimental trata-se de mera faceta da própria fungibilidade (VASCONCELOS, Rita de Cássia Corrêa de. *Princípio da fungibilidade*: hipóteses de incidência no processo civil brasileiro contemporâneo. São Paulo: RT, 2007. p. 74). Com referência à distinção entre *fungibilidade* e *convertibilidade* em sede recursal: ARRUDA ALVIM, Teresa. *Agravos no CPC de 2015*. 5. ed. Curitiba: Ed. Direito Contemporâneo, 2021. p. 354.

[337] ARRUDA ALVIM, Teresa. *Nulidades do processo e da sentença*. 8. ed. São Paulo: RT, 2017. p. 418: "[...] A tendência, em nosso entender elogiável, é a de que se entenda ser possível a *fungibilidade* não (somente) no plano dos recursos. Impossível negar-se que, no estado atual do direito, situações existem para as quais pode-se extrair do manejo das regras jurídicas mais de uma solução ou se pode eleger mais de um caminho para se chegar a um mesmo lugar".

Já no item (ii), se não houver erro grosseiro quanto à capitulação de qualquer técnica processual, aplicar-se-á a fungibilidade.

Para Eduardo Arruda Alvim, a aplicação da fungibilidade estaria adstrita a um único requisito, qual seja, "[...] que o sistema gere uma dúvida objetiva (e, portanto, que não haja erro grosseiro) sobre qual o meio processual adequado".[338]

A fungibilidade que se defende aqui não é aquela utilizada a qualquer custo, a ponto de provocar a desregrada simplificação da estrutura procedimental, sem observar as garantias processuais; do contrário, existirão apenas procedimentos ocos desalinhados ao Estado de Direito e, portanto, ao processo civil democrático.

As formalidades exigidas à efetiva fungibilidade, até mesmo com a necessidade de se empreender adaptação procedimental (apesar da diferença notada entre "fungibilidade" e "adaptabilidade"), são imprescindíveis à garantia dos direitos fundamentais, contrapondo-se, assim, à almejada exagerada simplificação procedimental contrária ao processo democrático.

Conforme destacado, processo simplificado não é processo, mas procedimento puro, oco; não se simplifica o processo, no máximo, o que poderia se pensar é numa adequada utilização da técnica processual, eis que a estrutura procedimental formal garante a estrita observância aos direitos fundamentais do jurisdicionado. E, por assim dizer, simplificação como propagam na doutrina seria sinônimo de facilitação em prol de uma fungibilidade injustificável, e isso implicaria em técnica processual frágil e inadequada.

A facilitação pela simplificação pretendida, na verdade, agride o Estado de Direito, em especial o princípio da duração razoável do processo e, com isso, a segurança jurídica, vez que nem sempre facilitar corresponde, ou melhor, identifica-se com a previsibilidade. Ao contrário, dependendo do caso concreto, a facilitação pela simplificação da estrutura procedimental poderá ocasionar a uma das partes decisão-surpresa atentatória ao processo civil democrático, e, com isso, uma evidente quebra da possibilidade de o jurisdicionado aferir (calcular) o tempo razoável de duração para o provimento judicial final (definitivo).[339]

A formalidade inerente à observância do cumprimento do texto constitucional reflete a segurança jurídica imprescindível à boa e útil

---

[338] ARRUDA ALVIM, Eduardo. *Tutela provisória*. 2. ed. São Paulo: Saraiva, 2017. p. 263.

[339] Em relação à segurança jurídica e à duração razoável do processo, com alusão à calculabilidade das consequências: ÁVILA, Humberto. *Teoria da segurança jurídica*. 4. ed. São Paulo: Malheiros, 2016. p. 643-644.

técnica processual, inclusive no âmbito das tutelas provisórias de urgência.

De acordo com Carlos Henrique Soares: "[...] *Tempestividade procedimental* não se relaciona com *celeridade procedimental*. Celeridade procedimental seria a prática de atos procedimentais no menor espaço de tempo possível. Já a tempestividade procedimental seria a prática de atos procedimentais no devido tempo e com a garantia do contraditório, ampla defesa e devido processo".[340]

Não é possível admitir a fungibilidade pela fungibilidade, ou seja, afastar-se da técnica processual, sob a singela argumentação de que tecnicismos seriam prejudiciais à tutela dos direitos. Pelo contrário, eles conduzem à implementação dos meios aptos a salvaguardar uma estrutura procedimental ótima ao provimento judicial e, assim, à realização dos direitos das partes.[341]

Delineadas as feições gerais da fungibilidade, cabe agora explorar sua efetiva incidência no âmbito das tutelas de urgência.

Para tanto, uma vez mais, necessário um breve, porém relevante, retrospecto histórico de nossa legislação processual civil, a partir das reformas pontuais da codificação Buzaid (CPC/1973) até o cenário processual atual (CPC).

As tutelas de urgência possuem raiz constitucional (artigo 5º, XXXV). Foram normatizadas na legislação processual civil no artigo 273, CPC/1973 (reforma pontual — Lei nº 8.952/1994), e em sua forma específica acrescentada nos artigos 461, CPC/1973 (reforma pontual — Lei nº 8.952/1994) e 461-A, CPC/1973 (reforma pontual — Lei nº 10.444/2002).

Mas foi com a Lei nº 10.444/2002 que se acrescentou o §7º ao artigo 273, CPC/1973, permitindo-se a expressa fungibilidade entre as tutelas de urgência, ou melhor, entre as técnicas processuais aptas a debelar a ameaça ou lesão a direito.

---

[340] SOARES, Carlos Henrique. *Curso de teoria geral do processo civil*. Belo Horizonte: D'Plácido, 2019. p. 84. Grifos em itálico e negrito do original.

[341] Em sentido contrário ao texto, ou melhor, pelo afastamento do tecnicismo e do exagerado apego às formas, Guilherme Freire de Barros Teixeira entende: "[...] De fato, tratando-se de tutelas de urgência, o perigo da demora conduz à necessidade de se afastar o tecnicismo e o exagerado apego às formas, pois o direito material, colorido com a característica da urgência, não pode ser sacrificado por questões puramente formais. Por isso, mesmo que, no caso concreto, não exista dúvida objetiva, pode o juiz conhecer um pedido erroneamente formulado, admitindo-o como se a parte tivesse feito o pedido que seria mais adequado ao caso concreto, substituindo uma providência de urgência por outra, tornando-se irrelevante o erro do litigante, ainda que grosseiro" (TEIXEIRA, Guilherme Freire de Barros. *Teoria do princípio da fungibilidade*. São Paulo: RT, 2008. p. 264).

O referido dispositivo legal (artigo 273, §7º, CPC/1973) possibilitou o uso trocado de técnicas processuais vocacionadas a prevenir o dano ou satisfazer o direito (cautelar e satisfativa), em ambos os sentidos, ou seja, na dupla via ou mão (do mais para o menos ou do menos para o mais — em termos de exigência de pressupostos a serem observados). Esta é uma posição defendida pela maioria dos autores, inclusive com a necessária adequação do procedimento, desde que isso não implique em ultraje ao processo constitucional.[342]

No CPC, a possibilidade de aplicação da fungibilidade entre as tutelas provisórias está na norma inserida no artigo 305, parágrafo único. Com isso, permite-se sua operacionalidade na dupla via ou mão (apesar de a literalidade do texto legal afirmar apenas num sentido).[343]

Nesse aspecto, defende-se a aplicabilidade da fungibilidade em sua mão dupla entre as tutelas preventivas — cautelar e inibitória antecipada —, já que essa última tem por característica satisfazer antecipadamente o direito material (direito à inibição) ao possibilitar a efetiva prevenção do direito da parte ameaçado por um ilícito futuro.

E como se opera a satisfação na inibitória antecipada apesar de possuir a característica da preventividade? No momento em que se antecipam os efeitos da inibição, por intermédio de uma ordem (a imposição de um não fazer ou um fazer, entrega de coisa, pagar quantia), com a possibilidade de se impor multa (astreinte) para o caso de descumprimento da obrigação.

Ora, se é permitida a fungibilidade entre a tutela cautelar e a tutela satisfativa, também o será quando houver necessidade de se prevenir a ameaça de um ato ilícito.

Assim, se o autor formula pedido de tutela cautelar com base no artigo 305, parágrafo único, CPC, não há qualquer obstáculo para se converter em tutela inibitória antecipada (seja ela antecedente ou incidental); na verdade, seria uma conversão entre técnicas processuais para se atingir a efetiva tutela pretendida, seja ela cautelar ou inibitória.

Segundo Eduardo Arruda Alvim:

---

[342] Acerca da fungibilidade na dupla mão proporcionada pela norma inserida no §7º, artigo 273, CPC/1973 (SILVA, Bruno Campos. Comentários ao novo §7º do artigo 273, do CPC brasileiro acrescentado pela Lei n. 10.444, de 2002. *Revista de Direito Processual Civil*, Curitiba, ano VII, v. 27, jan.-mar. 2003. p. 5 e ss.).

[343] Segundo Arruda Alvim, o artigo 305, parágrafo único, CPC, preserva a possibilidade de aplicação da fungibilidade entre as tutelas provisórias (cautelar e satisfativa) de urgência, inclusive com a adoção da via de mão dupla (ARRUDA ALVIM. *Manual de direito processual civil*: teoria geral do processo e processo de conhecimento. 17. ed. São Paulo: RT, 2017. p. 696).

> [...] Igualmente, embora a fungibilidade esteja presente em capítulo dedicado à tutela de urgência cautelar requerida em caráter antecedente, nada obsta, a nosso ver, que a ideia seja aplicada também nos pedidos de caráter incidental, na linha do mencionado artigo 297 do CPC/2015, cujo texto, cumpre reiterar, prevê que 'o juiz poderá determinar as medidas que considerar adequadas para efetivação da tutela provisória'.
> Entendimento diverso, em nosso modo de pensar, desconsideraria uma premissa que temos por fundamental: a CF/88, em seu artigo 5º, XXXV, garante o acesso efetivo à Justiça, para que o dano seja obstado, evitando-se que a lesão se consume. Esse o sentido da expressão 'ameaça' constante no texto supra. A interpretação do CPC/2015, portanto, não deve desconsiderar esse relevantíssimo norte, não só pela força do preceito constitucional que, em si considerado, já bastaria, mas porque seu próprio texto assim determina (CPC/2015, artigo 3º). E devemos ter fundamentalmente presente que, quando o texto constitucional se refere a acesso, nessa dicção está necessariamente implicada a resposta do Judiciário. O acesso, por si só, não resolve a extensão da garantia; na garantia está imantada a necessidade de resposta pelo juiz.
> Aliás, nesse sentido, podemos dizer que os arts. 297 e 305, parágrafo único, são preceitos expletivos. A fungibilidade neles expressa decorre da Constituição Federal, de modo que, não houvesse o referido dispositivo, nem por isso seria diferente.[344]

Assim, deve-se observar, além da necessária adequação procedimental, o que implica expressa observância ao devido processo constitucional, o traço distintivo entre ambas, conforme defendido nesse trabalho. Ou seja, a cautelar destina-se a prevenir o dano, ao passo que a inibitória volta-se a prevenir o ilícito futuro; e isso deverá constar na causa de pedir e no pedido.

Ainda, na tutela inibitória, há que se demonstrar a probabilidade do direito e o perigo de ato ilícito futuro, enquanto na cautelar o que se demonstra é o perigo de dano.

Existe ainda a possibilidade de se aplicar a fungibilidade entre as tutelas inibitória e de remoção do ilícito; isso decorre da própria característica da tutela específica da obrigação de fazer ou não fazer ou de um resultado prático equivalente ao adimplemento dessa obrigação, o que excepciona o princípio da adstrição (congruência) entre o pedido e a decisão (artigos 141 e 492, CPC), conforme o artigo 497, CPC.

Nessa linha, Luiz Guilherme Marinoni ressalta:

---

[344] ARRUDA ALVIM, Eduardo. *Tutela provisória*. 2. ed. São Paulo: Saraiva, 2017. p. 269.

[...] Os arts. 497 e 536 do CPC e 84 do CDC admitem expressamente que o juiz pode conceder a tutela específica da obrigação ou o resultado prático equivalente ao do adimplemento. Com isto, o juiz está autorizado, desde que respeitados os limites da obrigação originária, a impor o fazer ou o não fazer mais adequado à situação concreta que lhe é apresentada. Poderia ser dito que o bem pretendido, por meio da ação inibitória, é a prevenção. Contudo, se bastasse ao autor da ação inibitória pedir prevenção, não haveria razão para pensar na possibilidade de o juiz conceder a tutela específica ou o seu resultado prático equivalente. Se o autor não necessita precisar o pedido, não há motivo para o legislador dar ao juiz a possibilidade de julgar fora do pedido. Isto pela razão de que o juiz, ao impor um não fazer ou um fazer, sempre estaria atendendo à necessidade de prevenção, e assim jamais julgando fora do pedido.[345]

---

[345] MARINONI, Luiz Guilherme. *Tutela contra o ilícito*: inibitória e de remoção – artigo 497, parágrafo único, CPC/2015. São Paulo: RT, 2015. p. 78.

CONCLUSÃO

O presente trabalho procurou estabelecer algumas premissas necessárias à estruturação procedimental apta a propiciar uma adequada tutela inibitória, verdadeira sistematização, tendo em vista inúmeras situações fáticas geradoras de ameaça ao direito do jurisdicionado e, antes de tudo, ao próprio ordenamento jurídico, as quais deverão ser afastadas por intermédio de uma efetiva técnica processual.

Assim, é possível destacar vários pontos conclusivos relacionados à sistematização da tutela inibitória e ao CPC, oriundos do desenvolvimento do presente estudo. Vejamos a seguir.

1. A tutela jurisdicional é o resultado daquilo que as partes postularam em juízo, e não o próprio provimento judicial, podendo ser também conceituada como o implemento de um evento relevante para o direito provocado pela efetiva comunicação das partes ao Estado-juiz; já a tutela jurisdicional diferenciada é aquela oriunda de uma especialização do procedimento (p. ex., no aspecto temporal), para torná-la efetiva à proteção dos direitos do jurisdicionado.

2. A tutela inibitória, espécie de tutela preventiva, é uma tutela jurisdicional diferenciada, a ser atingida pela utilização de uma efetiva técnica processual, possuindo raízes fincadas no artigo 5º, XXXV, do texto constitucional.

3. No Brasil, a tutela inibitória passa a ter relevância com os regramentos impostos pelas alterações normativas no CPC/1973, influenciadas por normas consumeristas (artigo 84, CDC), tais quais, com as tutelas específicas relacionadas ao cumprimento de obrigações de fazer ou de não fazer, de entrega de coisa e de pagar quantia.

4. Antes mesmo das referidas alterações pontuais, já existiam importantes estudos sobre as tutelas preventivas desenvolvidos em países estrangeiros (p. ex., Itália) e no Brasil (*v.g.*, Clóvis do Couto e Silva).

5. A tutela inibitória, como espécie de tutela preventiva, após o texto constitucional, foi melhor investigada e estruturada a partir dos estudos desenhados por Luiz Guilherme Marinoni, o que rendeu inspiração ao legislador para sua nova *performance* no CPC.

6. Para uma efetiva sistematização da tutela inibitória, com o atual aparato normativo processual, imprescindível a revisitação de alguns relevantes institutos do direito processual, em especial o processo e a jurisdição, já que os antigos conceitos esbarram na atual conjuntura coincidente com o Estado Democrático de Direito; para tanto, foi necessária uma breve, porém importante exposição de algumas propostas (proposições) acerca do processo.

7. Daí a necessidade de nos posicionarmos, por exemplo, acerca dos conceitos de processo e jurisdição, donde concluímos que o processo é instituição de garantia contra os excessos e desvios perpetrados pelo Estado-juiz; ao passo que a jurisdição (com ultrapasse à sua clássica definição — poder-dever estatal) seria apta à realização dos direitos dos jurisdicionados por um terceiro imparcial (Estado-juiz).

8. O processo não deve ser mais visto como mero instrumento da jurisdição, caso contrário será diminuto diante de sua importância derivada do texto constitucional, ou melhor, não há raciocinar o processo fora dos quadrantes constitucionais; sendo o fenômeno de constitucionalização do processo um equívoco, já que induz a um processo de constitucionalização do processo, o que se afigura impertinente, eis que não se pode pensar o processo (fora) da Constituição.

9. Deve-se evitar, ao máximo, a importação de doutrinas estrangeiras descoladas de nossa realidade e principalmente de nosso texto constitucional.

10. A contextualização da tutela inibitória é de suma importância para bem definir os seus pressupostos, os quais irão influenciar em sua funcionalidade e em sua estruturação procedimental, para, com isso, possibilitar uma necessária sistematização dentro do ordenamento jurídico.

11. Para tanto, foi necessário traçar uma diferenciação entre ilícito e dano, assim como aferir a possibilidade de se perquirir acerca dos elementos subjetivos componentes da conduta daquele que pratica, reitera ou continua a praticar ou repetir um ato ilícito (aquele contrário ao ordenamento jurídico).

12. O ato ilícito é aquele contrário ao direito — é um fato jurídico —, portanto, fato antijurídico, e o dano poderia ser seu resultado (prejuízo); entretanto, um dano que se origina de um ato ilícito pode

decorrer de um ato lícito praticado em estado de necessidade, por exemplo.

13. A tutela inibitória não reivindica o dano. Nela, ele é apenas eventual. Nem mesmo há necessidade de se alegar culpa ou dolo (elementos subjetivos); para tanto, empreendeu-se um contraste, de maneira crítica, entre os textos normativos dos artigos 186 do Código Civil e 947, parágrafo único, CPC.

14. Os artigos 186 e 927 do Código Civil tratam da responsabilidade extracontratual (aquiliana), porém, a utilização de uma tutela inibitória (contrária ao ilícito) pode ocorrer em se tratando de responsabilidade contratual, subjetiva (artigo 186 do Código Civil) ou objetiva (artigo 927, parágrafo único, do Código Civil).

15. No caso de responsabilidade objetiva (sem necessidade de se demonstrar o elemento subjetivo — dolo ou culpa), é possível observar uma coincidência com o pressuposto negativo da tutela inibitória, qual seja, a ausência de culpa ou dolo; já para os casos de reponsabilidade subjetiva, apesar da exigência de presença do elemento subjetivo, na tutela inibitória isto não ocorre, o que direciona à percepção de que não há coincidência com o pressuposto negativo da inibição (ausência de dolo ou culpa).

16. Em decorrência disso, é possível constatar alguns pressupostos essenciais à tutela inibitória: (i) presença de ato ilícito, (ii) ausência de dano e (iii) ausência de elementos subjetivos (dolo ou culpa).

17. Estes pressupostos nucleares estão delineados no artigo 497, parágrafo único, CPC, único dispositivo a tratar da tutela inibitória, mas, timidamente, a ensejar sua necessária sistematização.

18. Os pronunciamentos judiciais no âmbito da tutela inibitória são aqueles constantes do artigo 203, CPC; é necessário ainda compreender a cognição judicial para se inibir efetivamente um ato ilícito.

19. As sentenças na tutela inibitória podem ser definitivas (com a resolução do mérito) ou terminativas (matérias processuais) — artigos 485 e 487, CPC, respectivamente; as decisões interlocutórias são as que resolvem incidentes revelados no curso procedimental, sem encerrar qualquer fase, cognitiva ou executiva.

20. Além disso, todas as decisões deverão ser fundamentadas (artigo 93, IX, da Constituição Federal de 1988, e artigo 489, §1º, CPC) por juiz imparcial e (in)competente, sob pena de caracterizar intolerante enviesamento antidemocrático.

21. A sentença numa demanda inibitória somente será legítima se oriunda de uma estrutura procedimental otimizada por técnicas processuais, as quais possibilitam a efetiva participação das partes para que, por intermédio do diálogo, ajudem a construir o pronunciamento judicial final proferido por agente público imparcial e impartial, segundo o texto constitucional.

22. Para que a sentença possa ser qualificada legítima, deverá ter origem em procedimento processualizado. Somente assim os direitos dos jurisdicionados poderão ser salvaguardados de uma ameaça de ato ilícito.

23. Com relação ao conteúdo da sentença inibitória, prepondera (segundo a lição de Pontes de Miranda) a força (peso) da mandamentalidade.

24. Antes de se adentrar à exposição acerca das teorias adotadas no Brasil (a partir do conteúdo sentencial), houve necessidade de se definir técnica processual, em especial a técnica processual inibitória, a qual seria, segundo o estudo desenvolvido, o conjunto de meios aptos a otimizar a estruturação de um determinado procedimento, donde nascerá o pronunciamento judicial final participado.

25. Então, a técnica processual inibitória seria: (i) o conjunto de meios aptos a resguardar os direitos atingidos por atos ilícitos futuros contrários ao ordenamento jurídico; (ii) o aparato substancial à efetiva defesa de direitos não patrimoniais que sofreram a ameaça de atos ilícitos futuros; (iii) o conjunto de todos os instrumentos efetivos a garantir que o procedimento seja efetivo ao pronunciamento judicial necessário a ensejar a essencial proteção aos direitos do jurisdicionado.

26. As duas principais teorias adotadas no Brasil a partir do conteúdo da sentença foram a ternária (denominada por autores de trinária) e a quinária (quíntupla), sendo que a primeira delas traz a seguinte classificação: (i) sentenças declaratórias, (ii) sentenças constitutivas e (iii) sentenças condenatórias. Já a segunda (quinária) amplificou a classificação: (i) sentenças declaratórias, (ii) sentenças constitutivas, (iii) sentenças condenatórias, (iv) sentenças executivas *lato sensu* e (v) sentenças mandamentais.

27. No presente trabalho, adota-se a teoria quinária, cuja base teórica desenvolveu-se, no Brasil, por Pontes de Miranda, já que a classificação ternária não atende às peculiaridades de uma demanda inibitória.

28. E ainda, defende-se a mandamentalidade presente, de forma preponderante, no conteúdo de uma decisão proferida numa demanda inibitória.

29. Também é possível afirmar que a característica da mandamentalidade surge de um mandamento (ordem), não se confundindo com a cominação — ordem difere de medida coercitiva (multa — astreinte).

30. Mas o que seria a eficácia e o efeito mandamentais? O efeito é proveniente da eficácia que, por sua vez, integra o conteúdo sentencial, portanto, a origem do efeito está atrelada ao conteúdo, e não ao âmbito externo.

31. Com isso, chega-se ao seguinte raciocínio: (i) reconhece-se o direito ameaçado por ato ilícito do autor, declarando-se a efetiva inibição, (ii) manda-se cumprir a obrigação de fazer ou de não fazer, (iii) com o efetivo cumprimento da prestação de fazer ou de não fazer ocorrerá a satisfação do direito ameaçado, (iv) poderá ocorrer a possibilidade de imposição de uma medida coercitiva para garantir a eficácia da sentença — cominação (p. ex., multa diária — astreinte).

32. A sentença proferida numa demanda inibitória, com fulcro no artigo 497, parágrafo único, CPC, confirma a aplicação do direito ao caso concreto e, por sua vez, proporciona a implementação efetiva de uma tutela a ser utilizada para inibir a prática, repetição (reiteração) ou continuação de um ato ilícito (aquele contrário ao ordenamento jurídico).

33. As decisões interlocutórias têm sua definição na exclusão (artigo 203, §2º, CPC), e podem ser puras ou de mérito, e os efeitos oriundos da eficácia de uma decisão interlocutória poderão ser antecipados para o início da lide (*in limine litis*), a fim de o jurisdicionado poder satisfazer seu direito; não é correto afirmar que toda liminar é cautelar ou satisfativa, mas, sim, antecipada (no tempo), independentemente do conteúdo da tutela pretendida.

34. No âmbito de uma demanda pode existir a cumulação de pedidos (por exemplo, tutela inibitória cumulada com tutela ressarcitória); nesse caso, se um dos pedidos já estiver maduro, ou seja, não se exigir qualquer dilação probatória, haverá o julgamento parcial do mérito.

35. Nesse aspecto, por exemplo, se demonstrada a efetiva, real, concreta, contemporânea ameaça de ilícito a um direito da parte, o Estado-juiz poderá julgar essa porção do mérito, com pronunciamento judicial interlocutório, o qual ensejará recurso de agravo de instrumento (artigos 356, §5º, e 1015, II, CPC). Caso não seja interposto o recurso, incidirá sobre essa porção do mérito a coisa julgada material.

36. Para a efetividade das tutelas, com o CPC o legislador trouxe num rol não taxativo medidas indutivas inominadas, aptas a compelir o devedor contumaz a cumprir sua obrigação, ou melhor, o objeto de sua obrigação, qual seja, a prestação (de dar, fazer, não fazer). Com isso, o legislador procurou dar rendimento funcional à tutela de um direito, franqueando inclusive a utilização das medidas atípicas para o cumprimento de obrigações pecuniárias (inovação trazida pelo

CPC) — por exemplo, o bloqueio de cartões de crédito, o recolhimento de passaportes e a retenção da CNH.

37. Neste estudo, defende-se que o rol dessas medidas não é taxativo, porém, os poderes inerentes ao Estado-juiz deverão sofrer a necessária limitação, conforme os parâmetros traçados pelo texto constitucional e pela legislação infraconstitucional. Além disso, estas medidas não poderão ser utilizadas diretamente sem o exaurimento das medidas rotuladas como típicas. Ademais, deverão ser utilizadas segundo parâmetros prefixados, não de forma aleatória, já que precisam de adequação e necessidade de sua utilização. A atipicidade é exceção.

38. Para estes casos, o Estado-juiz não cria o direito, ao contrário, está vinculado ao ordenamento jurídico; assim, qualquer decisão cuja fundamentação se dê em tendências moralistas não se afigura legítima no Estado Democrático de Direito. Portanto, se forem utilizadas seguindo parâmetros prefixados, com o exaurimento das medidas típicas, e desde que de maneira fundamentada, poderão ser manejadas em sede de tutelas inibitórias.

39. A ameaça constitui pressuposto essencial à tutela inibitória e pode ser aferida como uma condição da ação ou mérito.

40. O CPC, em seu artigo 17, trouxe os pressupostos essenciais ao exercício do direito de ação: o interesse e a legitimidade.

41. No desenvolvimento desta pesquisa, adotou-se a permanência das condições da ação na sistemática processual, ou melhor, dos pressupostos mínimos ao exercício do direito de ação.

42. O conceito de ameaça não se restringe a aspectos meramente psicológicos, mas reflete na esfera jurídica da pessoa, eis que acompanha o ato ilícito, podendo representar temor ultrajante ao ordenamento jurídico e ao próprio direito do jurisdicionado.

43. Concluiu-se que a ameaça qualificada de simples temor psicológico, despida de ato ilícito, não sustenta o uso da tutela inibitória; ela deve ser séria, grave, comprometedora e aviltante, devendo ser real, e não fruto do imaginário, do ilusório, da ficção; deverá ser concreta (aferida por aspectos estritamente objetivos), contemporânea, atual. Não se pode admitir uma ameaça perdida no tempo (p. ex., há mais de 1 ano). Todas essas características da ameaça devem ser conjugadas para efetivamente inibir o ato ilícito.

44. Para as partes exercitarem o direito de ação constitucionalmente assegurado (artigo 5º, XXXV, Constituição Federal de 1988), devem preencher alguns pressupostos mínimos à admissibilidade da ação (artigo 17, CPC).

45. E, para constatar a presença da ameaça, localizando-a nos pressupostos ou no mérito, o Estado-juiz poderá utilizar planos metodológicos para aferir os pressupostos inerentes ao exercício do direito de ação. Assim, se o Estado-juiz, por exemplo, utilizar um plano analítico, a análise dos pressupostos, condições da ação, será *in statu assertionis*, com a técnica da asserção, ou seja, com base nas alegações trazidas pelo autor em sua petição inicial, ao passo que, se utilizar um plano pragmático, os pressupostos integrarão o mérito, ou melhor, passarão a conduzir o julgamento do mérito.

46. A localização da ameaça (nas condições da ação ou no mérito) possui íntima relação com a cognição exercitada pelo Estado-juiz.

47. Se de fácil percepção, logo no início (sem necessidade de qualquer dilação probatória), a ameaça integrará as condições da ação, em especial o interesse de agir (interesse processual); nesse caso, o Estado-juiz certificará a presença ou não da ameaça *in statu assertionis*.

48. O mérito, para o presente estudo, não está estanque apenas e tão somente ao pedido (mediato e imediato), mas também deverá abarcar a causa de pedir (próxima e remota); além disso, o réu, ao formular pedido (em sede de reconvenção ou pedido contraposto, por exemplo), ao certo, estará delimitando o mérito da causa. A própria resistência do réu, de certa forma, influenciará no julgamento do mérito.

49. A prova indiciária, no intuito de atestar a existência ou não de uma ameaça de ato ilícito, não se consubstancia como verdadeira prova, eis que não obtida em espaço dialogal estabelecido entre as partes.

50. No âmbito de uma demanda inibitória, por exemplo, podem ocorrer dificuldades em demonstrar, de imediato, a ameaça, inclusive com a possibilidade de inversão do ônus probatório — logicamente, com a necessária fundamentação do Estado-juiz; isso não contraria o texto constitucional.

51. Diante da complexidade da causa, o Estado-juiz por não conseguir visualizar, de pronto, circunstâncias ensejadoras da pretensão inibitória, poderá optar por realizar um saneamento compartilhado (artigo 357, §3º, CPC), com a efetiva participação das partes, no intuito de se esclarecerem questões de fato e de direito. Nesse caso, se o Estado-juiz não conseguir aferir a ameaça de ato ilícito em momento pretérito, poderá constatá-la em audiência de saneamento e, com isso, conceder sua efetiva inibição, a fim de proteger o direito ameaçado do jurisdicionado.

52. A audiência de saneamento compartilhado representa verdadeiro palco da oralidade, onde informações serão compartilhadas para o esclarecimento de matérias fáticas e de direito, portanto, não há sentido para se comparecer nesta audiência e o silêncio sobressair.

53. Igualmente, o Estado-juiz, ao designar a audiência para saneamento em conjunto com as partes, não deverá deixar para empreender o saneamento posterior, mas no momento em que ocorreram os debates aos esclarecimentos necessários a nortear uma eficaz reconstrução fática; do contrário, estar-se-á criando espaços mortos dentro do procedimento.

54. O que se pretende provar com a reconstrução dialogal dos fatos, nada mais é do que a proximidade da realidade do caso concreto, e não uma verdade real (absoluta) a ser perseguida pelo Estado-juiz.

55. A ação inibitória possui autonomia, regida pelo procedimento comum, com natureza preventiva, exigindo-se, para tanto, estrutura procedimental própria, com suas peculiaridades substanciais e processuais, para que se possa atingir o provimento judicial final-definitivo apto a gerar a efetiva proteção (prevenção) ao direito ameaçado por ilícito futuro. A própria estrutura normativa do artigo 497, parágrafo único, CPC, reúne estas peculiaridades.

56. A ação inibitória, como qualquer outra modalidade de ação, é composta de elementos subjetivos (partes — autor e réu) e objetivos (causa de pedir — próxima e remota; e pedido — mediato e imediato).

57. Na inibitória, o autor é o detentor do bem da vida ameaçado por ato ilícito e o réu é quem ameaça a praticar, reiterar ou continuar com o ilícito futuro.

58. A causa de pedir próxima é aquela cuja base fática embasa a configuração de um ato ilícito futuro; já a causa de pedir remota representa os fundamentos jurídicos que norteiam o substrato fático integrante do ilícito futuro.

59. O pedido mediato na ação inibitória é o bem da vida pretendido pelo autor, ou melhor, o seu direito ameaçado de sofrer violação. O pedido imediato consubstancia-se no próprio provimento jurisdicional (p. ex., a ordem, o mandamento) capaz de inibir a ameaça de ilícito futuro com a imposição de obrigações (fazer, não fazer, entregar coisa, pagar quantia); a ordem poderá vir acompanhada de uma medida coercitiva (multa — astreinte).

60. A efetiva ameaça (atual, concreta, real) ao inadimplemento de qualquer obrigação (violação da obrigação) poderá ensejar a utilização da técnica processual apta a inibir o ilícito futuro.

61. Nas obrigações de pagar quantia, o que se espera é uma condenação antecipada, como forma de prevenir contra uma ameaça de ilícito futuro, ou melhor, uma ameaça de violação à obrigação contraída. Haverá, nesse caso, uma efetiva inibição, por intermédio de uma ordem, para condenar antecipadamente o réu a adimplir a obrigação assumida e, em vias, de ser inadimplida; não se configura a própria condenação, mas o que se satisfaz é o direito à inibição.

62. A tutela inibitória utilizada para uma condenação antecipada, portanto, de maneira preventiva, difere daquilo que se denomina de condenação para o futuro, eis que, nesse último caso, já se consumou a violação da obrigação; daí ser inviável a tutela inibitória de cunho preventivo.

63. O legislador, com o advento do CPC, pretendeu unificar o regime jurídico das tutelas provisórias (com fundamento na urgência ou evidência). Entretanto, ainda é possível perceber que, apesar de os pressupostos serem os mesmos (nomenclatura utilizada) para a concessão, deve-se ter em mente a necessária diferenciação de cada uma delas (p. ex. cautelar, satisfativa, evidência); o próprio legislador cometeu alguns deslizes pontuais, os quais sugerem ainda a necessidade de se perscrutarem os traços distintivos de cada uma delas.

64. As tutelas de urgência possuem raiz constitucional (artigo 5º, XXXV).

65. A tutela inibitória, espécie de tutela preventiva, ganhou uma nova *performance* no artigo 497, parágrafo único, CPC, entretanto, de maneira um tanto frágil, sem sistematização; não é, como dizem, novidade na sistemática processual, mas uma antiga novidade (basta verificar, os interditos proibitórios, verdadeiras possessórias inibitórias).

66. A nomenclatura utilizada pelo legislador não foi boa; aliás, houve evidente distorção no âmbito do processo legislativo, o que trará prejuízos à proteção dos direitos do jurisdicionado; essa mácula ao devido processo legislativo implicará em evidente déficit de preventividade; e aqui, para o caso das tutelas preventivas.

67. A urgência e a evidência são fenômenos inerentes aos atos-fatos jurídicos; a urgência está relacionada à satisfatividade e à cautelaridade.

68. A provisoriedade é distinta da temporariedade e, por isso, deve ser diagnosticada para se evitarem confusões acerca das tutelas cautelar e satisfativa.

69. A tutela cautelar é temporária, e não provisória, como pretendia Piero Calamandrei, seguido atualmente pelo legislador com o CPC; eis que não é substituída por outra medida, mas extinta ao cessar o perigo de dano à situação cautelanda.

70. Na verdade, o mais consentâneo seria: tutela antecipada cautelar; tutela antecipada satisfativa; tutela antecipada de evidência; já que a expressão "antecipada" melhor se insere no contexto conceitual, vez que a expressão "provisória" ressuscita o entendimento da doutrina italiana (Piero Calamandrei), de que a cautelar poderia exercitar a função satisfativa, portanto, detentora da característica da provisoriedade; e, nisso, se a cautelar for, realmente, rotulada de provisória (no sentido de se fazer substituir por provimento definitivo), poderia satisfazer o direito.

71. As tutelas provisórias de urgência classificam-se em (i) tutelas satisfativas e (ii) tutelas cautelares (que, na verdade, são temporárias, e não provisórias).

72. As tutelas provisórias possuem digitais (características peculiares) próprias a distingui-las dentro da sistemática processual, portanto, são técnicas estruturantes do procedimento para se atingir o provimento final; com elas, antecipam-se no tempo os efeitos caracterizadores de cada tipo de proteção pretendida.

73. Nem sempre o que é urgente satisfaz (basta verificar a tutela cautelar), mas não que deixe de existir certa dose de satisfatividade na pretensão à segurança, eis que todas as tutelas satisfazem (realizam) o direito; também, não se confundem satisfação com definitividade.

74. Todas as tutelas, de certa forma, realizam (satisfazem) o direito material.

75. A cautelaridade possui traços de efemeridade (pouco duradouro, transitório, e que não se substitui por outro), eis que perdura enquanto houver necessidade de proteger (assegurar) o direito de um perigo de dano. A efemeridade é condição de existência da tutela cautelar.

76. Todas as tutelas preventivas, de algum ângulo, possuem o traço da referibilidade.

77. A referibilidade aqui trabalhada não guarda simetria com aquela que vincula a tutela cautelar ao processo, já que isso poderá trazer prejuízo à instrumentalidade (garantia limitadora do poder estatal, e não mero instrumento a serviço da jurisdição) diante da técnica processual adotada.

78. A tutela inibitória possui certa referibilidade, que é relacional, vez que a referência (alusão) se dirige a um direito ameaçado por um ato ilícito praticado por alguém que transgride uma norma (protetiva) já predefinida pelo ordenamento jurídico; daí, se pensar por esse aspecto, a referibilidade não seria capaz de neutralizar a função preventiva da tutela inibitória, aliás, a referência é exatamente aquela inerente ao direito ameaçado.

79. A tutela inibitória, então, possui referibilidade a um determinado direito (direito à honra, direito à posse) ameaçado por um ato ilícito futuro — ocorrerá, por isso, efetiva inibição do ilícito futuro e, por conseguinte, a prevenção do direito.

80. As tutelas provisórias, como afirmado, possuem fundamento na urgência e na evidência.

81. As tutelas de evidência, portanto, são espécies do gênero tutelas provisórias, entretanto, não pertencem à classe das tutelas de urgência.

82. A estrutura normativa procedimental das tutelas de evidência está desenhada no artigo 311, CPC; numa breve leitura do dispositivo, constata-se que o legislador deixou a desejar, já que despido de efetiva sistematização.

83. Para evitar prejuízos à funcionalidade das tutelas de evidência, neste estudo, adota-se a estrutura procedimental desenhada para as tutelas provisórias de urgência, com as devidas ressalvas e adaptações (p. ex., não se admite a estabilização dos efeitos da tutela de evidência, apesar de se qualificar como satisfativa).

84. As tutelas de evidência são pautadas na proteção de um direito evidente diante de uma violação demonstrada e possuem a função de distribuir racionalmente o ônus do tempo do processo; para tanto, basta a alta probabilidade do direito da parte, independentemente do *periculum in mora* (artigo 311, CPC).

85. As hipóteses de cabimento (fundamentos) das tutelas de evidência estão catalogadas, em rol não taxativo, nos incisos do artigo 311, CPC. Tanto o autor (em seu pedido) como o réu (em sede de reconvenção ou pedido contraposto) poderão manejar a tutela de evidência.

86. As tutelas de evidência necessitam de pedido (de provocação), ou melhor, não podem ser deferidas de ofício pelo Estado-juiz, sob pena de macular o princípio dispositivo (artigo 2º, CPC).

87. Há hipóteses de cabimento (fundamentos) que viabilizam, segundo o texto legal, a concessão liminar (*inaudita altera parte*) das tutelas de evidência (artigo 311, parágrafo único, CPC), apesar de existirem relevantes opiniões contrárias, com alegação de incontestável inconstitucionalidade.

88. A tutela inibitória poderá ser utilizada diante de um direito evidente da parte, ou seja, seria vocacionada a debelar a ameaça de um ilícito futuro a um direito evidente.

89. O direito evidente que estiver sendo ameaçado por um ilícito (ato contrário ao ordenamento jurídico) dará suporte ao jurisdicionado para o uso da técnica inibitória para coibir o ilícito futuro; daí, p. ex., na hipótese do artigo 311, II, CPC, se existir ameaça de um ilícito futuro contrário ao direito evidente previsto em tese firmada em julgamento de casos repetitivos (art. 928, CPC) ou em súmula vinculante e às alegações demonstradas documentalmente, a parte que se sentir ameaçada poderá lançar mão de uma tutela inibitória de evidência.

90. Importante, ainda, destacar que o direito evidente (com alto grau de probabilidade) da parte é aquele com a aplicação conjunta dos fundamentos da hipótese prevista no artigo 311, II, CPC, ou seja, prova das alegações em documentos e a tese firmada em julgamento de casos repetitivos ou em súmula vinculante.

91. As relações das tutelas cautelar e satisfativa com influências no âmbito da tutela inibitória são: (i) a tutela cautelar (assecuratória) destina-se a realizar um direito acautelatório, no intuito de se prevenir o direito da ocorrência de um dano (perigo de dano); (ii) a prevenção na cautelar é relacional — previne-se da ocorrência ou da perpetuação do dano; (iii) a tutela cautelar é temporária e preventiva, ao passo que a tutela antecipada é provisória e satisfativa; (iv) a tutela inibitória, espécie de tutela preventiva, é temporária com traços de urgência ou evidência; (v) enquanto a tutela cautelar direciona-se contra um perigo de dano, a tutela inibitória é contrária ao perigo de ilícito, já que, nessa última, o dano é somente acidental; (vi) a tutela inibitória apresenta a característica (relacional) da referibilidade (se refere a um direito da parte ameaçado por ato ilícito futuro; (vii) a referibilidade não se traduz em dependência, eis que, dessa forma, estaria a apequenar a funcionalidade das tutelas cautelar e inibitória.

92. Na tutela inibitória, não há falar em prevenção da prevenção como sinônimo de instrumento do instrumento, mas apenas a certa referibilidade de sua função preventiva.

93. A instrumentalidade não se presta a diluir a funcionalidade de uma tutela, independentemente da sua natureza, vez que se identifica com a técnica processual apta a otimizar a estrutura procedimental.

94. Dentro da perspectiva de sistematização da tutela inibitória, é possível dizer que sua estrutura procedimental não foi bem dimensionada pelo legislador (artigo 497, parágrafo único, CPC). Portanto, deve-se aplicar o regramento das tutelas provisórias já estabelecido nos artigos 294 a 311, CPC, para os casos de antecipação dos efeitos da tutela inibitória, inclusive com a possibilidade de se pleitear a proteção, via cognição sumária, por intermédio de uma medida liminar (*inaudita altera parte*), segundo o artigo 300, §2°, CPC.

95. O que se antecipa são os efeitos da tutela inibitória (efeitos mandamentais) aptos a atuar no plano prático no momento da urgência; não se antecipa a tutela jurisdicional final.

96. Os pressupostos essenciais da tutela inibitória antecipada são oriundos da conjugação dos artigos 497 e 300, CPC, de caráter material e processual, além da raiz constitucional (artigo 5°, XXXV).

97. A partir do disposto no artigo 497, CPC, tem-se: (i) imposição de obrigação de fazer e/ou de não fazer; (ii) ameaça — objetiva, concreta, real, atual de (prática, reiteração ou continuação) de ato ilícito (contrário ao ordenamento jurídico); (iii) não há necessidade de se apontar o dano — que é meramente acidental, eventual, circunstancial; (iv) desnecessidade de se perquirir o elemento subjetivo da conduta (volitiva — dolo ou culpa) — vez que não há falar em dano.

98. No artigo 300, CPC, tem-se o seguinte: (i) a probabilidade do direito; e (ii) o perigo de dano ou o risco ao resultado útil do processo; nesse caso, para a tutela inibitória antecipada deve-se falar em perigo de ilícito, e não perigo de dano ou o risco ao resultado útil do processo.

99. Para a concessão da tutela inibitória antecipada, o *periculum in mora* seria qualificado pelo perigo da ocorrência de violação ao ordenamento jurídico.

100. O perigo na demora deve ser objetivo, real, concreto e contemporâneo, tendo em vista sua dupla significância relacionada à tutela inibitória; a primeira relaciona-se com o próprio direito material (o direito ameaçado por ato ilícito futuro — perigo de ilícito — perigo à frutuosidade da tutela do direito), e a segunda com aspectos fáticos inerentes ao direito processual (a relação jurídica processual — perigo na demora da realização de um direito).

101. A segunda é que possibilita a antecipação dos efeitos da tutela inibitória.

102. Preenchidos os pressupostos essenciais, a tutela inibitória antecipada deverá ser concedida pelo Estado-juiz, via cognição sumária, por intermédio de uma medida liminar (artigo 300, §2º, CPC); o contraditório será postergado, diferido para momento ulterior (inibição *inaudita altera parte* — sem ouvir a parte contrária), o que não implica em desprezo ao processo constitucional.

103. A tutela inibitória também poderá ser concedida em caráter antecedente, conforme artigo 303, CPC, considerando a urgência e o rarefeito conjunto probatório da ameaça de ato ilícito futuro, eis que prestada de maneira célere (urgência extremada naquele determinado momento).

104. Daí a possibilidade de aplicação da estrutura procedimental dos artigos 303 e 304, CPC, à tutela inibitória antecipada, diante da probabilidade do direito ameaçado com base em acervo probatório ainda não tanto sedimentado.

105. A petição deve ser simples e conter (artigo 303, CPC): (i) a urgência do pedido de inibição; (ii) o requerimento de antecipação dos efeitos da tutela inibitória com a indicação do pedido de tutela final pretendida (artigo 319, IV, CPC); (iii) a exposição da lide; (iv) o direito que se busca realizar; e (v) o perigo de ilícito (nesse caso, basta a probabilidade do direito qualificada pela ameaça).

106. Na verdade, o ideal seria uma estrutura procedimental única a amparar todas as tutelas requeridas em caráter antecedente, tendo em vista as peculiaridades características de cada uma delas (cautelar, antecipada, inibitória).

107. No artigo 304, CPC, o legislador trouxe a possibilidade de se operar a estabilização dos efeitos da tutela satisfativa requerida em caráter antecedente; na verdade, o que se estabiliza, no caso da tutela inibitória antecipada, são os efeitos mandamentais.

108. A estabilização não se estende à tutela cautelar requerida em caráter antecedente (artigo 305, CPC), eis que a situação cautelanda só perdura enquanto houver perigo de dano; daí sua característica temporária, e não provisória, decorrente do fenômeno da preventividade.

109. Neste estudo, adotou-se a possibilidade de se aplicar a estabilização à tutela inibitória antecipada requerida em caráter antecedente; o que significa estabilização dos efeitos mandamentais antecipados.

110. A estabilização dos efeitos da tutela inibitória antecipada requerida em caráter antecedente não se submete à coisa julgada material.

111. Há possibilidade também de se operar a estabilização dos efeitos de uma tutela inibitória antecipada apenas parcialmente. Isto significa dizer estabilização dos efeitos de uma tutela advindos de uma decisão interlocutória proferida sobre parcela do mérito (tutela antecipada parcial), decisão parcial sobre o mérito (tutela antecipada parcial antecedente) e antecipação parcial dos efeitos mandamentais da tutela inibitória antecedente.

112. O réu poderá obstar a estabilização dos efeitos da tutela inibitória antecipada antecedente, já que, se deixar de manifestar resistência, estará concordando com a cognição sumária empreendida pelo Estado-juiz, renunciando à possibilidade de cognição plena e exauriente.

113. Para o óbice à estabilização, o réu poderá utilizar não somente o recurso de agravo de instrumento, mas qualquer recurso apto a reproduzir a sua resistência (p. ex., simples pedido de reconsideração da decisão proferida).

114. A aplicação da fungibilidade entre as tutelas preventivas guarda sintonia com o princípio da primazia do julgamento do mérito (artigo 4º, CPC), além da efetividade processual e da instrumentalidade das formas.

115. A fungibilidade aqui adotada é em sentido mais amplo, sem se restringir às matérias recursais, e significa: (i) trocar (p. ex., substituir) uma tutela por outra (um meio por outro) — entretanto, não se coaduna com a adaptabilidade (há diferenças entre a simples substituição e a necessidade de adaptação); (ii) ausência de erro grosseiro — presença de zonas cinzentas no ordenamento jurídico corroborada pela doutrina e jurisprudência.

116. A fungibilidade não deve ser utilizada a qualquer custo, provocando a simplificação da estrutura procedimental, sem a observância às garantias processuais; do contrário haverá apenas procedimentos ocos desajustados ao Estado Democrático de Direito.

117. As formalidades exigidas à fungibilidade são essenciais à garantia dos direitos fundamentais, eis que a exagerada simplificação atenta contra o processo que se diz democrático.

118. O processo simplificado não é processo, mas procedimento puro, oco; não se simplifica o processo (instituição de garantia), no máximo o que poderia se pensar é na utilização de uma adequada técnica processual, haja vista que a estrutura procedimental formal garante o respeito aos direitos fundamentais dos jurisdicionados.

119. A facilitação pela simplificação pretendida agride o Estado de Direito, em especial o princípio da duração razoável do processo, e, com isso, a segurança jurídica.

120. Não se pode admitir a fungibilidade pela fungibilidade, já que, com isso, afasta-se da boa técnica processual importante a implementação dos meios aptos a salvaguardar uma estrutura procedimental "ótima" ao provimento judicial e, destarte, a realização dos direitos das partes.

121. A fungibilidade entre as tutelas provisórias foi prevista no CPC, em seu artigo 305, parágrafo único, permitindo-se sua operacionalidade na dupla via ou mão, apesar da literalidade do texto legal afirmar apenas num sentido.

122. A fungibilidade na dupla via, igualmente, deverá ser aplicada entre as tutelas preventivas (p. ex. cautelar e inibitória antecipada).

123. Portanto, se o autor formula um pedido de tutela cautelar com base no artigo 305, parágrafo único, CPC, não existirá qualquer obstáculo para se converter em tutela inibitória antecipada (antecedente ou incidental). Na verdade, seria uma conversão entre técnicas processuais para atingir a efetiva tutela pretendida, cautelar ou inibitória.

124. É necessário observar a adequação procedimental, com respeito ao processo constitucional e o especial traço distintivo entre ambas; para a cautelar (perigo de dano) e para a inibitória (perigo de ilícito).

POSFÁCIO

Pediu-me Bruno Campos Silva para elaborar o posfácio da versão comercial de sua Dissertação de Mestrado defendida perante a prestigiosa Pontifícia Universidade Católica de São Paulo (PUC-SP), sendo ambas, a dissertação e a versão comercial, intituladas *Sistematização da Tutela Inibitória e o Código de Processo Civil de 2015*.

Trata-se, sem dúvida, de tema fundamental.

Sabe-se que, não obstante se possa, de algum modo, dizê-lo pertencente à tradição do direito processual brasileiro, foi a partir da década de 1990 que o tema da tutela inibitória ganhou destaque em tal seio. Sem desmerecer trabalhos que podem ser tidos como precursores, especialmente o de Clóvis do Couto e Silva, o impulso deu-se a partir da obra de Luiz Guilherme Marinoni. A partir daí, o estudo da tutela inibitória ganhou o destaque que efetivamente merece. Não por outro motivo, veio a ser expressamente prevista no CPC de 2015, no parágrafo único do art. 497 deste último, mais especificamente. Muito embora se possa dizer que – talvez por quizilas doutrinárias – de modo marginalizado, já que ausente no regramento (geral) da tutela provisória (arts. 294-311).

Acredito que, muito por isso, Bruno Campos Silva tenha decidido optar pelo tema.

Antes de falar da obra, tenho por relevante falar um pouco do autor. Pois bem. Conquanto ainda jovem, Bruno já se destaca nas letras processuais brasileiras: seja por publicação de artigos científicos e trabalhos em obras coletivas (dentre as quais, destaco: os brilhantes comentários feitos aos arts. 806-813, CPC, referentes à execução para a entrega de coisa[1]), seja porque, sem dúvida, é dos mais representativos processualistas brasileiros na seara do Direito Ambiental, inclusive tendo forte atuação no meio como advogado.

Quanto à obra, devo dizer que a responsabilidade de Bruno não foi pequena ao aceitá-lo. Não só pela dificuldade – especialmente em termos analíticos – que apresenta, como também, e especialmente, pela

---

[1] Isto na obra em que fui um dos coordenadores: GOUVEIA FILHO, Roberto P. Campos *et al Novo Código de Processo Civil Comentado*. São Paulo: LUALRI, 2017. v. 3.

existência de diversas obras que surgiram após a publicação da citada obra de Luiz Guilherme Marinoni. Para se ter uma ideia disto, basta atentar para a farta bibliografia indicada pelo autor do trabalho que ora se analisa. Neste sentido, entendo que a quantidade de trabalhos publicados sobre é, ao contrário do que muito se diz, um óbice a ser considerado quando do momento da escolha de determinado tema: até por estarmos em tempos em que muito se diz sobre muita coisa, é preciso inovar, ainda que se trate de um trabalho em nível de mestrado.

E, nisto, Bruno nada nos deixou para desejar; ao contrário, desincumbiu-se brilhantemente de seu ônus. Explico, já entrando na análise do trabalho em si.

Dividida em sete capítulos, a obra parte de aspectos mais genéricos, máxime nos dois primeiros, primeiramente referente a uma delimitação conceitual da ideia de tutela jurisdicional, âmbito no qual a tutela inibitória está inserida e, logo após, encontra-se a análise da distinção – que funciona como verdadeira condição de possibilidade da tutela inibitória – entre ilícito e dano. Tanto naquele quanto, principalmente, neste, Bruno não se limita à abstração de uma suposta Teoria Geral do Direito (e, por consequência, do Processo), pois que analisa os aspectos dogmáticos do problema, sobretudo o art. 186, CC, base normativa genérica da ilicitude no direito brasileiro.

Os demais capítulos são dedicados ao estudo da tutela inibitória em seus múltiplos aspectos. Arrisco a dizer que não há problema referente à temática que não tenha sido – em maior ou menor medida – enfrentado por Bruno. Nisto, surge a parte inovativa tal como foi mencionada. Dentre outras coisas, destaco: a questão do procedimento adequado às ações de finalidade inibitória (capítulo 6) e a necessária carga de inibitoriedade da chamada tutela de remoção de ilícito (ou, como prefiro, reintegratória). Inexorável, porque todo até de reintegrar contém – se não em (quase) atualidade, no mínimo num estado (quase) inteiramente potencial – eficácia de inibir: mais uma amostra de que, em direito, não é possível falar de purezas, não obstante toda a força redutora que a normatividade possa fazer da factualidade.

Tentando ser isento – até porque, confesso, tendo a entender por equívocas (ou, no mínimo, menos adequadas) determinadas posições adotadas pelo autor, indico efusivamente a leitura da obra. Digo mais, sugiro que as posições defendidas pelo Bruno sejam postas à refutação para que, com isso, se possa chegar a um ponto de maior precisão no estudo da tutela inibitória. Certamente, a presente obra é um ótimo ponto de partida para tanto.

Por tudo isso, dou meus mais sinceros parabéns ao autor e à editora.

Paudalho-PE, aos 22 de janeiro de 2021.

Roberto P. Campos Gouveia Filho
Professor de Direito Civil e Processual Civil da Universidade Católica de Pernambuco (UNICAP) e atual Presidente da Associação Brasileira de Direito Processual (ABDPro).

REFERÊNCIAS

ABBOUD, Georges. *Processo constitucional brasileiro*. São Paulo: RT, 2016.

ABELHA, Marcelo. *Manual de direito processual civil*. 6. ed. Rio de Janeiro: Forense, 2016.

ALMEIDA, Diogo Assumpção Rezende de. *A contratualização do processo*: das convenções processuais no processo civil. São Paulo: LTr, 2015.

ALVAREZ, Anselmo Prieto. Uma visão geral da tutela provisória no NCPC. *Revista da Procuradoria Geral do Estado de São Paulo*, n. 82, jul.-dez. 2015.

ALVIM, J. E. Carreira. *Comentários ao novo código de processo civil*: Lei 13.105/15. arts. 464 ao 527. Curitiba: Juruá, 2015. v. 7.

AMARAL, Guilherme Rizzo. *Alterações no novo CPC – o que mudou?* comentários por artigos e precedentes jurisprudenciais. 3. ed. São Paulo: RT, 2018.

AMARAL, Guilherme Rizzo. *As astreintes e o processo civil brasileiro*: multa do artigo 461 do CPC e outras. 2. ed. Porto Alegre: Livraria do Advogado, 2010.

ANDRADE, Francisco Rabelo Dourado de. *Tutela de evidência, teoria da cognição e processualidade democrática*. Belo Horizonte: Fórum, 2017.

ANTUNES, Paulo de Bessa. *Direito ambiental*. 18. ed. São Paulo: Atlas, 2016.

ARAÚJO, Fabio Caldas de. *Curso de processo civil*. t. I – parte geral. São Paulo: Malheiros, 2016.

ARAÚJO, José Aurélio de. *Cognição sumária, cognição exaustiva e coisa julgada*. São Paulo: RT, 2017.

ARAÚJO, Luciano Vianna. Comentários ao art. 497. In: CABRAL, Antonio do Passo; CRAMER, Ronaldo (Coord.). *Comentários ao novo código de processo civil*. Rio de Janeiro: Forense, 2016.

ARBS, Paula Saleh. *A importância da ação inibitória na tutela dos direitos*. Dissertação de mestrado apresentada junto à Faculdade de Direito da Universidade de Coimbra, Portugal, 2015.

ARENHART, Sérgio Cruz. *Perfis da tutela inibitória coletiva*. São Paulo: RT, 2003.

ARENHART, Sérgio Cruz; MARINONI, Luiz Guilherme; MITIDIERO, Daniel. *Novo curso de processo civil*: tutela dos direitos mediante procedimento comum. São Paulo: RT, 2015. v. 2.

ARENHART, Sérgio Cruz; MARINONI, Luiz Guilherme; MITIDIERO, Daniel. *Novo curso de processo civil*: tutela dos direitos mediante procedimento comum. 4. ed. São Paulo: RT, 2018. v. 2.

ARENHART, Sérgio Cruz; MARINONI, Luiz Guilherme; MITIDIERO, Daniel. *Novo curso de processo civil*: teoria do processo civil. v.1. São Paulo: RT, 2015.

ARENHART, Sérgio Cruz; MARINONI, Luiz Guilherme; MITIDIERO, Daniel. *Novo código de processo civil comentado*. 3. ed. São Paulo: RT, 2017.

ARENHART, Sérgio Cruz; OSNA, Gustavo. *Curso de processo civil coletivo*. São Paulo: RT, 2019.

ARMELIN, Donaldo. *Embargos de terceiro*. Atualizações de Ana Paula Chiovitti, João Paulo Hecker da Silva, Lúcio Delfino, Luiz Eduardo Ribeiro Mourão, Mirna Cianci, Rita Quartieri. São Paulo: Saraiva, 2017.

ARMELIN, Donaldo. Tutela jurisdicional diferenciada. *In*: MARINONI, Luiz Guilherme (Coord.). *O processo civil contemporâneo*. Curitiba: Juruá, 1994.

AROCA, Juan Montero. El proceso civil llamado "social" como instrumento de "justicia" autoritaria. *In*: AROCA, Juan Montero (Coord.). *Proceso civil e ideología*: un prefacio, una sentencia, dos cartas y quince ensayos. Espanha, Valencia: Tirant Lo Blanch, 2006.

AROCA, Juan Montero. Proceso y verdad: contribución a un debate que algunos quieren jurídico, pero es que es político. *In*: PEGINI, Adriana Regina Barcellos *et al.* (Org.). *Processo e liberdade*: estudos em homenagem a Eduardo José da Fonseca Costa. Porto Alegre: Thoth, 2019.

ARRUDA ALVIM, Eduardo. *Tutela provisória*. 2. ed. São Paulo: Saraiva, 2017.

ARRUDA ALVIM, Eduardo; THAMAY, Rennan Faria Kruger; GRANADO, Daniel Willian. *Processo constitucional*. São Paulo: RT, 2015.

ARRUDA ALVIM, Teresa. *Nulidades do processo e da sentença*. 8. ed. São Paulo: RT, 2017.

ARRUDA ALVIM, Teresa. *Os agravos no CPC de 2015*. 5. ed. Curitiba: Ed. Direito Contemporâneo, 2021.

ARRUDA ALVIM. *Manual de direito processual civil*: teoria geral do processo e processo de conhecimento. 17. ed. São Paulo: RT, 2017.

ASSIS, Araken de. Cabimento e adequação dos meios executórios. *In*: TALAMINI, Eduardo; MINAMI, Marcos Youji (Coord.). *Medidas executivas atípicas*. Grandes temas do novo CPC. Salvador: JusPodivm, 2018. v. 11.

ASSIS, Araken de. Espécies de medidas de urgência. *In*: MACEDO, Elaine Harzheim; HIDALGO, Daniela Boito Maurmann (Org.). *Jurisdição, direito material e processo*: os pilares da obra ovidiana e seus reflexos na aplicação do direito. Porto Alegre: Livraria do Advogado, 2015.

ASSIS, Araken de. *Manual da execução*. 18. ed. São Paulo: RT, 2016.

ASSIS, Araken de. *Processo civil brasileiro* – parte geral: fundamentos e distribuição de conflitos. São Paulo: RT, 2015. v. I.

ASSIS, Carlos Augusto de; LOPES, João Batista. A estabilização da tutela antecipada e seus problemas revelados na prática. *In*: MARCATO, Ana Cândida Menezes *et al.* (Coord.). *Reflexões sobre o código de processo civil de 2015*: uma contribuição dos membros do Centro de Estudos Avançados de Processo – Ceapro. São Paulo: Verbatim, 2018.

ASSIS, Carlos Augusto de; LOPES, João Batista. *Tutela provisória*: tutela antecipada; tutela cautelar; tutela da evidência; tutela inibitória antecipada. Brasília, DF: Gazeta Jurídica, 2018.

AURELLI, Arlete Inês. A função social da jurisdição e do processo. *In*: YARSHELL, Flávio Luiz; ZUFELATO, Camilo (Org.). *40 anos da teoria geral do processo no Brasil*: passado, presente e futuro. São Paulo: Malheiros, 2013.

AURELLI, Arlete Inês. Comentários ao art. 337. *In*: STRECK, Lenio Luiz; NUNES, Dierle; CUNHA, Leonardo Carneiro da (Org.); FREIRE, Alexandre (Coord. científico). *Comentários ao código de processo civil*. São Paulo: Saraiva, 2016.

AURELLI, Arlete Inês. Comentários ao art. 567. *In*: BUENO, Cassio Scarpinella (Coord.). *Comentários ao código de processo civil*. São Paulo: Saraiva, 2017.

AURELLI, Arlete Inês. *O juízo de admissibilidade na ação de mandado de segurança*. São Paulo: Malheiros, 2006.

AURELLI, Arlete Inês. Tutelas provisórias de urgência no novo CPC: remanesce a necessidade de distinção entre antecipadas e cautelares? *In*: BUENO, Cassio Scarpinella *et al.* (Coord.). *Tutela provisória no novo CPC*: dos 20 anos de vigência do art. 273 do CPC/1973 ao CPC/2015. São Paulo: Saraiva, 2016.

ÁVILA, Humberto. *Teoria da segurança jurídica*. 4. ed. São Paulo: Malheiros, 2016.

ÁVILA, Humberto. *Teoria dos princípios*: da definição à aplicação dos princípios jurídicos. 16. ed. São Paulo: Malheiros, 2015.

BARACHO, José Alfredo de Oliveira. *Direito processual constitucional*: aspectos contemporâneos. Belo Horizonte: Fórum, 2006.

BARACHO, José Alfredo de Oliveira. *Teoria geral da cidadania*: a plenitude da cidadania e as garantias constitucionais e processuais. São Paulo: Saraiva, 1995.

BARBA, Rafael Giorgio Dalla. *Direitos fundamentais e teoria discursiva*: dos pressupostos teóricos às limitações práticas. Salvador: JusPodivm, 2018.

BODART, Bruno V. da Rós. *Tutela de evidência*: teoria da cognição, análise econômica do direito processual e comentários sobre o novo CPC. 2. ed. São Paulo: RT, 2015.

BONÍCIO, Marcelo José Magalhães. *Princípios do processo no novo CPC*. São Paulo: Saraiva, 2016.

BONIZZI, Marcelo José Magalhães. *Fundamentos da prova civil*. São Paulo: RT, 2017.

BORGES, Marcus Vinícius Motter. *Medidas coercitivas atípicas nas execuções pecuniárias*: parâmetros para a aplicação do art. 139, IV do CPC/2015. São Paulo: RT, 2019.

BRUSCHI, Gilberto Gomes; NOLASCO, Rita Dias; AMADEO, Rodolfo da Costa Manso Real. *Fraudes patrimoniais e a desconsideração da personalidade jurídica no Código de Processo Civil de 2015*. São Paulo: RT, 2016.

BRUSCHI, Gilberto Gomes; NOLASCO, Rita Dias; AMADEO, Rodolfo da Costa Manso Real. Comentários ao artigo 674. *In*: BUENO, Cassio Scarpinella (Coord.). *Comentários ao código de processo civil*. São Paulo: Saraiva, 2017. v. 3 (arts. 539 a 925).

BUENO, Cassio Scarpinella (Coord.). *Comentários ao código de processo civil*. São Paulo: Saraiva, 2017.

BUENO, Cassio Scarpinella *et al.* (Coord.). *Tutela provisória no novo CPC*: dos 20 anos de vigência do art. 273 do CPC/1973 ao CPC/2015. São Paulo: Saraiva, 2016.

BUENO, Cassio Scarpinella. Comentários ao art. 1º. *In*: BUENO, Cassio Scarpinella (Coord.). *Comentários ao código de processo civil*. São Paulo: Saraiva, 2017. v. 1. (arts. 1 a 317).

BUENO, Cassio Scarpinella. *Curso sistematizado de direito processual civil: teoria geral do direito processual civil*: parte geral do código de processo civil. 9. ed. v. 1. São Paulo: Saraiva, 2018.

BUENO, Cassio Scarpinella. *Manual de direito processual civil*. 2. ed. São Paulo: Saraiva, 2016.

BUENO, Cassio Scarpinella. *Novo código de processo civil anotado*. São Paulo: Saraiva, 2015.

BUENO, Cassio Scarpinella. *Projetos de novo código de processo civil comparados e anotados*: Senado Federal (PLS n. 166/2010) e Câmara dos Deputados (PL n. 8.046/201). São Paulo: Saraiva, 2014.

BÜLOW, Oskar von. *Teoria das exceções e dos pressupostos processuais*. Tradução e notas de Ricardo Rodrigues Gama. Campinas, São Paulo: LZN, 2003.

CABRAL, Antonio do Passo; DIDIER JR., Fredie (Coord.). *Negócios processuais*. Salvador: JusPodivm, 2015.

CABRAL, Antonio do Passo; DIDIER JR., Fredie. *Convenções processuais*. Salvador: JusPodivm, 2016.

CABRAL, Antonio do Passo; DIDIER JR., Fredie. Negócios jurídicos processuais atípicos e execução. *In*: DIDIER JR., Fredie. *Ensaios sobre os negócios jurídicos processuais*. Salvador: JusPodivm, 2018.

CALAMANDREI, Piero. *Introdução ao estudo sistemático dos procedimentos cautelares*. Traduzido da edição italiana de 1936 por Carla Roberta Andreasi Bassi. Campinas: Servanda, 2000.

CALLEJÓN, Francisco Balaguer. *A projeção da Constituição no ordenamento jurídico*. Tradução de Paulo Roberto Barbosa Ramos. São Paulo: Saraiva, 2014.

CÂMARA, Alexandre Freitas. *O novo processo civil brasileiro*. 2. ed. São Paulo: Atlas, 2016.

CAMBI, Eduardo et al. *Curso de processo civil completo*. São Paulo: RT, 2017.

CAMPOS, Eduardo Luiz Cavalcanti. *O princípio da eficiência no processo civil brasileiro*. Rio de Janeiro: Forense, 2018.

CARPES, Artur Thompsen. *Ônus da prova no novo CPC*: do estático ao dinâmico. São Paulo: RT, 2017.

CARVALHO FILHO, Antônio. *Precisamos falar sobre o instrumentalismo processual*. Disponível em: https://www.emporiododireito.com.br/leitura/abdpro-2-precisamos-falar-sobre-o-instrumentalismo-processual-por-antonio-carvalho-filho. Acesso em: 1 maio 2018.

CARVALHO FILHO, Antônio; SOUSA, Diego Crevelin de; PEREIRA, Mateus Costa. *Requiém às medidas judiciais atípicas nas execuções pecuniárias – art. 139, IV, CPC*. Londrina: Thoth, 2020.

CASTAGNA, Ricardo Alessandro. *Tutela de urgência*: análise teórica e dogmática. São Paulo: RT, 2008.

CIANCI, Mirna; SANTOS, Romualdo Baptista. Limites legais e constitucionais aos poderes do juiz: a polêmica em torno do art. 139, IV, do novo código de processo civil. *In*: ALVIM, Teresa Arruda; CIANCI, Mirna; DELFINO, Lúcio (Coord.). *Novo CPC aplicado visto por processualistas*. São Paulo: RT, 2017.

COMOGLIO, Luigi Paolo. *La garantía constitucional de la acción y el proceso civil*. Prólogo de Corrado Ferri e Tradicción de César E. Moreno More. Lima, Peru: Raguel, 2016.

COSTA, Eduardo José da Fonseca. A presunção da inocência: algumas reflexões no contexto brasileiro. *Revista Brasileira de Direito Processual – RBDPro*, Belo Horizonte, v. 25, n. 100, out.-dez. 2017.

COSTA, Eduardo José da Fonseca. Comentários ao art. 294. *In*: STRECK, Lenio Luiz; NUNES, Dierle; CUNHA, Leonardo Carneiro da (Org.); FREIRE, Alexandre (Coord. executivo). *Comentários ao código de processo civil*. São Paulo: Saraiva, 2016.

COSTA, Eduardo José da Fonseca. Comentários ao art. 304. *In*: STRECK, Lenio Luiz; NUNES, Dierle; CUNHA, Leonardo Carneiro da (Orgs.); FREIRE, Alexandre (Coord. executivo). *Comentários ao código de processo civil*. São Paulo: Saraiva, 2016.

COSTA, Eduardo José da Fonseca. *É preciso desfazer imagem eficientista do juiz como agente regulador*. Disponível em: http://www.conjur.com.br/2018-jan-13/diario-classe-preciso-desfazer-imagem-eficientista-juiz-agente-regulador. Acesso em: 26 dez. 2019.

COSTA, Eduardo José da Fonseca. *Instituição de poder e instituição de garantia*. Disponível em: https://emporiododireito.com.br/leitura/45-instituicao-de-poder-e-instituicao-de-garantia. Acesso em: 21 jan. 2020.

COSTA, Eduardo José da Fonseca. *Levando a imparcialidade a sério*: proposta de um modelo interseccional entre direito processual, economia e psicologia. Salvador: JusPodivm, 2018.

COSTA, Eduardo José da Fonseca. *O "direito vivo" das liminares*. São Paulo: Saraiva, 2011.

COSTA, Eduardo José da Fonseca. *O processo como instituição de garantia*. Disponível em: http://www.conjur.com.br/2016-nov-16/eduardo-jose-costa-processo-instituição-garantia. Acesso em: 1 maio 2018.

COSTA, Eduardo José da Fonseca; PEREIRA, Mateus Costa; GOUVEIA FILHO, Roberto P. Campos (Coord.); DIDIER JR., Fredie (Coord. geral). Coleção grandes temas do novo CPC. *Tutela provisória*. Salvador: JusPodivm, 2016. v. 6.

CRUZ E TUCCI, José Rogério. *Comentários ao código de processo civil*: artigos 485 ao 538. Coord. Luiz Guilherme Marinoni, Sérgio Cruz Arenhart, Daniel Mitidiero. São Paulo: RT, 2016. v. 8.

CURY, Augusto Jorge. *Ônus da prova e sua inversão no novo direito processual civil*. Curitiba: Juruá, 2015.

DANTAS, Marcelo Buzaglo. O novo código de processo civil e as repercussões na ação civil pública ambiental. *In*: MILARÉ, Édis (Coord.). *Ação civil pública após 30 anos*. São Paulo: RT, 2015.

DEL NEGRI, André. *Controle de constitucionalidade no processo legislativo*. 3. ed. Belo Horizonte: D'Plácido, 2017.

DEL NEGRI, André. *Teoria da Constituição e direito constitucional*. 3. ed. Belo Horizonte: D'Plácido, 2017.

DELFINO, Lúcio. À guisa de posfácio: a narrativa de uma ablução ou purificação doutrinária. O fenômeno de diluição do processual pelo jurisdicional e o esquecimento do ser constitucional do processo. O desprezo ao direito fundamental à legalidade e o Brasil sendo assolado por decisões cujo critério de justiça é o subjetivismo do próprio intérprete. O resgate do processo como instituição de garantia e as possibilidades de controle de abusos e desvios judiciais. *In*: HERZL, Ricardo Augusto. *Crítica hermenêutica do direito processual civil*: uma exploração filosófica do direito processual civil brasileiro em tempos de (crise do) protagonismo judicial. Belo Horizonte: Fórum, 2018.

DELFINO, Lúcio; ROSSI, Fernando. Juiz contraditor? *In*: DIDIER JR., Fredie *et al*. (Coord.). *Ativismo judicial e garantismo processual*. Salvador: JusPodivm, 2013.

DELFINO, Lúcio; SOUSA, Diego Crevelin de. *A (não)estabilização da tutela antecipada*: ajuste no conceito de recurso ou surgimento de um novo efeito recursal?. https://emporiododireito.com.br/leitura/2-a-nao-estabilizacao-da-tutela-antecipada-ajuste-no-conceito-de-recurso-ou-surgimento-de-um-novo-efeito-recursal. Acesso em: 25 jan. 2020.

DELFINO, Lúcio; STRECK, Lenio Luiz; SOUSA, Diego Crevelin de. *Tutela provisória e contraditório*: uma evidente inconstitucionalidade. Disponível em: https://www.conjur.com.br/2017-mai-15/tutela-provisoria-contraditorio-evidente-inconstitucionalidade. Acesso em: 15 jun. 2018.

DELLORE, Luiz. Comentários ao art. 497. *In*: GAJARDONI, Fernando da Fonseca *et al*. *Processo de conhecimento e cumprimento de sentença*: comentários ao CPC de 2015. São Paulo: Método, 2016.

DI SPIRITO, Marco Paulo Denucci; GOUVEIA FILHO, Roberto P. Campos. Comentários ao art. 294. *In*: RIBEIRO, Sérgio Luiz de Almeida *et al*. (Coord.). *Novo código de processo civil comentado*. t. I – arts. 1º a 317. São Paulo: Lualri, 2017.

DI SPIRITO, Marco Paulo Denucci; GOUVEIA FILHO, Roberto P. Comentários ao art. 296. *In*: RIBEIRO, Sérgio Luiz de Almeida *et al*. (Coord.). *Novo código de processo civil comentado*. t. I – arts. 1º a 317. São Paulo: Lualri, 2017.

DI SPIRITO, Marco Paulo Denucci; GOUVEIA FILHO, Roberto P. Comentários ao artigo 190. *In*: ALMEIDA RIBEIRO, Sérgio Luiz de *et al*. (Coord.). *Novo código de processo civil comentado*. Tomo I – arts. 1º a 317. São Paulo: Lualri, 2017.

DIAS, Jean Carlos. *Tutelas provisórias no novo CPC*: tutelas de urgência e tutela de evidência. Salvador: JusPodivm, 2017.

DIAS, Luciano Souto. *Poderes instrutórios do juiz na fase recursal do processo civil*: em busca da verdade. Salvador: JusPodivm, 2018.

DIAS, Ronaldo Brêtas de Carvalho. *Fundamentos e inovações do código de processo civil*. Belo Horizonte, São Paulo: D'Plácido, 2020.

DIAS, Ronaldo Brêtas de Carvalho. *Processo constitucional e Estado Democrático de Direito*. 3. ed. Belo Horizonte: Del Rey, 2015.

DIAS, Ronaldo Brêtas de Carvalho; SOARES, Carlos Henrique (Coord.). *Técnica processual*. Belo Horizonte: Del Rey, 2015.

DIDIER JR., Fredie *et al*. (Coord.). *O terceiro no processo civil brasileiro e assuntos correlatos* – estudos em homenagem ao Professor Athos Gusmão Carneiro. São Paulo: RT, 2010.

DIDIER JR., Fredie. *Ensaios sobre os negócios jurídicos processuais*. Salvador: JusPodivm, 2018.

DIDIER JR., Fredie; BRAGA, Paula Sarno; OLIVEIRA, Rafael Alexandria de. *Curso de direito processual civil*: teoria da prova, direito probatório, decisão, precedente, coisa julgada e tutela provisória. 10. ed. Salvador: JusPodivm, 2015. v. 2.

DIDIER JR., Fredie; CABRAL, Antonio do Passo (Coord.). *Negócios processuais*. Salvador: JusPodivm, 2015.

DIDIER JR., Fredie; CABRAL, Antonio do Passo. Negócios jurídicos processuais atípicos e execução. *In*: DIDIER JR., Fredie. *Ensaios sobre os negócios jurídicos processuais*. Salvador: JusPodivm, 2018.

DIDIER JR., Fredie; CABRAL, Antonio do Passo; CUNHA, Leonardo Carneiro da. *Por uma nova teoria dos procedimentos especiais*: dos procedimentos às técnicas. Salvador: JusPodivm, 2018.

DINAMARCO, Cândido Rangel. *A instrumentalidade do processo*. 15. ed. São Paulo: Malheiros, 2013.

DINAMARCO, Cândido Rangel. *Instituições de direito processual civil*. 8. ed. São Paulo: Malheiros, 2016. v. I.

DINAMARCO, Cândido Rangel. *Instituições de direito processual civil*. 7. ed. São Paulo: Malheiros, 2017. v. III.

DINAMARCO, Cândido Rangel. *Instituições de direito processual civil*. 7. ed. São Paulo: Malheiros, 2017. v. II.

DINAMARCO, Cândido Rangel; LOPES, Bruno Vasconcelos Carrilho. *Teoria geral do novo processo civil*. São Paulo: Malheiros, 2016.

DOMIT, Otávio Augusto Dal Molin. *Iura novit curia e causa de pedir*: o juiz e a qualificação jurídica dos fatos no processo civil brasileiro. São Paulo: RT, 2016.

DOTTI, Rogéria. *Tutela da evidência*: probabilidade, defesa frágil e o dever de antecipar a tempo. São Paulo: RT, 2020.

DURO, Cristiano. *Execução e democracia*: a tutela executiva no processo constitucional. Salvador: JusPodivm, 2018.

FAGUNDES, Cristiane Druve Tavares. *Responsabilidade objetiva por dano processual*. Rio de Janeiro: Lumen Juris, 2015.

FARIA, Márcio Carvalho. *A lealdade processual na prestação jurisdicional*: em busca de um modelo de juiz leal. São Paulo: RT, 2017.

FARIAS, Cristiano Chaves de; ROSENVALD, Nelson; BRAGA NETTO, Felipe Peixoto. *Curso de direito civil*. Salvador: JusPodivm, 2014. v. 3.

FARIAS, Talden. *Licenciamento ambiental*: aspectos teóricos e práticos. 7. ed. Belo Horizonte: Fórum, 2019.

FAZZALARI, Elio. *Instituições de direito processual*. Tradução da 8. ed. por Elaine Nassif. Campinas: Bookseller, 2006.

FERREIRA, Aurélio Buarque de Holanda. Coordenação de edição Margarida dos Anjos, Marina Baird Ferreira; equipe de lexicografia Margarida dos Anjos... [*et al.*]. *In*: *Miniaurélio*: o minidicionário da língua portuguesa. 6. ed. Curitiba: Positivo, 2004.

FERREIRA, William Santos. *Princípios fundamentais da prova cível*. São Paulo: RT, 2014.

FONSECA, João Francisco Naves da. *Comentários ao código de processo civil* – v. IX (arts. 485-508). *In*: GOUVÊA, José Roberto Ferreira; BONDIOLI, Luis Guilherme Aidar; FONSECA, João Francisco Naves da (Coord.). São Paulo: Saraiva, 2017.

FREITAS, Helena. *Eficiência da jurisdição*: necessidade de sua (des)construção para efetivação do modelo constitucional de processo. Belo Horizonte: D'Plácido, 2019.

FRIGNANI, Aldo. *Azione in cessazione*. Novissimo digesto italiano. Torino: Utet, 1979.

FRIGNANI, Aldo. *Enciclopedia del Diritto*. Giuffrè Editore, 1971. v. XXI.

FRIGNANI, Aldo. L'azione inibitoria contro le clausole vessatorie (considerazioni "fuori dal coro" di un civilista). *Rivista di Diritto Processuale*, anno LII (Seconda Serie), n. 04, Padova, Cedam, otto.-dic. 1997.

FUX, Luiz. *Tutela de segurança e tutela da evidência*: fundamentos da tutela antecipada. São Paulo: Saraiva, 1996.

GAIO JÚNIOR, Antônio Pereira. *Tutela específica das obrigações de fazer*. 7. ed. Curitiba: Juruá, 2017.

GAJARDONI, Fernando da Fonseca *et al*. *Processo de conhecimento e cumprimento de sentença*: comentários ao CPC de 2015. São Paulo: Método, 2016.

GIDI, Antônio; TESHEINER, José Maria; THIBAU, Tereza Cristina Sorice Baracho (Org.). *Processos coletivos*: ação civil pública e ações coletivas. Porto Alegre: Livraria do Advogado, 2015.

GOMES, Fábio. *Carência de ação*. São Paulo: RT, 1999.

GOMES, Frederico Augusto. *A estabilização da tutela antecipada*. São Paulo: RT, 2019.

GONÇALVES, Aroldo Plínio. *Técnica processual e teoria do processo*. 2. ed. Belo Horizonte: Del Rey, 2012.

GOUVEIA FILHO, Roberto P. Campos. *A dupla necessidade na distinção entre o ato do procedimento e demais (f)atos processuais*. Disponível em: http://emporiododireito.com.br/leitura/abdpro-14-a-dupla-necessidade-na-entre-ato-do-procedimento-e-demais-fatos-processuais. Acesso em: 7 jun. 2018.

GOUVEIA FILHO, Roberto P. Campos. *A tutela inibitória é satisfativa?* Texto inédito gentilmente cedido pelo autor.

GOUVEIA FILHO, Roberto P. Campos. Comentários ao art. 746. *In*: ALVIM WAMBIER, Teresa Arruda *et al*. (Coord.). *Breves comentários ao novo código de processo civil*. São Paulo: RT, 2015.

GOUVEIA FILHO, Roberto P. Campos; COSTA, Eduardo José da Fonseca; PEREIRA, Mateus (Coord.); DIDIER JR., Fredie (Coord. Geral). Coleção grandes temas do novo CPC. *Tutela provisória*. 2. ed. Salvador: JusPodivm, 2018. v. 6.

GOUVEIA FILHO, Roberto P. Campos; DI SPIRITO, Marco Paulo Denucci. Sobre negócio jurídico de espraiamento sentencial. *Revista Brasileira de Direito Processual*, n. 100, 2017.

GRAU, Eros Roberto. *Por que tenho medo dos juízes*: a interpretação/aplicação do direito e os princípios. 6.ed. refundida do ensaio e discurso sobre a interpretação/aplicação do direito. São Paulo: Malheiros, 2013.

GRESTA, Roberta Maia. *Introdução aos fundamentos da processualidade democrática*. Rio de Janeiro: Lumen Juris, 2014.

GRESTA, Roberta Maia. Uma leitura de *Processo civil e sociedade civil*: chaves de compreensão para a construção processualizada da sociedade democrática. *In*: LEAL, André Cordeiro et al. *Processo como democracia na contemporaneidade*: colóquio em homenagem ao Professor Rosemiro Pereira Leal. Belo Horizonte: D'Plácido, 2019.

GRINOVER, Ada Pellegrini et al. (Org.). *Processo coletivo*: do surgimento à atualidade. São Paulo: RT, 2014.

GRINOVER, Ada Pellegrini. *Ensaio sobre a processualidade*: fundamentos para uma nova teoria geral do processo. Brasília: Gazeta Jurídica, 2016.

GUTIER, Murillo; GUTIER, Santo. *Introdução ao direito processual civil*: parte geral e processo de conhecimento: abordagem didática e teórica esquematizada. Florianópolis: Empório do Direito, 2018.

HERZL, Ricardo Augusto. *Crítica hermenêutica do direito processual civil*: uma exploração filosófica do direito processual civil brasileiro em tempos de (crise do) protagonismo judicial. Belo Horizonte: Fórum, 2018.

HOFFMAN, Paulo. *Razoável duração do processo*. São Paulo: Quartier Latin, 2006.

JOBIM, Marco Félix. *As funções da eficiência no processo civil brasileiro*. São Paulo: RT, 2018.

JOBIM, Marco Félix. *Cultura, escolas e fases metodológicas do processo*. 3. ed. Porto Alegre: Livraria do Advogado, 2016.

JORGE, Flávio Cheim; SIQUEIRA, Thiago Ferreira. Produção antecipada de prova e tutela jurisdicional no Código de Processo Civil de 2015. *Revista Magister de Direito Civil e Processual Civil*, Porto Alegre, v. 90, maio/jun. 2019.

LAMY, Eduardo de Avelar. Embargos de terceiro no novo ordenamento processual. *In*: ARENHART, Sérgio Cruz; MITIDIERO, Daniel (Coord.); DOTTI, Rogéria (Org.). *Processo civil entre a técnica processual e a tutela dos direitos*: estudos em homenagem a Luiz Guilherme Marinoni. São Paulo: RT, 2017.

LAMY, Eduardo. *Tutela provisória*. São Paulo: Atlas, 2018.

LAURENTIIS, Lucas Catib De. *A proporcionalidade no direito constitucional*: origem, modelos e reconstrução dogmática. São Paulo: Malheiros, 2017.

LEAL, André Cordeiro et al. *Processo como democracia na contemporaneidade*: colóquio em homenagem ao Professor Rosemiro Pereira Leal. Belo Horizonte: D'Plácido, 2019.

LEAL, André Cordeiro. *Instrumentalidade do processo em crise*. Belo Horizonte: Mandamentos, 2008.

LEAL, André Cordeiro. *O contraditório e a fundamentação das decisões no direito processual democrático*. Belo Horizonte: Mandamentos, 2002.

LEAL, Rosemiro Pereira. A falácia da fundamentação das decisões no estado dogmático e a hermenêutica do garantismo, ativismo e protagonismo jurisdicionais. *In*: PEGINI, Adriana Regina Barcellos et al. (Org.). *Processo e liberdade*: estudos em homenagem a Eduardo José da Fonseca Costa. Porto Alegre: Thoth, 2019.

LEAL, Rosemiro Pereira. *A teoria neoinstitucionalista do processo*: uma trajetória conjectural. Belo Horizonte: Arraes, 2013.

LEAL, Rosemiro Pereira. *Teoria geral do processo*: primeiros estudos. 13. ed. Belo Horizonte: Fórum, 2016.

LEAL, Rosemiro Pereira. *Teoria processual da decisão jurídica*. Belo Horizonte: D'Plácido, 2016.

LEMOS, Vinicius Silva. *Recursos e processos nos tribunais*. 4. ed. Salvador: JusPodivm, 2020.

LEONEL, Ricardo de Barros. *Manual do processo coletivo*. 4. ed. São Paulo: Malheiros, 2017.

LOPES DA COSTA, Alfredo de Araújo. *Medidas preventivas* – medidas preparatórias – medidas de conservação. 2. ed. Belo Horizonte: Livraria Bernardo Álvares, 1958.

LOPES, João Batista. A prova na tutela antecipada. *In*: BUENO, Cassio Scarpinella *et al.* (Coord.). *Tutela provisória no novo CPC*: dos 20 anos de vigência do art. 273 do CPC/1973 ao CPC/2015. São Paulo: Saraiva, 2016.

LOPES, João Batista. Modelo constitucional de processo: uma "antiga novidade". *In*: MARCATO, Ana Cândida Menezes *et al.* (Coord.). *Reflexões sobre o código de processo civil de 2015*: uma contribuição dos membros do Centro de Estudos Avançados de Processo – Ceapro. São Paulo: Verbatim, 2018.

LOPES, João Batista. *Tutela antecipada no processo civil brasileiro* (de acordo com o novo CPC). 5. ed. São Paulo: Castro Lopes, 2016.

LOPES, João Batista; ASSIS, Carlos Augusto de. Natureza jurídica do processo e conceito de tutela jurisdicional. *In*: ZUFELATO, Camilo; YARSHELL, Flávio (Org.). *40 anos da teoria geral do processo no Brasil*: passado, presente e futuro. São Paulo: Malheiros, 2013.

LOPES, João Batista; ASSIS, Carlos Augusto de. *Tutela provisória*: tutela antecipada; tutela cautelar; tutela da evidência; tutela inibitória antecipada. Brasília, DF: Gazeta Jurídica, 2018.

LOPES, Maria Elizabeth Castro. O juiz e a tutela antecipada. *In*: BUENO, Cassio Scarpinella *et al.* (Coord.). *Tutela provisória no novo CPC*: dos 20 anos de vigência do art. 273 do CPC/1973 ao CPC/2015. São Paulo: Saraiva, 2016.

LUCCA, Rodrigo Ramina de. *Disponibilidade processual*: a liberdade das partes no processo. São Paulo: RT, 2019.

LUCCA, Rodrigo Ramina de. *O dever de motivação das decisões judiciais*: Estado de Direito, segurança jurídica e teoria dos precedentes. 2. ed. Salvador: JusPodivm, 2016.

LUCON, Paulo Henrique dos Santos. Comentários ao art. 497. *In*: BUENO, Cassio Scarpinella (Coord.). *Comentários ao código de processo civil*. v. 2 (arts. 318 a 538). São Paulo: Saraiva, 2017.

MACEDO, Elaine Harzheim; HIDALGO, Daniela Boito Maurmann (Org.). *Jurisdição, direito material e processo*: os pilares da obra ovidiana e seus reflexos na aplicação do direito. Porto Alegre: Livraria do Advogado, 2015.

MACHADO, Antônio Cláudio da Costa. *Tutela provisória*: Interpretação artigo por artigo, parágrafo por parágrafo, do Livro V, da Parte Geral, e dos dispositivos esparsos do CPC em vigor que versam sobre a tutela provisória. São Paulo: Malheiros, 2017.

MACHADO, Paulo Affonso Leme. *Direito ambiental*. 15. ed. São Paulo: Malheiros, 2007.

MAGALHÃES JUNIOR, Alexandre Alberto de Azevedo. *Convenção processual na tutela coletiva*. Salvador: JusPodivm, 2020.

MARINONI, Luiz Guilherme (Coord.). *O processo civil contemporâneo*. Curitiba: Juruá, 1994.

MARINONI, Luiz Guilherme. *Tutela contra o ilícito*: inibitória e de remoção – artigo 497, parágrafo único, CPC/2015. São Paulo: RT, 2015.

MARINONI, Luiz Guilherme. *Tutela de urgência e tutela da evidência*: soluções processuais diante do tempo da justiça. São Paulo: RT, 2017.

MARINONI, Luiz Guilherme. *Tutela inibitória*: individual e coletiva. São Paulo: RT, 1998.

MEDINA, José Miguel Garcia. *Curso de direito processual civil moderno*. 3. ed. São Paulo: RT, 2017.

MEDINA, José Miguel Garcia. *Execução*: teoria geral, princípios fundamentais e procedimento no processo civil brasileiro. 5. ed. São Paulo: RT, 2017.

MEDINA, José Miguel Garcia. *Novo código de processo civil comentado*: com remissões e notas comparativas ao CPC/1973. São Paulo: RT, 2015.

MILARÉ, Édis. *Direito do ambiente*: a gestão ambiental em foco – doutrina, jurisprudência, glossário. 7. ed. São Paulo: RT, 2011.

MINAMI, Marcos Youji. *Da vedação ao non factibile*: uma introdução às medidas executivas atípicas. Salvador: JusPodivm, 2019.

MIRANDA, Francisco Cavalcanti Pontes de. *Comentários ao código de processo civil*. 5. ed. Atualização legislativa de Sérgio Bermudes. Rio de Janeiro: Forense, 1997. t. I: arts. 1º a 45.

MIRANDA, Francisco Cavalcanti Pontes de. *Comentários ao código de processo civil*. 3. ed. Atualização legislativa de Sérgio Bermudes. Rio de Janeiro: Forense, 1997. t. V: arts. 444 a 475.

MIRANDA, Francisco Cavalcanti Pontes de. *Tratado das ações*. t. VI. Atualizado por Vilson Rodrigues Alves. Campinas: Bookseller, 1999.

MITIDIERO, Daniel. *Antecipação da tutela*: da tutela cautelar à técnica antecipatória. 3. ed. São Paulo: RT, 2017.

MOREIRA, José Carlos Barbosa. Efetividade do processo e técnica processual. *In: Temas de direito processual*. Sexta Série. São Paulo: Saraiva, 1997.

MOTTA, Cristina Reindolff da. *A motivação das decisões cíveis*: como condição de possibilidade para resposta correta/adequada. Porto Alegre: Livraria do Advogado, 2012.

MOURÃO, Luiz Eduardo Ribeiro. *Coisa julgada*. Belo Horizonte: Fórum, 2008.

MURITIBA, Sergio. *Ação executiva lato sensu e ação mandamental*. São Paulo: RT, 2006.

NERY JUNIOR, Nelson. *Princípios do processo civil na Constituição Federal*. 12. ed. São Paulo: RT, 2016.

NERY JUNIOR, Nelson; NERY, Rosa Maria de Andrade. *Comentários ao código de processo civil*. São Paulo: RT, 2015.

NERY JUNIOR, Nelson; NERY, Rosa Maria de Andrade. *Instituições de direito civil*: direito das obrigações. São Paulo: RT, 2015. v. II.

NEVES, Daniel Amorim Assumpção. *Manual de direito processual civil*. Salvador: JusPodivm, 2016.

NOGUEIRA, Pedro Henrique. *Negócios jurídicos processuais*. Salvador: JusPodivm, 2016.

NUNES, Dierle et al. *Curso de direito processual civil*: fundamentação e aplicação. 2. ed. Belo Horizonte: Fórum, 2013.

NUNES, Dierle. *Processo jurisdicional democrático*: uma análise crítica das reformas processuais. Curitiba: Juruá, 2010.

NUNES, Dierle; BAHIA, Alexandre; PEDRON, Flávio Quinaud. *Teoria geral do processo*: com comentários sobre a virada tecnológica no direito processual. Salvador: JusPodivm, 2020.

NUNES, Dierle; LUD Natanael; PEDRON, Flávio Quinaud. *Desconfiando da imparcialidade dos sujeitos processuais*: um estudo sobre os vieses cognitivos, a mitigação de seus efeitos e o *debiasing*. Salvador: JusPodivm, 2018.

NUNES, Dierle; STRECK, Lenio Luiz; CUNHA, Leonardo Carneiro da (Org.); FREIRE, Alexandre (Coord. científico). *Comentários ao Código de Processo Civil*. São Paulo: Saraiva, 2016.

NUNES, Leonardo Silva. *Tutela inibitória coletiva*. Belo Horizonte: D'Plácido, 2013.

OLIANI, José Alexandre Manzano. *Sentença no novo CPC*. São Paulo: RT, 2015.

OLIVEIRA NETO, Olavo de. Novas perspectivas da execução civil – cumprimento de sentença. *In*: SHIMURA, Sérgio; NEVES, Daniel Amorim Assumpção (Coord.). *Execução no processo civil*: novidades & tendências. São Paulo: Método, 2005.

OLIVEIRA NETO, Olavo de. *O poder geral de coerção*. São Paulo: RT, 2019.

OLIVEIRA, Carlos Alberto Alvaro de. *Teoria e prática da tutela jurisdicional*. Rio de Janeiro: Forense, 2008.

PAOLINELLI, Camilla Mattos. *O ônus da prova no processo democrático*. Rio de Janeiro: Lumen Juris, 2014.

PASSOS, José Joaquim Calmon de. Em tôrno das condições da ação – a possibilidade jurídica. *In*: *Ensaios e artigos*. Salvador: JusPodivm, 2016. v. II.

PAULA FILHO, Alexandre Moura Alves de; GOUVEIA, Lúcio Grassi de; PEREIRA, Mateus Costa. *Tutela contra o ilícito, prescindibilidade do dano e limites da cognição judicial*: estudo de caso envolvendo a transgressão reiterada da legislação de trânsito (ACP nº 5009543-84.2015.4.04.7204/SC) visando a inibir futuros equívocos. Texto inédito gentilmente cedido pelos autores.

PEGINI, Adriana Regina Barcellos et al. (Org.). *Processo e liberdade*: estudos em homenagem a Eduardo José da Fonseca Costa. Londrina: Thoth, 2019.

PEREIRA, Caio Mário da Silva. *Responsabilidade civil*. Atualizador Gustavo Tepedino. 11. ed. Rio de Janeiro: Forense, 2016.

PEREIRA, Carlos Frederico Bastos. *Fundamentação das decisões judiciais*: o controle da interpretação dos fatos e do direito no processo civil. São Paulo: RT, 2019.

PEREIRA, Mateus Costa. *Introdução ao estudo do processo*: fundamentos do garantismo processual brasileiro. Coordenação da coleção por Antônio Carvalho Filho e Eduardo José da Fonseca Costa. Belo Horizonte: Letramento, Casa do Direito, 2020.

PEREIRA, Mateus Costa. *Teoria geral do processo e seu tripé fundamental*: racionalismo, pensamento sistemático e conceitualismo. Florianópolis: Tirant Lo Blanch, 2018.

PEREIRA, Mateus Costa. Tutela provisória de urgência: premissas doutrinárias questionáveis + negligência da historicidade = equívocos legislativos. *In*: COSTA, Eduardo José da Fonseca; PEREIRA, Mateus Costa; GOUVEIA FILHO, Roberto P. Campos (Coord.). DIDIER JR., Fredie (Coord. geral). Coleção grandes temas do novo CPC. *Tutela provisória*. Salvador: JusPodivm, 2016. v. 6.

PEREIRA, Mateus Costa; PAULA FILHO, Alexandre Moura Alves de; GOUVEIA, Lúcio Grassi de. *Tutela contra o ilícito, prescindibilidade do dano e limites da cognição judicial*: estudo de caso envolvendo a transgressão reiterada da legislação de trânsito (ACP n° 5009543-84.2015.4.04.7204/SC) visando a inibir futuros equívocos. Texto inédito gentilmente cedido pelos autores.

PEREIRA, Mateus Costa; SILVA, Bruno Campos. *Um refrigério para a tutela inibitória*: Análise ao REsp 1.833.567/RS. https://migalhas.uol.com.br/depeso/336709/um-refrigerio-para-a-tutela-inibitoria--analise-do-resp-1-833-567-rs. Acesso em: 23 nov. 2020.

PEREIRA, Rafael Caselli. *A multa judicial (astreinte) e o CPC/2015*: visão teórica, prática e jurisprudencial. Salvador: JusPodivm, 2016.

PEREIRA, Ricardo Diego Nunes. O caso da suspensão da CNH por dívida: para um agir normativo não discricionário e a justificação normativa adequada. *Revista do Ministério Público do Estado do Rio de Janeiro*, Rio de Janeiro, v. 72, n. 72, abr./jun. 2019.

PEYRANO, Jorge. La accion preventiva. *Genesis. Revista de Direito Processual Civil*, Curitiba, ano VIII, n. 29, jul.-set. 2003.

PIZZOL, Patricia Miranda. *Tutela coletiva*: processo coletivo e técnicas de padronização das decisões. São Paulo: RT, 2020.

RAATZ, Igor. *Autonomia privada e processo civil*: negócios jurídicos processuais, flexibilização procedimental e o direito à participação na construção do caso concreto. Salvador: JusPodivm, 2017.

RAATZ, Igor. *STJ acerta ao reinterpretar o instituto da estabilização da tutela antecipada*. Disponível em: https://conjur.com.br/2019-dez-07/diario-classe-stj-acerta-reinterpretar-instituto-estabilizacao-tutela-antecipada. Acesso em: 25 jan. 2020.

RAATZ, Igor. *Tutelas provisórias no processo civil brasileiro*. Porto Alegre: Livraria do Advogado, 2018.

RAIS, Diogo (Coord.); FALCÃO, Daniel; GIACCHETTA, André Zonaro; MENEGUETTI, Pamela. *Direito eleitoral digital*. São Paulo: RT, 2018.

REDONDO, Bruno Garcia. *Negócios jurídicos processuais atípicos*. Salvador: JusPodivm, 2020.

REZENDE, Ester Camila Gomes Norato. *Tutela de evidência*: combate ao dano marginal do processo. Belo Horizonte: Del Rey, 2017.

RIBEIRO, Ana Paula Brandão. *Ética e processualidade democrática*: implicações críticas. Rio de Janeiro: Lumen Juris, 2015.

RIBEIRO, Leonardo Ferres da Silva. *Tutela provisória*: tutela de urgência e tutela da evidência. Do CPC/1973 ao CPC/2015. São Paulo: RT, 2016.

RIZZARDO, Arnaldo. *Direito das obrigações*. 9. ed. Rio de Janeiro: Forense, 2018.

ROCHA, Jorge Bheron; SILVA, Bruno Campos; SOUSA, Diego Crevelin de. Medidas indutivas inominadas: o cuidado com o fator Shylokiano do art. 139, IV, CPC. *In*: TALAMINI, Eduardo; MINAMI, Marcos Youji (Coord.). *Medidas executivas atípicas*. Grandes temas do novo CPC. Salvador: JusPodivm, 2018. v. 11.

RODRIGUES, Marcelo Abelha. *Fundamentos da tutela coletiva*. Brasília: Gazeta Jurídica, 2018.

RODRIGUES, Marcelo Abelha. *Direito ambiental esquematizado*. 5. ed. São Paulo: Saraiva, 2018.

RODRIGUES, Ruy Zoch. *Embargos de terceiro*. São Paulo: RT, 2006.

SANTOS, Welder Queiroz dos. *Princípio do contraditório e vedação de decisão surpresa*. Rio de Janeiro: Forense, 2018.

SCHMITZ, Leonard Ziesemer. *Fundamentação das decisões judiciais*: a crise na construção de respostas no processo civil. São Paulo: RT, 2015.

SHIMURA, Sérgio. Comentários ao artigo 792. *In*: BUENO, Cassio Scarpinella (Coord.). *Comentários ao código de processo civil*. v. 3 (arts. 539 a 925). São Paulo: Saraiva, 2017.

SILVA, Beclaute Oliveira. Comentários ao art. 489. *In*: RIBEIRO, Sérgio Luiz de Almeida *et al*. (Coord.). *Novo código de processo civil comentado* – tomo II – arts. 318 a 770. São Paulo: Lualri, 2017.

SILVA, Bruno Campos. A tutela inibitória antecipada e o novo CPC. *In*: COSTA, Eduardo José da Fonseca; PEREIRA, Mateus Costa; GOUVEIA FILHO, Roberto P. Campos (Coord.). DIDIER JR., Fredie (Coord. geral). Coleção grandes temas do novo CPC. *Tutela provisória*. 3. ed. Salvador: JusPodivm, no prelo. v. 6.

SILVA, Bruno Campos. Ação de embargos de terceiro – algumas nuances diante da novel sistemática executiva. *In*: DIDIER JR., Fredie *et al*. (Coord.). *O terceiro no processo civil brasileiro e assuntos correlatos* – estudos em homenagem ao Professor Athos Gusmão Carneiro. São Paulo: RT, 2010.

SILVA, Bruno Campos. *Algumas breves reflexões acerca da tutela inibitória*. Disponível em: https://emporiododireito.com.br/leitura/abdpro-43-algumas-breves-reflexoes-acerca-da-tutela-inibitoria. Acesso em: 27 jan. 2020.

SILVA, Bruno Campos. Comentários ao art. 492. *In*: RIBEIRO, Sérgio Luiz de Almeida *et al*. (Coord.). *Novo código de processo civil comentado*. t. II. arts. 318 a 770. São Paulo: Lualri, 2017.

SILVA, Bruno Campos. Comentários ao novo §7º do artigo 273, do Código de Processo Civil Brasileiro acrescentado pela Lei nº 10.444, de 2002. *Genesis. Revista de Direito Processual Civil*, Curitiba, ano VII, v. 27. jan.-mar. 2003.

SILVA, Bruno Campos. Impactos do novo CPC no âmbito da ação civil pública ambiental: *In*: URBANO, Alexandre Figueiredo de Andrade; NOGUEIRA, Luiz Fernando Valladão; SANTIAGO, Rogério Vieira (Coords.). *Advocacia & ética*: novos temas – de acordo com o Código de Ética e Disciplina da OAB e Código de Processo Civil. Belo Horizonte: Del Rey, 2017.

SILVA, Bruno Campos. *Levando as "decisões judiciais" a sério*. Disponível em: https://emporiododireito.com.br/leitura/abdpro-95-levando-as-decisoes-judiciais-a-serio. Acesso em: 26 dez. 2019.

SILVA, Bruno Campos; ABREU, Vinícius Caldas da Gama e. Apontamentos acerca do processo decisório nos pedidos de tutela provisória inibitória: da probabilidade do direito ao perigo qualificado da ocorrência do ilícito. *Revista Brasileira de Direito Processual – RBDPro*, Belo Horizonte, no prelo.

SILVA, Bruno Campos; PEREIRA, Mateus Costa. *Um refrigério para a tutela inibitória*: Análise ao REsp 1.833.567/RS. Disponível em: https://migalhas.uol.com.br/depeso/336709/um-refrigerio-para-a-tutela-inibitoria--analise-do-resp-1-833-567-rs. Acesso em: 23 nov. 2020.

SILVA, Bruno Campos; ROCHA, Jorge Bheron; SOUSA, Diego Crevelin de. Medidas indutivas inominadas: o cuidado com o fator Shylokiano do art. 139, IV, CPC. *In*: TALAMINI, Eduardo; MINAMI, Marcos Youji (Coord.). *Medidas executivas atípicas*. Grandes temas do novo CPC. Salvador: JusPodivm, 2018. v. 11.

SILVA, Bruno Campos; ROCHA, Jorge Bheron; SOUSA, Diego Crevelin de. *Medidas indutivas inominadas*: o cuidado com o fator Shylokiano do art. 139, IV, CPC. Disponível em: http://www.emporiododireito.com.br/medidas-indutivas-inominadas-o-cuidado-com-o-fator-shylokiano-do-art-139-iv-cpc-por-jorge-bheron-rocha-bruno-campos-silva-e-diego-crevelin-de-sousa. Acesso em: 18 maio 2018.

SILVA, Clóvis do Couto e. Tutela preventiva. *Digesto de Processo*. v. 5. Prova/valor da causa. Rio de Janeiro: Forense, 1988.

SILVA, Jaqueline Mielke. *A tutela provisória no novo código de processo civil*. 3. ed. Porto Alegre: Verbo Jurídico, 2017.

SILVA, Ovídio Araújo Baptista da. Fundamentação das sentenças como garantia constitucional. *In*: MARTINS, Ives Gandra da Silva; JOBIM, Eduardo (Coord.). *O processo na Constituição*. São Paulo: Quartier Latin, 2008.

SILVA, Ovídio Araújo Baptista da. *Sentença e coisa julgada*: ensaios e pareceres. 4. ed. Rio de Janeiro: Forense, 2003.

SILVA, Paula Costa e. Pactum de *non petendo*: exclusão convencional do direito de acção e exclusão convencional da pretensão material. *In*: CABRAL, Antonio do Passo; DIDIER JR., Fredie (Coord.). *Negócios processuais*. Salvador: JusPodivm, 2015.

SOARES, Carlos Henrique. *Curso de teoria geral do processo civil*. Belo Horizonte: D'Plácido, 2019.

SOARES, Rogério Aguiar Munhoz. *Tutela jurisdicional diferenciada*: tutelas de urgência e medidas liminares em geral. São Paulo: Malheiros, 2000.

SOUSA, Diego Crevelin de. *Dever (ou garantia) de (não) provar contra si mesmo? (!)* O dilema em torno do art. 379, CPC. Disponível em: http://emporiododireito.com.br/leitura/abdpro-35-dever-ou-garantia-de-nao-provar-contra-si-mesmo-o-dilema-em-torno-do-art-379-cpc. Acesso em: 11 jun. 2018.

SOUSA, Diego Crevelin de; SILVA, Bruno Campos; ROCHA, Jorge Bheron. Medidas indutivas inominadas: o cuidado com o fator Shylokiano do art. 139, IV, CPC. *In*: TALAMINI, Eduardo; MINAMI, Marcos Youji (Coord.). *Medidas executivas atípicas*. Grandes temas do novo CPC. Salvador: JusPodivm, 2018. v. 11.

SOUSA, Diego Crevelin de; STRECK, Lenio Luiz; DELFINO, Lúcio. *Tutela provisória e contraditório*: uma evidente inconstitucionalidade. Disponível em: https://www.conjur.com.br/2017-mai-15/tutela-provisoria-contraditorio-evidente-inconstitucionalidade Acesso em: 15 jun. 2018.

SPADONI, Joaquim Felipe. *Ação inibitória*: a ação preventiva prevista no art. 461 do CPC. São Paulo: RT, 2002.

STRECK, Lenio Luiz. *Dicionário de hermenêutica*: quarenta temas fundamentais da teoria do direito à luz da crítica hermenêutica do direito. Belo Horizonte (MG): Letramento: Casa do Direito, 2017.

STRECK, Lenio Luiz. *Há boas razões para obedecer ao direito e desobedecer ao impulso moral*. Disponível em: https://www.conjur.com.br/2018-jun-21/boas-razoes-obedecer-direito-desobedecer-moral. Acesso em: 22 jun. 2018.

STRECK, Lenio Luiz. *O que é isto* – decido conforme a minha consciência? 4. ed. Porto Alegre: Livraria do Advogado, 2013.

STRECK, Lenio Luiz. *O que é isto* – o senso incomum? Porto Alegre: Livraria do Advogado, 2017.

STRECK, Lenio Luiz; DELFINO, Lúcio; SOUSA, Diego Crevelin de. *Tutela provisória e contraditório*: uma evidente inconstitucionalidade. https://www.conjur.com.br/2017-mai-15/tutela-provisoria-contraditorio-evidente-inconstitucionalidade. Acesso em: 15 jun. 2018.

STRECK, Lenio Luiz; NUNES, Dierle; CUNHA, Leonardo Carneiro da (Org.); FREIRE, Alexandre (Coord. científico). *Comentários ao código de processo civil*. São Paulo: Saraiva, 2016.

TALAMINI, Eduardo. *Tutela relativa aos deveres de fazer e de não fazer*: e sua extensão aos deveres de entrega de coisa (CPC, arts. 461 e 461-A, CDC, art. 84). 2. ed. São Paulo: RT, 2003.

TALAMINI, Eduardo; MINAMI, Marcos Youji (Coord.). *Medidas executivas atípicas*. Grandes temas do novo CPC. Salvador: JusPodivm, 2018. v. 11.

TEIXEIRA, Guilherme Freire de Barros. *Teoria do princípio da fungibilidade*. São Paulo: RT, 2008.

TESHEINER, José Maria Rosa; GIDI, Antônio; THIBAU, Tereza Cristina Sorice Baracho (Org.). *Processos coletivos*: ação civil pública e ações coletivas. Porto Alegre: Livraria do Advogado, 2015.

TESHEINER, José Maria Rosa; THAMAY, Rennan Faria Krüger. *Teoria geral do processo*: em conformidade com o novo CPC. Rio de Janeiro: Forense, 2015.

TESSER, André Luiz Bäuml. A tutela provisória da evidência no código de processo civil de 2015 e a concepção de Marinoni como chave e sua compreensão teórica. *In*: ARENHART, Sérgio Cruz; MITIDIERO, Daniel (Coord.); DOTTI, Rogéria (Org.). *Processo civil entre a técnica processual e a tutela dos direitos*: estudos em homenagem a Luiz Guilherme Marinoni. São Paulo: RT, 2017.

TESSER, André Luiz Bäuml. *Tutela cautelar e antecipação de tutela*: perigo de dano e perigo de demora. São Paulo: RT, 2014.

TESSLER, Luciane Gonçalves. *Tutelas jurisdicionais do meio ambiente*: tutela inibitória, tutela de remoção, tutela do ressarcimento na forma específica. São Paulo: RT, 2004.

THAMAY, Rennan. *Coisa julgada*. São Paulo: RT, 2018.

THEODORO JUNIOR, Humberto. *Curso de direito processual civil*. 56. ed. Rio de Janeiro: Forense, 2015. v. I.

TRIGO, Alberto Lucas Albuquerque da Costa. *Promessa de não processar e de não postular*: o *pactum de non petendo* reinterpretado. Salvador: JusPodivm, 2020.

TUCCI, José Rogério Cruz e. *Comentários ao código de processo civil*: procedimento comum: disposições gerais até da audiência de instrução e julgamento. v. VII (arts. 318 a 368). Coord. José Roberto Ferreira Gouvêa, Luis Guilherme Aidar Bondioli, João Francisco Naves da Fonseca. São Paulo: Saraiva, 2016.

UZEDA, Carolina. *Interesse recursal*. Salvador: JusPodivm, 2018.

VASCONCELOS, Rita de Cássia Corrêa de. *Princípio da fungibilidade*: hipóteses de incidência no processo civil brasileiro contemporâneo. São Paulo: RT, 2007.

VELLOSO, Adolfo Alvarado. La imparcialidad judicial y el sistema inquisitivo de juzgamiento. *In*: AROCA, Juan Montero (Coord.). *Proceso civil e ideología*: un prefacio, una sentencia, dos cartas y quince ensayos. Espanha, Valencia: Tirant Lo Blanch, 2006.

VIEIRA, Luciano Henrik Silveira. *O processo de execução no estado democrático de direito*. 2. ed. Rio de Janeiro: Lumen Juris, 2017.

VITORELLI, Edilson. *O devido processo legal coletivo*: dos direitos aos litígios coletivos. São Paulo: RT, 2016.

VITORELLI, Edilson. *Processo civil estrutural*: teoria e prática. Salvador: JusPodivm, 2020.

VOGT, Fernanda Costa. *Cognição do juiz no processo civil*: flexibilidade e dinamismo dos fenômenos cognitivos. Salvador: JusPodivm, 2020.

WAMBIER, Luiz Rodrigues. A tutela de evidência e a garantia do contraditório: considerações acerca da constitucionalidade dos arts. 311, parágrafo único, e 9º parágrafo único, II, do CPC/2015. *In*: PEGINI, Adriana Regina Barcellos *et al*. (Org.). *Processo e liberdade*: estudos em homenagem a Eduardo José da Fonseca Costa. Londrina: Thoth, 2019.

WAMBIER, Luiz Rodrigues; TALAMINI, Eduardo. *Curso avançado de processo civil*: cognição jurisdicional (processo comum de conhecimento e tutela provisória). 17. ed. v. 2. São Paulo: RT, 2018.

WAMBIER, Teresa Arruda Alvim *et al*. (Coord.). *Breves comentários ao novo código de processo civil*. São Paulo: RT, 2015.

WAMBIER, Teresa Arruda Alvim *et al*. *Primeiros comentários ao novo código de processo civil*: artigo por artigo. 2. ed. São Paulo: RT, 2016.

WATANABE, Kazuo. *Cognição no processo civil*. 4. ed. São Paulo: Saraiva, 2012.

YARSHELL, Flávio Luiz; ZUFELATO, Camilo (Org.). *40 anos da teoria geral do processo no Brasil*: passado, presente e futuro. São Paulo: Malheiros, 2013.

ZAVASCKI, Teori Albino. *Processo coletivo*: tutela de direitos coletivos e tutela coletiva de direito. 6. ed. São Paulo: RT, 2014.

Esta obra foi composta em fonte Palatino Linotype, corpo 10
e impressa em papel Offset 75g (miolo) e Supremo 250g (capa)
pela Gráfica Laser Plus.